Vorweggenommene Erbfolge

für die notarielle und anwaltliche Praxis

D1729247

von

Dr. Wolfram Waldner, M.A.,
Notar in Bayreuth, Lehrbeauftragter an der Universität
Erlangen-Nürnberg

2., völlig neu bearbeitete Auflage

ERICH SCHMIDT VERLAG

Bibliografische Information der Deutschen Nationalbibliothek
Die Deutsche Nationalbibliothek verzeichnet diese Publikation in der Deutschen
Nationalbibliografie; detaillierte bibliografische Daten sind im Internet über
http://dnb.d-nb.de abrufbar.

Weitere Informationen zu diesem Titel finden Sie im Internet unter
ESV.info/978 3 503 12611 8

1. Auflage 2004
2. Auflage 2011

Gedrucktes Werk: ISBN 978 3 503 12611 8
eBook: ISBN 978 3 503 12971 3

Alle Rechte vorbehalten
© Erich Schmidt Verlag GmbH & Co. KG, Berlin 2011
www.ESV.info

Dieses Papier erfüllt die Frankfurter Forderungen der Deutschen Bibliothek
und der Gesellschaft für das Buch bezüglich der Alterungsbeständigkeit
und entspricht sowohl den strengen Bestimmungen der US Norm Ansi/Niso
Z 39.48-1992 als auch der ISO-Norm 9706

Satz: multitext, Berlin
Druck: Danuvia Druckhaus, Neuburg

Vorwort

Das Erbrecht gilt gemeinhin als eine wenig dynamische Rechtsmaterie. Allerdings hat sich in den sieben Jahren seit Erscheinen der ersten Auflage dieses Buches nicht nur die steuerrechtliche Beurteilung der vorweggenommenen Erbfolge gleich zweimal grundlegend geändert; auch die Neuregelung des Pflichtteilsrechts zum 1. 1. 2010 hat ebenso Auswirkungen auf die Gestaltung von Verträgen wie Rechtsprechungsänderungen auf Gebieten, die nur mittelbar von Bedeutung für die gesetzliche Erbfolge sind, wie etwa der Sozialhilferegress. Deshalb ist kaum eine Seite des Buches unverändert geblieben.

Die Bedeutung von Verträgen aus Anlass der lebzeitigen Übertragung wesentlichen Vermögens in die nächste Generation ist in der Vertragspraxis unverändert groß, weil sie in vielen Fallkonstellationen einer Vermögensübertragung durch Testament und Erbvertrag vorzuziehen sind. Allerdings sehen viele Beteiligte die zu regelnden Fragen verengt aus rein steuerlicher Sicht und verkennen dabei, dass das ihrer Interessenlage entsprechende Ergebnis Vorrang vor einer nur steueroptimalen Regelung haben muss – wenn dann noch eine steuergünstige Gestaltung möglich ist, umso besser.

Der großen praktischen Bedeutung der vorweggenommenen Erbfolge entspricht eine fast schon unübersehbare Rechtsprechung und Literatur. Ganze Bibliotheken älterer Bücher sind inzwischen durch die Gesetzesänderungen überholt, aber es sind ausreichend neue Veröffentlichungen dazugekommen. Eine gewisse Lücke scheint nach wie vor zwischen den Kommentaren und Lehrbüchern und ausgesprochenen Formularbüchern zu bestehen. Dieses Buch versucht sie durch gezielte Hinweise für die Vertragsgestaltung zu schließen. Es wendet sich an Rechtsanwälte ebenso wie an Notare, die einen ihnen unterbreiteten Lebenssachverhalt in einen Vertrag umsetzen wollen, der das Konfliktpotenzial unter den Vertragspartnern vermindert.

Bayreuth, im Oktober 2010   Wolfram Waldner

Inhaltsverzeichnis

Inhaltsverzeichnis

Abkürzungsverzeichnis

a. A.	anderer Ansicht
AcP	Archiv für die civilistische Praxis
AG	Amtsgericht; Aktiengesellschaft
AGBGB	Ausführungsgesetz zum BGB
AGJustG	Ausführungsgesetz zu den Justizgesetzen
AgrarR	Agrarrecht
ALG	Gesetz über die Alterssicherung der Landwirte
AnfG	Anfechtungsgesetz
Anm.	Anmerkung
AO	Abgabenordnung
Art.	Artikel
AT	Allgemeiner Teil
Aufl.	Auflage
BayObLG	Bayerisches Oberstes Landesgericht
BB	Betriebsberater
Betrieb	Der Betrieb
BewG	Bewertungsgesetz
BFH	Bundesfinanzhof
BFH/NV	Sammlung der Entscheidungen des Bundesfinanzhofs
BFM	Bundesfinanzministerium
BGB	Bürgerliches Gesetzbuch
BGBl.	Bundesgesetzblatt
BGH	Bundesgerichtshof
BGHR	BGH-Report
BGHZ	Entscheidungen des Bundesgerichtshofs in Zivilsachen
BMF	Bundesministerium der Finanzen
BNotO	Bundesnotarordnung
BStBl.	Bundessteuerblatt
Büro	Das juristische Büro
BVG	Bundesversorgungsgesetz
BWNotZ	Zeitschrift für das Notariat in Baden-Württemberg
Diss.	Dissertation
DNotI	Deutsches Notar-Institut
DNotZ	Deutsche Notar-Zeitschrift
DStR	Deutsches Steuerrecht
DtZ	Deutsch-deutsche Rechtszeitschrift

EFG	Entscheidungen der Finanzgerichte
EGBGB	Einführungsgesetz zum BGB
EGZGB	Einführungsgesetz zum ZGB (der früheren DDR)
EGZVG	Einführungsgesetz zum ZVG
EigZG	Eigenheimzulagegesetz
ErbStG	Erbschaftsteuer- und Schenkungsteuergesetz
EStDV	Einkommensteuer-Durchführungsverordnung
EStG	Einkommensteuergesetz
EuGH	Europäischer Gerichtshof
FamFG	Gesetz über das Verfahren in Familiensachen und in den Angelegenheiten der freiwilligen Gerichtsbarkeit
FamRZ	Zeitschrift für das gesamte Familienrecht
FG	Finanzgericht
FGPrax	Praxis der Freiwilligen Gerichtsbarkeit
FinMin	Finanzministerium
Fn.	Fußnote
GBO	Grundbuchordnung
GbR	Gesellschaft des bürgerlichen Rechts
GmbH	Gesellschaft mit beschränkter Haftung
GVBl.	Gesetz- und Verordnungsblatt
InsO	Insolvenzordnung
JR	Juristische Rundschau
Jura	Juristische Ausbildung
JZ	Juristenzeitung
KostO	Kostenordnung
LG	Landgericht
LPartG	Lebenspartnerschaftsgesetz
MDR	Monatsschrift für Deutsches Recht
MittBayNot	Mitteilungen des Bayerischen Notarvereins
MittRhNotK	Mitteilungen der Rheinischen Notarkammer
MünchKomm	Münchener Kommentar
NJW	Neue Juristische Wochenschrift
NJW-RR	NJW-Rechtsprechungs-Report
NotBZ	Zeitschrift für die notarielle Beratungs- und Beurkundungspraxis

OLG	Oberlandesgericht
OLG-NL	OLG-Rechtsprechung Neue Länder
OLGR	OLG-Report
OVG	Oberverwaltungsgericht
PflegeVG	Pflegeversicherungsgesetz
PrKG	Preisklauselgesetz
PWW	Prütting/Wegen/Weinreich
R	Richtlinie
RdL	Recht der Landwirtschaft
Rdnr.	Randnummer
RNotZ	Rheinische Notar-Zeitschrift
Rpfleger	Der deutsche Rechtspfleger
SchlHAnz.	Schleswig-Holsteinische Anzeigen
SGB XI	Sozialgesetzbuch Elftes Buch
SGB XII	Sozialgesetzbuch Zwölftes Buch
Tz.	Textziffer
VGH	Verwaltungsgerichtshof
WährG	Währungsgesetz
WEG	Wohnungseigentumsgesetz
WM	Wertpapier-Mitteilungen
ZEV	Zeitschrift für Erbrecht und Vermögensnachfolge
ZFE	Zeitschrift für Familien- und Erbrecht
ZfIR	Zeitschrift für Immobilienrecht
ZGB	Zivilgesetzbuch (der früheren DDR)
ZMR	Zeitschrift für Miet- und Raumrecht
ZNotP	Zeitschrift für die Notarpraxis
ZPO	Zivilprozessordnung
ZVG	Zwangsversteigerungsgesetz

1 Überblick

1.1 Allgemeines

Vorweggenommene Erbfolge ist keine Erfindung unserer Zeit. Die Intention, *1*
den Nachlass bereits zu Lebzeiten definitiv zu ordnen, bestand zu allen Zeiten, und ebenso der Wunsch, zumindest die wirtschaftlichen Folgen ihrer Verwirklichung erst nach dem Tod des Übertragenden in vollem Umfang eintreten zu lassen. Deshalb behandeln schon die Formulare der *ars notaria* des 13. Jahrhunderts die *donatio mortis causa*.[1]

Die Bedeutung des in diesem Buch behandelten Rechtsinstituts in der Praxis hat freilich in den letzten Jahren erheblich zugenommen.[2] „Übergabeverträge" waren in früheren Jahrzehnten fast ausschließlich im landwirtschaftlichen Bereich verbreitet und hatten dort eine eng umgrenzte Zielsetzung: die Bewirtschaftung eines Bauernhofs auch in der nächsten Generation zu sichern. Weil schon immer ein öffentliches Interesse an der Erhaltung lebensfähiger landwirtschaftlicher Betriebe angenommen wurde, gab es hier auch die einzige – und nur mittelbare – gesetzliche Privilegierung dieses Bereichs: Bereits das BGB in seiner Fassung von 1896 enthielt die Vorschrift des § 2312, der die Rechte des Pflichtteilsberechtigten und damit auch die Pflichtteilsergänzungsansprüche (§§ 2325, 2329 BGB) verkürzt oder ihre Verkürzung zulässt, wenn zum Nachlass ein „Landgut"[3] gehört.

Außerhalb dieses Bereichs haben im vergangenen Jahrhundert zwei Weltkriege, Inflation, Weltwirtschaftskrise und Vertreibung den vorangegangenen Generationen die Überlegung, welche Vermögenswerte sie bereits vor ihrem Tod den Nachfahren übertragen sollen, weitgehend abgenommen. Jetzt stehen Jahr für Jahr rund 50 Milliarden € zur Übertragung an – mit steigender Tendenz. Gleichzeitig ist die Lebenserwartung deutlich gestiegen und die Alterssicherung hat sich – bei allen Unwägbarkeiten der künftigen Leistungen der gesetzlichen Rentenversicherung – verbessert. Das hat den Wunsch nach einem Ruhestand ohne die Belastungen, die mit der Verwaltung von Vermögen verbunden sind, verstärkt und zugleich die wirtschaftliche Grundlage seiner Verwirklichung geschaffen. Eine weitere Folge der höheren Lebenserwartung ist die, dass die nächste Generation immer länger auf ihr Erbe warten muß und nicht mehr dann darüber verfügen kann, wenn es zur Schaffung

---

[1] *Olzen*, Historische Sicht, S. 37 ff.

[2] Dieser Befund ist, wie die Monographie von Kratzer zeigt, nicht auf Deutschland beschränkt.

[3] Zu diesem Begriff vgl. BGH, NJW 1987, 951 („eine zum selbständigen und dauernden Betrieb der Landwirtschaft geeignete und bestimmte Wirtschaftseinheit, die mit den nötigen Wohn- und Wirtschaftsgebäuden versehen ist").

einer selbständigen Existenz, zum „Start ins Leben" am notwendigsten gebraucht wird. Was liegt also näher, als bereits zu Lebzeiten über größere oder kleinere Teile oder auch über den wesentlichen Teil seines Vermögens zu verfügen und damit eine bindende, vor dem Erbfall wirksame Regelung zu treffen?

2   Für solche Verfügungen hat sich der Begriff der „vorweggenommenen Erbfolge" eingebürgert. Er wird jetzt auch von neueren Rechtsvorschriften, etwa dem § 593 a BGB und zahlreichen steuerrechtlichen Vorschriften verwendet. Andere Paragrafen sprechen zwar nicht von „vorweggenommener Erbfolge", aber meinen mit „Erwerb mit Rücksicht auf ein künftiges Erbrecht" den gleichen Lebenssachverhalt. In den letzten zwanzig Jahren hat auch die Wissenschaft dieses Rechtsinstitut entdeckt und in zahlreichen Monographien behandelt.[4]

Der Begriff „vorweggenommene Erbfolge" wird mit unterschiedlichem Inhalt verwendet. Meist bezeichnet man damit alle Vermögensübertragungen unter Lebenden, die in der Erwartung vorgenommen werden, dass der Erwerber im Erbfall das Vermögen ohnehin aufgrund Gesetzes oder letztwilliger Verfügung erhalten würde und sollte, oder – wie der BGH[5] es ausdrückt – „die Übertragung des Vermögens (oder eines wesentlichen Teiles davon) durch den (künftigen) Erblasser auf einen oder mehrere als (künftige) Erben in Aussicht genommene Empfänger". Die vorweggenommene Erbfolge eröffnet dabei – inhaltlich wie steuerlich – eine Vielzahl von Gestaltungsmöglichkeiten. Eine sinnvolle Konzeption kann dabei einer Nachlassplanung durch Testament oder Erbvertrag deutlich überlegen sein, eine ungeschickte Regelung aber zu noch fataleren Folgen führen als ein unbedachtes Testament, da eine spätere Korrektur jedenfalls mit steuerlicher Rückwirkung meist nicht möglich ist. Allerdings sollte nach erfolgter Vermögensübertragung daran gedacht werden, erforderlichenfalls ein vorhandenes Testament anzupassen, wenn es inhaltlich von der lebzeitigen Regelung abweicht. Geschieht dies nicht, kann ein testamentarisch angeordnetes Vermächtnis gültig bleiben, wenn die vorweggenommene Erbfolge zu Lebzeiten des Veräußerers nicht mehr vollzogen wurde.[6]

3   Wir verstehen hier unter „vorweggenommener Erbfolge" alle Verträge, durch die eine Person (der Veräußerer) einer anderen Person (dem Erwerber) einen im Verhältnis zum Gesamtvermögen des Veräußerers erheblichen Vermögenswert entweder ohne oder ohne eine den Vermögenswert ausschöpfende Gegenleistung in der Weise zuwendet, dass der Erwerber bereits zu

---

4   Vgl. etwa die im Literaturverzeichnis genannten, vielfach allerdings ausschließlich steuerrechtlich ausgerichteten Dissertationen von *Gätzner, Juchem, Schmidt, Friess, Draschka, Hofer, Weimer, Jeß, Wahl, Butz-Petzoldt, Schaller, Löwel* und *Kratzer*.
5   BGH, FamRZ 2010, 640 (Tz. 17).
6   OLG Celle, OLGR 2003, 269.

Lebzeiten des Veräußerers nach außen hin Inhaber dieses Vermögenswerts ist. Die Erheblichkeit des Vermögenswerts unterscheidet die vorweggenommene Erbfolge von Gelegenheitsgeschenken wie der goldenen Uhr zur Konfirmation oder dem Auto zum bestandenen Abitur; die bereits zu Lebzeiten übertragene Rechtsinhaberschaft von Schenkungen auf den Todesfall, die zwar zu Lebzeiten erfolgen, aber erst mit dem Ableben wirksam werden sollen und damit im Grunde keine Form der vorweggenommenen Erbfolge, sondern der letztwilligen Zuwendung sind. Freilich fallen in diesem Bereich systematische Einordnung und das verfolgte und erreichte Ergebnis oft weit auseinander – was übrigens nicht auf das deutsche Recht beschränkt ist.[7]

„Vorweggenommene Erbfolge" ist auch zivilrechtlich kein feststehender Begriff mit klaren Rechtsfolgen. Ob eine Vermögensübertragung als vorweggenommene Erbfolge anzusehen ist, ergibt sich aus der Motivlage der Beteiligten, nicht aus der Bezeichnung des Vertrags.[8] So kann aus dem Hinweis auf eine Veräußerung im Weg der vorweggenommenen Erbfolge nicht auf die Unentgeltlichkeit der Übertragung geschlossen werden.[9] Es ist auch nicht einmal in jedem Fall vorteilhaft, eine Veräußerung als vorweggenommene Erbfolge zu deklarieren,[10] da hier beispielsweise der gute Glaube an die Richtigkeit des Grundbuchs (§ 892 BGB) nicht geschützt wird.[11] Steuerlich ist eine Übertragung im Weg der vorweggenommenen Erbfolge möglicherweise vorteilhaft, jedenfalls nicht steuerschädlich, die Angabe des Rechtsgrundes im Vertrag aber regelmäßig irrelevant.[12]

Die folgende Darstellung beschränkt sich auf die Übertragung von Privatvermögen. Die besonderen Fragen, die sich bei der Übertragung von Unternehmen und anderen Formen des Betriebsvermögens vor allem in steuerlicher Hinsicht stellen, bleiben daher außer Betracht. **4**

Nicht behandelt wird auch die vorweggenommene Erbfolge durch Gründung einer Gesellschaft zwischen Veräußerer und Erwerber, in die das zu übertragende Vermögen eingebracht wird, um dem Erwerber sukzessive und flexibel im Lauf der Zeit weitere Anteile übertragen zu können. Diese Lösung ist möglich, da die Finanzrechtsprechung für die Steuerklasse bei der Schenkungsteuer nicht auf die Gesellschaft als Erwerberin, sondern auf das Verwandtschaftsverhältnis der an ihr beteiligten Gesellschafter abstellt.[13] Als Rechtsform hat man bisher meist die Gesellschaft bürgerlichen Rechts emp-

---

[7] Vgl. etwa den amerikanischen *contract to make a will* und dazu die Monographie von *Hepp.*

[8] *Reithmann/Albrecht,* Rdnr. 659.

[9] BGH, NJW 1995, 1349.

[10] A. A. *Reithmann/Albrecht,* Rdnr. 659.

[11] OLG Zweibrücken, ZNotP 1999, 438.

[12] So mit Recht *Wegmann,* Grundstücksüberlassung, Rdnr. 172.

[13] BFH, DNotZ 1995, 300 mit Anm. von *Schuck.*

fohlen, ein Rat, der angesichts der durch die Änderung der Rechtsprechung des BGH zur GbR in den letzten Jahren wesentlich verschärften Haftung[14] heute ohnehin zu Risiken führt, die viele Beteiligte nicht mehr eingehen wollen.

Durchgehend verzichtet wird auf Vertragsmuster; diese findet der Leser in großer Zahl und Auswahl in anderen Büchern.[15] Dagegen sind an einigen Stellen in den Text Formulierungsbeispiele eingefügt, die der Benutzer – wenn er denn einzelne als geglückt ansehen sollte – in seine eigenen oder an anderer Stelle aufgefundenen Vertragsmuster einfügen kann. Die weiterführenden Hinweise berücksichtigen sowohl die Rechtsprechung als auch die inzwischen sehr umfangreiche Literatur, der Zielsetzung des Buches entsprechend aber nur in zwangsläufig subjektiver, ganz auf die praktische Verwertbarkeit zugeschnittener Auswahl und unter Verzicht auf die Wiedergabe ausgesprochener Außenseitermeinungen.

1.2 Arten der Zuwendung

5 Wenn der Veräußerer über wesentliche Teile seines Vermögens verfügt, geschieht dies meist nicht im Weg der reinen Schenkung; es werden vielmehr Leistungen des Erwerbers vereinbart, deren rechtliche Qualifikation unterschiedlich ist.

1.2.1 Schenkung unter Auflage

Eine Schenkung unter Auflage liegt vor, wenn der Beschenkte Verpflichtungen eingeht, die typischerweise mit Mitteln des Erwerbs bewirkt werden können und sollen.[16] Deshalb sind Leistungen des Erwerbers zur Versorgung des Veräußerers bei gleichzeitiger Übernahme von dessen bisheriger Existenzgrundlage keine Gegenleistungen des Erwerbers für die Übertragung des Vermögens, sondern eine aus dem zugewendeten Vermögen zu leistende Auflage, da sie nach der Vorstellung der Vertragsteile aus dem übertragenen Vermögen erwirtschaftet werden sollen.[17] Auch steuerlich handelt es sich um „vorbehaltene Vermögenserträge".[18] Besonders plastisch wird dieser Gedanke beim

---

14 BGH, NJW 2003, 1445 (24. 2. 2003 – II ZR 385/99) und NJW 2003, 1803 (7. 4. 2003 – II ZR 56/02). Da die Entscheidungen des BGH seit 2000 kostenfrei im Internet eingesehen werden können (www.bundesgerichtshof.de/Entscheidungen), ist bei derartigen Entscheidungen jeweils das Datum und das Aktenzeichen mit angegeben.

15 Vgl. – ohne Anspruch auf Vollständigkeit – die im Literaturverzeichnis genannten Bücher von *Schöner/Stöber, Kersten/Bühling, Langenfeld/Günther, J. Mayer, Spiegelberger, Wegmann, Wurm/Wagner/Zartmann, v. Hoyenberg*, das Beck'sche Formularbuch zum Bürgerlichen Recht, das Beck'sche Formularbuch Erbrecht, das Beck'sche Notar-Handbuch und das Münchener Vertragshandbuch.

16 BGH, NJW 1982, 818 (819); OLG Brandenburg, OLGR 2004, 182.

17 So bereits BGHZ 3, 206 (211).

18 BFH, BStBl. 1990 II 847.

Vorbehalt eines Nießbrauchs oder eines Wohnungsrechts an Grundbesitz. Der Veräußerer überträgt hier sein Vermögen unter dem Vorbehalt der lebenslangen eigenen Nutzung; er kürzt damit lediglich den Wert der eigenen Zuwendung.[19] Aber auch Geldleistungen an den Veräußerer oder Dritte (z. B. Geschwister) kommen hier in Betracht, wenn die Vorstellung der Leistung aus dem übertragenen Vermögen besteht. In all diesen Fällen liegt eine sog. „Schenkung unter Auflage" vor: Der Vermögenswert wird insgesamt, also nicht nur teilweise unentgeltlich übertragen; die Versorgungsleistungen stellen eine Beschränkung des übertragenen Vermögens, nicht aber eine mit der Vermögensübertragung rechtlich verknüpfte Gegenleistung dar;[20] das Rückforderungsrecht nach § 528 BGB und der Widerruf wegen groben Undanks nach § 530 BGB können hier wegen des ganzen Gegenstands ausgeübt werden. Der Veräußerer kann vom Erwerber die Erfüllung der Auflage verlangen und nach § 527 BGB bei Nichtvollzug auch das Geschenk zurückfordern, freilich beschränkt auf das, was zur Erfüllung der Auflage erforderlich ist. Deshalb kann bei der Übertragung einer Immobilie nicht diese selbst zurückgefordert werden, sondern lediglich der Geldbetrag, der dem Wert der Aufwendungen entspricht, die zur Erfüllung der Auflage hätten gemacht werden müssen; will der Schenker in diesem Fall die Rückforderung, muss er ein Rückerwerbsrecht vereinbaren. Wenn der Erwerber eine Leistung erbringen muss, liegt eine *Leistungsauflage* vor, wenn sich der Veräußerer ein Recht vorbehält, eine *Nutzungs-* oder *Duldungsauflage*.

1.2.2 Gemischte Schenkung

Erbringt der Erwerber dagegen einmalige oder laufende Geld- oder Sachleistungen, die nicht aus dem übertragenen Vermögen geleistet werden sollen oder können, dann stehen Leistung und Gegenleistung in einem Austauschverhältnis. Macht die Gegenleistung nur einen Teil des Werts des übertragenen Vermögens aus, das seinerseits real unteilbar (z. B. eine Immobilie) ist, liegt eine sog. „gemischte Schenkung" vor. Sie besteht aus einem entgeltlichen und einem unentgeltlichen Teil, die in einem beliebigen Verhältnis stehen können, solange überhaupt Einigkeit über die teilweise Unentgeltlichkeit besteht.[21] Dass das Entgelt unter dem üblichen Verkehrswert liegt, führt bei subjektiver Annahme der Gleichheit von Leistung und Gegenleistung nicht zu einer gemischten Schenkung.[22] Die bei einer gemischten Schenkung entstehenden Rechtsfragen beruhen auf diesem Spannungsverhältnis zwischen entgeltlichem und unentgeltlichem Teil.

6

---

[19] *Olzen*, Vorweggenommene Erbfolge, S. 31.
[20] *Palandt/Weidenkaff*, 69. Aufl., § 516 Rdnr. 8.
[21] Vgl. dazu BGH, NJW 1999, 2887.
[22] OLG Brandenburg, NJW 2008, 2720; OLG Bamberg, FamRZ 2008, 1031.

So gilt für die Sorgfaltspflicht des Veräußerers und seine Haftung für Mängel bei der Schenkung nicht Kaufrecht, sondern ein nach §§ 521–524 BGB geminderter Haftungsmaßstab; bei der gemischten Schenkung ist dieser aber nur auf den unentgeltlichen Teil anwendbar, wenn nicht im Interesse des Veräußerers dieser Haftungsmaßstab auf den ganzen Vertrag erstreckt wird.

Gerät der Schenker in Not (§ 528 BGB), kann bei gemischter Schenkung in jedem Fall nur ein laufender Geldbetrag gefordert werden, bis der unentgeltlich übertragene Teil aufgezehrt ist (vgl. im Einzelnen u. Rdnr. 120). Ein Widerruf der Schenkung wegen groben Undanks wird von der Rechtsprechung nur dann zugelassen, wenn der unentgeltliche Teil überwiegt;[23] auch dann kann die Herausgabe des Geschenks nur Zug zum Zug gegen Wertausgleich des entgeltlichen Teils verlangt werden.[24] Aus psychologischen Gründen dürfte es schwer sein, den an sich richtigen Rat[25] zu befolgen, im Vertrag klarzustellen, ob bei grobem Undank der übertragene Gegenstand gegen Wertersatz oder nur der geschenkte Teilwert in Geld zurückverlangt werden kann.

Die Abgrenzung zur Schenkung unter Auflage ist mitunter schwierig und auch zweifelhaft, insbesondere dann, wenn die Auflage nicht unmittelbar aus den Erträgen des geschenkten Gegenstands erfüllt werden kann, gleichwohl aber die Schenkung Voraussetzung für die Erbringung der Leistung ist. Deshalb streiten die Gelehrten, ob die Zahlung eines festen (gewinnunabhängigen) monatlichen Betrags an den Schenker eines Unternehmens zu einer Schenkung unter Auflage oder einer gemischten Schenkung führt.[26]

1.2.3 Pflicht- und Anstandsschenkung

7 Besondere Formen der Schenkung sind die Pflicht- und die Anstandsschenkung. Sie können nicht wegen Verarmung des Schenkers zurückgefordert[27] und nicht wegen groben Undanks widerrufen werden (§ 534 BGB); ebenso wenig können sie Anlass eines Pflichtteilsergänzungsanspruchs sein (§ 2330 BGB). Zuwendungen im Weg der vorweggenommenen Erbfolge fallen nur selten hierunter. Eine Pflichtschenkung setzt eine sittliche Pflicht voraus, die Schenkung zu bewirken;[28] bei vorweggenommener Erbfolge liegt zwar normalerweise sittliche Rechtfertigung der Übertragung vor; das ist aber nach der Rechtsprechung nicht ausreichend.[29] Eine Zuwendung aus Dankbarkeit für langjährige Dienste im Haushalt oder für unentgeltliche Pflege und Versor-

---

23 BGH, NJW 1999, 1623; vgl. weiter Rdnr. 122.
24 BGH, NJW 1989, 2122; OLG Köln, NJW-RR 2002, 1595.
25 *Jerschke*, in: Beck'sches Notar-Handbuch, Kap. A V. Rdnr. 15.
26 Vgl. BGH, NJW 1989, 2122 einerseits und *Krauß*, Rdnr. 174 andererseits.
27 Vgl. *Rundel*, MittBayNot 2003, 177 (178).
28 BGH, NJW 1984, 2939; OLG Koblenz, FamRZ 2002, 772.
29 Vgl. etwa VGH Mannheim, NJW 2000, 376 (377).

gung kann dagegen einer sittlichen Pflicht entsprechen, wenn die spätere Schenkung im Rahmen dessen liegt, was der Erwerber als Belohnung für diese Leistungen erwarten durfte;[30] das gilt auch dann, wenn der Nachlass dadurch ausgeschöpft wird.

1.2.4 Ausstattung

Gar nicht als Schenkung im Sinne des BGB angesehen wird die *Ausstattung*   8 eines Kindes aus Anlass seiner Selbstständigkeit vom Elternhaus, also als Start- oder Existenzgründungshilfe,[30a] soweit sie das nach den Vermögensverhältnissen der Eltern angemessene Maß nicht überschreitet (§ 1624 BGB). Wird mehr zugewendet, dann ist die Zuwendung teilweise Ausstattung und teilweise Schenkung, wodurch vergleichbare Probleme wie bei der gemischten Schenkung entstehen. Da die objektive Sachlage, nicht die Bezeichnung durch die Beteiligten maßgeblich ist, dürfte auch durch eine Feststellung im Vertrag, welcher Anteil der Zuwendung nach Ansicht der Vertragsteile Ausstattung und welcher Anteil Schenkung ist,[31] nicht viel gewonnen sein.

Eine Ausstattung liegt auch dann vor, wenn die Zuwendung für den mit ihr verfolgten Zweck nicht erforderlich ist und unschädlich ist es auch, wenn neben dem Zweck der Ausstattung noch andere Motive maßgebend sind, wenn nur die entsprechende Absicht des Elternteils der entscheidende Anlass bleibt. Dadurch ist in vielen Fällen eine Wahlmöglichkeit zwischen Schenkung und Ausstattung eröffnet, nachdem es wesentlich auf die innere Zielrichtung ankommt. Zuwendungen im Wege der vorweggenommenen Erbfolge als Ausstattung zu etikettieren, auch wenn es sich offensichtlich nicht um eine solche handelt,[32] ist dagegen nicht sinnvoll, da unter dem Gesichtspunkt des § 528 BGB bei einer zu umfangreichen „Ausstattung" sicherlich eine Schenkung anzunehmen ist und unter dem Gesichtspunkt der Pflichtteilsminderung die Qualifikation als „Ausstattung" sogar schädlich ist, weil sie – anders als eine Schenkung – auch über die Zehnjahresfrist des § 2325 III BGB hinaus pflichtteilsrelevant bleibt, auch wenn die Pflicht zur Ausgleichung mit weiteren Abkömmlingen ausgeschlossen wurde (§§ 2050 I, 2316 BGB); eine Pflichtteilsergänzung kommt wegen des fehlenden Schenkungscharakters dagegen nicht in Betracht.

Bei Ausstattungen kommt dem Schenker das Privileg der §§ 521, 522 BGB nicht zugute, auch Rückforderung und Widerruf (§§ 528, 530 BGB) sind aus-

---

[30] BGH, NJW 1986, 1926.

[30a] Der in § 1624 BGB weiter genannte Fall der Verheiratung stammt aus einer lange vergangenen Zeit; trotzdem kann man die Vorschrift bei Zuwendungen in zeitlichem Zusammenhang mit der Hochzeit auch heute noch nutzbar machen.

[31] Empfohlen von *Jerschke*, in: Beck'sches Notar-Handbuch, Kap. A V. Rdnr. 47.

[32] Darauf läuft die Auffassung von *Kerscher/Tanck*, § 2 Rdnr. 409 f. hinaus. Wie hier dagegen *J. Mayer*, Übergabevertrag, Rdnr. 66.

geschlossen; ob die Ausstattung der Gläubigeranfechtung unterliegt, ist umstritten.[33]

1.2.5 Bedeutung der Einteilung

9 Der Erkenntniswert dieser Einteilung ist – vom Steuerrecht (das aber nicht der zivilrechtlichen Einteilung folgt) abgesehen (vgl. dazu Rdnr. 139) – nur gering; vor allem die Grenze zwischen Leistungsvorbehalt und Gegenleistung ist fließend, wie beispielsweise die Tatsache zeigt, dass ein Vertrag, bei dem die Gegenleistung des Veräußerers die Leistung von Wart und Pflege ist, teils als Schenkung unter Auflage,[34] teils als gemischte Schenkung[35] qualifiziert wird und ebenso die Übernahme von Verbindlichkeiten des Veräußerers, die auf dem übertragenen Vermögen abgesichert sind, teils als Schenkung unter Auflage,[36] teils als gemischte Schenkung[37] angesehen wird.[38]

Auch die Frage, ob eine Ausstattung vorliegt oder es für eine solche entweder an dem subjektiven Merkmal der Ausstattungsabsicht oder dem objektiven der Angemessenheit angesichts der Vermögensverhältnisse der Eltern fehlt, ist ohne große Bedeutung, da auch Ausstattungen unter Geschwistern – anders als Schenkungen sogar ohne besondere Anordnung – auszugleichen sind (§ 2050 I BGB) und diese auch im Sozialhilferecht und im Schenkungsteuerrecht[39] ohne weiteres wie Schenkungen behandelt werden.

Das Recht von Gläubigern, innerhalb und außerhalb des Insolvenzverfahrens eine Zuwendung im Weg der vorweggenommenen Erbfolge anzufechten, knüpft nicht an den Begriff der „Schenkung", sondern an eine „unentgeltliche Leistung" an, was nach dem objektiven Wertverhältnis von Leistung und Gegenleistung zu bestimmen ist. Im Einzelnen gilt hier Folgendes: Hat ein später zahlungsunfähig werdender Veräußerer Vermögen unentgeltlich weggegeben, so können seine Gläubiger diese Verfügung innerhalb von vier Jahren anfechten (§ 4 AnfG). Die Beweislast dafür, dass die Verfügung mehr als vier Jahre zurückliegt, trifft den Beschenkten; eine mittelbare Gläubigerbenachteiligung genügt, und der Anspruch kann auch gegenüber einem Rechtsnachfolger geltend gemacht werden (§ 15 II Nr. 3 AnfG). Entsprechendes gilt nach §§ 134, 145 II Nr. 3 InsO für die Insolvenzanfechtung; die Vierjahresfrist ist hier von der Eröffnung des Insolvenzverfahrens zu berechnen.

---

33 Bejahend MünchKomm/*v. Sachsen Gessaphe*, 4. Aufl., § 1624 Rdnr. 14; *v. Hoyenberg*, Rdnr. I 62; verneinend Palandt/*Diederichsen*, 69. Aufl., § 1624 Rdnr. 3; *Huber*, § 4 AnfG Rdnr. 23.
34 So BGH, NJW 1989, 2122.
35 So LG Passau, RdL 1975, 70; *J. Mayer*, Übergabevertrag, Rdnr. 9; OLG Frankfurt, MittBayNot 2005, 495.
36 So BFH, BStBl. 1990 II 847; *Mensching*, S. 11.
37 So *Schmidt*, DStR 1993, 497 (499).
38 Zu weiteren Fällen vgl. *Butz-Petzoldt*, S. 67 ff.
39 *Meincke*, § 7 ErbStG Rdnr. 7.

1.3 Vorweggenommene Erbfolge nach Vertragstypen?

Die juristische Literatur propagiert seit einiger Zeit die Unterscheidung be-   *10*
stimmter „Typen" einer Vertragsart. Es konnte deshalb nicht ausbleiben, dass
auch eine Typisierung von Grundstücksüberlassungen versucht worden ist.[40]
Sicherlich folgen die meisten Verträge zur Vorwegnahme der Erbfolge einigen
wenigen Grundmodellen (Hausübergabe mit Nießbrauchsvorbehalt; Hausübergabe mit Wohnungsrecht und Pflegeverpflichtung; Hausübergabe gegen
Rente). Diese Typen zeigen aber allenfalls typische Fallgestaltungen, die bei
einer bestimmten Sachlage häufig den Interessen der Vertragsteile gerecht
werden. Sie garantieren aber nicht automatisch die fallgerechte Lösung; Besonderheiten des Einzelfalls, die vom Typ abweichen, müssen immer bedacht
werden.[41] Eine vorweggenommene Erbfolge verlangt deshalb eine eingehende
Klärung der Motive aller Beteiligten und, wenn dies geschehen ist, eine hiernach differenzierte Vertragsgestaltung.[42] Diese wird freilich zusätzlich durch
das Steuerrecht erschwert, das erklärtermaßen die Grundtypen der (teil)ent-
geltlichen Übertragung und der Übertragung gegen Versorgungsleistungen
unterscheidet (s. unten Rdnr. 150).

Ich glaube nicht, dass es zutrifft, dass die Typenlehre in der Lage sei, „die
Rationalität der Entscheidung zu fördern";[43] sie ist dieser im Gegenteil eher
abträglich, weil sie den Vertragsgestalter dazu verleitet, in den Schablonen zu
denken, die der Typus vorgibt. Welcher Vertrag der „richtige" ist, kann aber
nur eine Feststellung des zu regelnden Lebenssachverhalts durch eingehende
Befragung, die mit einer Information über die rechtliche Tragweite der gewünschten oder vom Berater vorgeschlagenen Regelung verbunden ist, ergeben. Nicht selten divergieren auch die von den Beteiligten tatsächlich erstrebten Regelungen und diejenigen, die ihnen von ihrem steuerlichen Berater als
besonders vorteilhaft empfohlen werden, sodass sie letztlich entscheiden müssen, ob ihnen die tatsächlich richtige oder die steueroptimale Gestaltung
wichtiger ist – eine Entscheidung, die sehr oft vorschnell zugunsten der letzteren getroffen wird: Steuerliche Gesichtspunkte sollten in die Entscheidung
einfließen; sie dürfen aber nicht den Ausschlag geben.[44]

1.4 Beratungssituation

Wer einen Notar, Rechtsanwalt oder Steuerberater aufsucht, hat normaler-   *11*
weise bereits die Entscheidung für eine Vorwegnahme der Erbfolge zu diesem
Zeitpunkt getroffen und weiß auch schon, wer der Erwerber sein und was er

---

[40] *Langenfeld*, ZEV 1995, 348; *Spiegelberger*, in: Beck'sches Notar-Handbuch, Kap. A V.
        Rdnr. 238; vgl. auch *J. Mayer*, Rdnr. 5; *Reithmann/Albrecht*, Rdnr. 660.
[41] So mit Recht *Schippel*, Jura 1999, 57 (61).
[42] *Jerschke*, in: Beck'sches Notar-Handbuch, Kap. A V. Rdnr. 76.
[43] Das meinen *Höhn/Weber*, S. 14.
[44] So mit Recht *Jerschke*, in: Beck'sches Notar-Handbuch, Kap. A V. Rdnr. 76.

erhalten soll. Beratung wird regelmäßig (nur) für die Übergabebedingungen und eine rechtliche Form für die erstrebten wirtschaftlichen Folgen gewünscht.

1.4.1 Zeitpunkt der Übertragung

Ein sorgfältiger Berater darf sich damit aber nicht zufrieden geben, sondern muss auch die vermeintlich geklärten Punkte noch einmal hinterfragen. So ist die erste Frage im Grunde stets, ob eine Vorwegnahme der Erbfolge zur Erreichung der Ziele der Beteiligten überhaupt sinnvoll ist oder ob sie mit erst beim Erbfall wirksam werdenden Regelungen besser beraten wären.[45] In engem Zusammenhang damit steht der Zeitpunkt der vorweggenommenen Erbfolge. Da der Berater nichts mehr zu ändern vermag, wenn die Beteiligten „zu spät" kommen, also positive Auswirkungen gegenüber einem erbrechtlichen Erwerb nicht mehr zu erwarten sind, steht hier im Vordergrund die Situation, dass die Beteiligten „zu früh" kommen, also der Veräußerer die Vorwegnahme der Erbfolge zu einem Zeitpunkt wünscht, zu der sie wegen der noch nicht abgeschlossenen Lebensplanung des Erwerbers noch nicht empfohlen werden kann. Erbringt umgekehrt der Erwerber ohne rechtliche Verpflichtung, aber in Erwartung einer späteren Zuwendung bereits Leistungen, insbesondere Pflege- und Versorgungsleistungen an den Veräußerer, dann muss von einem Hinausschieben des Vertragsschlusses abgeraten werden, weil jedenfalls nach der Rechtsprechung des BGH bereits erbrachte Leistungen des Erwerbers nicht als Gegenleistung für die spätere Vermögensübertragung qualifiziert werden können, sondern eine belohnende Schenkung angenommen wird, sodass diese Leistungen des Erwerbers auch übergeleitete Ansprüche des Sozialhilfeträgers aus § 528 BGB[46] und Pflichtteils(ergänzungs)ansprüche[47] nicht zu mindern vermögen, wenn nicht ausnahmsweise eine Anstandsschenkung (s. oben Rdnr. 7) vorliegt.

12   Wenn der Veräußerer nur eine einzige Immobilie besitzt und sonst kein nennenswertes Vermögen vorhanden ist, muss in besonderem Maße vor einer unüberlegten Vermögensübertragung gewarnt werden. „Zieh Dich nicht aus, bevor Du ins Bett gehst!", warnt das Sprichwort. Die Absicht des Erwerbers, An- oder Umbauten zu errichten und eine Wohnung für sich und/oder seine Familie zu schaffen, ist oft das Motiv einer solchen voreiligen Vermögensübertragung. Hier ist mitunter die Einräumung eines eigentumsähnlich ausgestalteten Dauerwohnrechts zur Sicherung der vom Erwerber eingesetzten

---

[45] Schon im Buch Jesus Sirach 33, 22 heißt es: Besser ist es, dass Deine Söhne Dich bitten müssen, als dass Du auf die Hände Deiner Söhne schauen musst.

[46] BGH, NJW 1986, 1926; kritisch *J. Mayer*, Übergabevertrag, Rdnr. 64; a. A. OLG Düsseldorf, DNotZ 1996, 652, das die Vereinbarung, die Übertragung erfolge mit Rücksicht auf bisherige Pflegeleistungen, hat genügen lassen.

[47] BGH, NJW-RR 1996, 705.

Mittel ausreichend.[48] Kommt diese Gestaltungsmöglichkeit nicht in Betracht, insbesondere weil die Errichtung der Wohnung mit größerem Kreditbedarf verbunden ist,[49] ist in einem solchen Fall zumindest die Begründung von Wohnungseigentum und Ausschluss der vom Veräußerer selbst genutzten Wohnung von der Übertragung zu erwägen. Soll wirklich die gesamte Immobilie übertragen werden, müssen die Risiken für den Veräußerer durch Nutzungsvorbehalte und Rückerwerbsrechte minimiert werden.

Vor allem sollte die erhoffte Ersparnis von Steuern, insbesondere Schenkungsteuer, nicht der alleinige Grund für eine Vermögensübertragung im Wege der vorweggenommenen Erbfolge sein. Die Existenzsicherung im Alter muss stets gewährleistet sein und Vorrang vor (bei kleinen Vermögen ohnehin nur geringen) Steuerersparnissen haben.

So ist beispielsweise die Übertragung der einzigen Immobilie eines Veräußerers gegen Zahlung eines im Verhältnis zum Wert des Objekts geringen Betrags, aber ohne Vereinbarung eines Wohnrechts oder Nießbrauchs für den Erwerber, nur um steuerliche Verluste aus Vermietung und Verpachtung erzielen zu können, keinesfalls empfehlenswert.

1.4.2 Gegenstand der Übertragung

Auch wenn eine Vermögensübertragung im Weg der vorweggenommenen 13 Erbfolge grundsätzlich empfohlen werden kann, ist damit noch nicht gesagt, welche Vermögenswerte von ihr erfasst sein sollen. In Betracht kommen sowohl Immobilien als auch bewegliche Sachen und Sachinbegriffe. Selbstverständlich können auch Geld oder Wertpapiere im zivilrechtlichen Sinn Gegenstand der vorweggenommenen Erbfolge sein; dies geschieht aber regelmäßig, ohne dass die Beteiligten fachmännische Beratung in Anspruch nehmen, und auch die steuerlichen Anzeigepflichten werden hier wohl nur selten erfüllt.

Bei größerem Privatvermögen handelt es sich bei der Festlegung, was übertragen und was behalten werden soll, im Wesentlichen um eine autonome Entscheidung der Beteiligten, zu der der Berater wenig beitragen kann.[49a] Sobald aber Betriebsvermögen betroffen ist, muss die Gefahr der steuerlichen

---

[48] Vgl. dazu ausführlich *Lotter*, MittBayNot 1999, 354. Durch die Änderungen des § 32 WEG durch die WEG-Reform zum 1. 7. 2007 ist die Einräumung erleichtert worden.

[49] Das Dauerwohnrecht selbst kann nicht mit Grundpfandrechten belastet werden, sodass eine Finanzierung nur auf dem Grundstück selbst eingetragen werden könnte. Dadurch besteht für den Veräußerer ein größeres Risiko, seine Wohnung zu verlieren als bei der Begründung von Wohnungseigentum, bei der die Belastung auf die Wohnung des Erwerbers beschränkt werden kann.

[49a] Wenig hilfreich deshalb *Esch/Baumann/Schulze zur Wiesche*, Rdnr. 868, wonach die vorweggenommene Erbfolge ohne Vorbehalte nur bei Grundbesitz empfohlen werden könne.

Entnahme, des Aufdeckens stiller Reserven und der damit einhergehenden einkommensteuerlichen Belastung bedacht werden, insbesondere bei der Zurückbehaltung von Betriebsvermögen zu Eigentum oder Nießbrauch, die zudem nicht dem ermäßigten Steuersatz nach § 34 EStG unterliegt. Handelt es sich um land- oder forstwirtschaftliche Betriebe, setzen auch die Bestimmungen über das landwirtschaftliche Altersgeld den Möglichkeiten der Beteiligten Grenzen: Werden größere Flächen zu Eigentum oder im Wege des Nießbrauchs zurückbehalten, erhält der Veräußerer kein landwirtschaftliches Altersgeld. Steuerlich unschädlich ist hier dagegen unter den Voraussetzungen und in den Grenzen von § 14 a IV Nr. 1 EStG die Abfindung weichender Erben mit Betriebsgrundstücken.

Will der Veräußerer seinen gesamten Betrieb übergeben, kann dies zwar im schuldrechtlichen Teil des Vertrags so formuliert werden; sachenrechtlich ist dagegen die Übertragung aller Gegenstände in der jeweils vorgeschriebenen Form erforderlich, die Auflassung der Grundstücke, Übereignung der beweglichen Gegenstände, Abtretung der Forderungen. Insbesondere bei Grundbesitz besteht die Gefahr, dass etwas „vergessen" wird, weswegen der Vertrag zweckmäßigerweise vorsehen sollte, dass solche vergessenen Grundstücke mitüberlassen sind und – wenn der Fehler bemerkt wird – nachträglich noch ohne Mitwirkung des Veräußerers oder seiner Erben aufgelassen werden können.

14   Soll hingegen dem Erwerber nur die Möglichkeit eröffnet werden, auf dem Grundstück des Veräußerers, auf dem sich bereits dessen Wohnhaus befindet, einen Neubau zu errichten, wofür erhebliche Kredite erforderlich sind, ist es normalerweise richtig, die für den Neubau vorgesehene Teilfläche vermessen zu lassen und nur sie zu übertragen. Das entstehende rechtlich selbstständige Grundstück kann der Erwerber dann selbstständig belasten, ohne dass der Veräußerer für derartige Belastungen haften muss. Eine behördliche Genehmigung ist für die Teilung nicht mehr erforderlich. Da aber durch eine Teilung gleichwohl keine baurechtswidrigen Zustände entstehen dürfen, muss mitunter von der realen Grundsücksteilung abgesehen werden und die Begründung von Wohnungseigentum in der Form einer Zweihausanlage in Betracht gezogen werden; diese ist allerdings in Fremdenverkehrsgemeinden genehmigungspflichtig (§ 22 BauGB).

1.4.3 Übertragung an verheiratete Erwerber

15   Ist der in Aussicht genommene Erwerber verheiratet, haben oft der Veräußerer oder der Erwerber oder beide den Wunsch, dass der Ehegatte des Erwerbers mit erwerben möge. Ist der Erwerber ein Kind des Veräußerers oder sonst in Steuerklasse I oder II des ErbStG, ist dies oft schon aus schenkungssteuerlichen Gründen nicht ratsam (vgl. unten Rdnr. 134). Aber auch zivilrechtlich ist dieser Weg meist nicht zu empfehlen: Lebt der Erwerber im ge-

setzlichen Güterstand, dann macht es beim Zugewinnausgleich einen Unterschied, ob der Ehegatte vom Erwerber oder vom Veräußerer als einem Dritten erworben hat, und auch die von dem Erwerber und seinem Ehegatten für angemessen angesehene Regelung für den Fall des Scheiterns der Ehe kann sinnvollerweise nur von diesen selbst vereinbart werden. Es ist daher fast immer – trotz dadurch zusätzlich ausgelöster Notar- und ggf. Grundbuchkosten – ratsam, die Übertragung nur an den vorgesehenen Erwerber selbst vorzunehmen; dieser kann, wenn er das wünscht, in der gleichen Urkunde zu den vereinbarten Bedingungen eine Weiterübertragung an seinen Ehegatten vornehmen. Der erste Erwerber darf aber weder rechtlich noch faktisch zur Weitergabe verpflichtet sein;[50] teilweise wird auch von der Zusammenfassung der beiden Vorgänge abgeraten und die Einhaltung einer „Schamfrist" vor der Weiterübertragung empfohlen.[51]

1.4.4 Übertragung an Minderjährige

Oft wird der Berater mit dem Wunsch konfrontiert, eine Vermögensübertragung im Weg der vorweggenommenen Erbfolge an einen Minderjährigen vorzunehmen. In diesem Fall stellt sich das Bedenken, die Übertragung könnte zu früh vorgenommen sein, naturgemäß besonders.   16

Von diesem tatsächlichen Umstand abgesehen, ergeben sich in diesem Fall aber zusätzliche rechtliche Probleme. In jedem Fall ratsam ist es, den Minderjährigen bei der Vermögensübertragung von der Inventarisierungspflicht zu befreien (§ 1640 II Nr. 2 BGB), damit von den Eltern kein Vermögensverzeichnis bei Gericht eingereicht werden muss.

1.4.4.1 Übertragung ohne Mitwirkung eines Ergänzungspflegers

Bei der Entgegennahme von Zuwendungen Dritter können Eltern ihr minderjähriges Kind grundsätzlich ohne Mitwirkung eines Ergänzungspflegers vertreten ohne Rücksicht darauf, zu welchen Bedingungen die Übertragung im Weg der vorweggenommenen Erbfolge erfolgt. Auch eine familiengerichtliche Genehmigung ist nur erforderlich, soweit §§ 1643, 1821, 1822 BGB dies vorsehen; praktisch am häufigsten ist der Fall des entgeltlichen Erwerbs einer Immobilie (§ 1821 I Nr. 5 BGB). Der Minderjährige kann die Zuwendung selbst nur dann annehmen, wenn er bereits sieben Jahre alt ist und wenn sie ihm lediglich einen rechtlichen Vorteil bringt (§ 107 BGB).   17

Wollen Eltern selbst dem Kind etwas zuwenden, können sie den Vertrag dann ohne Mitwirkung eines Ergänzungspflegers gleichzeitig im eigenen Namen und für ihr Kind abschließen, wenn dieses durch die Zuwendung lediglich einen rechtlichen Vorteil erlangt. §§ 1629, 1795, 181 BGB treffen zwar ih-

---

50 BFH, NJW 2005, 2176.
51 *v. Hoyenberg*, Rdnr. II 102.

rem Wortlaut nach auch diesen Fall, werden aber infolge teleologischer Reduktion nicht angewendet.[52] Ist der Minderjährige bereits sieben Jahre alt, kann er den Vertrag unter den gleichen Voraussetzungen auch selbst abschließen (§ 107 BGB).

Insbesondere können Eltern also auch ein Sparkonto oder Wertpapierdepot auf den Namen des Minderjährigen anlegen und hierauf Vermögen im Weg der vorweggenommenen Erbfolge übertragen. Als gesetzliche Vertreter des Kindes können sie trotzdem weiterhin Verfügungen über den Vermögensgegenstand vornehmen, solange das Kind minderjährig ist. Indessen wird die Übertragung weder schenkungssteuerlich noch einkommensteuerlich anerkannt, wenn die Guthaben bzw. die Wertpapiere nicht endgültig in das Vermögen des Kindes übergegangen sind.

Ein solcher Mangel an Endgültigkeit wird dann offenbar, wenn Kapital oder auch Zinserträge für andere Zwecke als die des Kindes verwendet werden oder wenn (bei einer Verkörperung der Forderung in einem Sparbuch oder einer Sparkarte) das Legitimationspapier nicht spätestens bei Eintritt der Volljährigkeit an das Kind ausgehändigt wird.

18   Wann ein Rechtsgeschäft lediglich rechtlich vorteilhaft ist, wird von der Rechtsprechung insbesondere bei Grundstücksgeschäften sehr kontrovers beurteilt.[53] Entscheidend ist, ob der Minderjährige aus seinem Vermögen, das er vor Abschluss des Vertrags besaß, etwas aufgeben und ob er neue Belastungen auf sich nehmen muss.[54] Grundsätzlich ändert die Belastung der übertragenen Immobilie mit dinglichen Rechten, die keine persönlichen Verpflichtungen begründen (und zwar sowohl Dienstbarkeiten, Vorkaufsrechte usw. als auch Grundschulden) nichts daran, dass das Geschäft für den Minderjährigen trotzdem rechtlich vorteilhaft ist. Daran soll sich nicht einmal dann etwas ändern, wenn die Belastungen höher sind als der Grundstückswert[55] – was ein schönes Beispiel für die völlige Losgelöstheit des bürgerlichen Rechts von wirtschaftlichen Erwägungen ist.

Der Erwerb eines vermieteten Grundstücks ist nach der Rechtsprechung wegen des Eintritts in den Mietvertrag nach § 566 BGB und der Verpflichtung zur Rückgewähr etwaiger Mietkautionen nach §§ 566 a, 567 BGB nicht lediglich rechtlich vorteilhaft.[56] Problematisch ist vor allem der Erwerb von Wohnungseigentum. Während bisher angenommen wurde, der Erwerb eines (nicht vermieteten) Wohnungseigentums sei nur dann nicht lediglich rechtlich vorteilhaft, wenn die Teilungserklärung über das Gesetz hinausgehende Verpflich-

---

[52]   Palandt/*Diederichsen*, 69. Aufl., § 1795 Rdnr. 11.
[53]   Weitere Rechtsprechungsnachweise außer den im folgenden genannten bei *Schöner/Stöber*, Rdnr. 3606.
[54]   BGH, NJW 2005, 415.
[55]   BayObLG, DNotZ 1979, 543.
[56]   BGH, NJW 2005, 1430 = BGHR 2005, 621 mit Anm. von *Waldner*.

tungen der Wohnungseigentümer begründe,[57] geht eine neuere Entscheidung wegen der persönlichen Haftung für die Verbindlichkeiten der Wohnungseigentümergemeinschaft stets von einem rechtlichen Nachteil aus;[58] das ist aber dann nicht richtig, wenn durch die Gestaltung der Teilungserklärung solche gemeinschaftlichen Verbindlichkeiten ausgeschlossen sind, etwa bei einer Mehrhausanlage, bei der weder gemeinschaftliches Vermögen gebildet noch gemeinschaftliche Verbindlichkeiten begründet werden. Dagegen wird die Bestellung oder Übernahme von Nießbrauchsrechten oft undifferenziert als für die rechtliche Vorteilhaftigkeit unschädlich angesehen.[59] Richtigerweise kommt es zumindest auf die Ausgestaltung des Rechts an: Nur wenn nicht zulasten des Minderjährigen von der Lastentragungsregelung der §§ 1041, 1047 BGB abgewichen wird und der Ersatzanspruch des Nießbrauchers nach § 1049 BGB ausgeschlossen ist, kann die Übertragung rechtlich vorteilhaft sein. Vor allem passt die Rechtsprechung zum vermieteten und zum nießbrauchsbelasteten Grundstück nicht zusammen: Ist das Grundstück bei Ende des Nießbrauchs vermietet, tritt der Eigentümer wie beim Erwerb eines vermieteten Grundstücks in die Pflichten des Vermieters ein (§ 1056 I BGB); gleichwohl stellt die Rechtsprechung bisher ausschließlich darauf ab, ob zum Zeitpunkt der Auflassung eine Vermietung oder Verpachtung vorliegt.[60]

Nicht lediglich rechtlich vorteilhaft ist der Erwerb eines mit einer zu übernehmenden oder neu bestellten Reallast belasteten Grundstücks, wenn nicht die persönliche Haftung des Eigentümers nach § 1108 BGB als Inhalt des Rechts ausgeschlossen ist, und der Erwerb eines Erbbaurechts (wenn nach § 9 ErbbauVO ein Erbbauzins zu zahlen ist). Auch die Vereinbarung von Rückerwerbsrechten (s. unten Rdnr. 103) hindert die rechtliche Vorteilhaftigkeit.[61] Ob die Anrechnung der Zuwendung auf den Pflichtteil (§ 2315 BGB) dazu führt, dass die Zuwendung nicht nur rechtlich vorteilhaft ist, darüber streiten die Gelehrten,[62] was für die Praxis Anlass sein muss, hier vorsichtshalber die Anforderungen an rechtlich nachteilige Geschäfte einzuhalten. Für die Anordnung einer Ausgleichungspflicht nach § 2050 III BGB ist die Frage dagegen vom BGH in dem Sinn entschieden, dass das Geschäft gleichwohl lediglich rechtlich vorteilhaft bleibt.[63] Die Auflassung bleibt rechtlich vorteilhaft, auch wenn das zugrundeliegende schuldrechtliche Geschäft mit rechtlichen Nachteilen verbunden ist.[64]

---

[57] BGH, NJW 1981, 109.
[58] OLG München, ZEV 2008, 246.
[59] BayObLG, DNotZ 1999, 489 (493); OLG Celle, DNotZ 1974, 733.
[60] BGH, NJW 2005, 1430.
[61] BGH, NJW 2005, 415; OLG Köln, NJW-RR 1998, 363; a. A. OLG Dresden, MittBayNot 1996, 288 wenn lediglich Herausgabe nach Bereicherungsrecht geschuldet ist.
[62] Lediglich rechtlicher Vorteil: OLG München, DNotZ 2008, 199; ausführlich *Keim*, MittBayNot 2008, 8 (11).
[63] BGH, NJW 1955, 1353; a. A. *Lange/Kuchinke*, § 15 III Fn. 43.
[64] BGH, NJW 2005, 415 = ZEV 2005, 66 mit Anm. von *Everts*.

1.4.4.2 Mitwirkung eines Ergänzungspflegers

19 Ist rechtliche Vorteilhaftigkeit nach dem Gesagten nicht anzunehmen, kann die Vermögensübertragung erst stattfinden, wenn für den Minderjährigen ein Ergänzungspfleger bestellt ist (§ 1909 BGB). Das ist auch dann ratsam, wenn Zweifel an der Vertretungsmacht der Eltern für das Kind bestehen, damit nicht die Wirksamkeit des Vertrags womöglich nach längerer Zeit noch streitig werden kann.

Das FamFG hat die frühere Streitfrage, wie die Zuständigkeiten im Genehmigungsverfahren zwischen Vormundschaftsgericht und Familiengericht verteilt seien, dahin entschieden, dass das Familiengericht seit 1. 9. 2009 für sämtliche Tätigkeiten zuständig ist. Der Ergänzungspfleger muss den abgeschlossenen Vertrag in aller Regel familiengerichtlich genehmigen lassen (§ 1821 I Nr. 5 BGB); die Genehmigung wird erteilt, wenn der Vertrag die Interessen des Kindes angemessen berücksichtigt. Ob es um eine Ermessensentscheidung des Gerichts geht oder es sich beim Kindesinteresse um einen unbestimmten Rechtsbegriff handelt, ist umstritten.[65] Eine familiengerichtliche Genehmigung ist nur in dem Ausnahmefall entbehrlich, dass der Vertrag für den Minderjährigen zwar nicht lediglich rechtlich vorteilhaft, gleichwohl aber „unentgeltlich" ist.[66]

20 Ein Pflichtteilsverzicht Minderjähriger ist nur wirksam, wenn er vormundschaftsgerichtlich genehmigt ist (§§ 2346 II, 2347 I 1 BGB). Diese Genehmigung wird allenfalls dann erteilt, wenn der Minderjährige eine vollwertige Abfindung erhält; eine andere Vereinbarung würde auch gegen § 1804 BGB verstoßen. Selbst wenn die Abfindung aber nach den Vermögensverhältnissen des Veräußerers zum Zeitpunkt des Vertragsschlusses vollwertig ist, wird die Genehmigung nicht selten verweigert;[67] das Vermögen des Veräußerers könne sich bis zu seinem Ableben noch erhöhen. Hier hilft nur entweder ein gegenständlich beschränkter Pflichtteilsverzicht hinsichtlich des tatsächlich veräußerten Vermögenswerts oder ein Hinausschieben des Pflichtteilsverzichts bis zur Volljährigkeit. Will der Veräußerer sicherstellen, dass es später tatsächlich zu dieser Beurkundung kommt, darf er die Gegenleistung nur Zug um Zug gegen Wirksamkeit des Pflichtteilsverzichts aus der Hand geben.

1.4.5 *Keine Übertragung durch den Betreuer*

21 Ein Vertrag über die vorweggenommene Erbfolge kann nur durch den Veräußerer selbst oder durch einen von ihm Bevollmächtigten abgeschlossen werden. Ist über den Veräußerer Betreuung angeordnet, dann unterliegt der

---

[65] Vgl. BayObLG, DNotZ 1998, 495 einerseits und *J. Mayer*, FamRZ 1994, 1007 andererseits.

[66] Vgl. *Everts*, ZEV 2004, 231 (233).

[67] Die Lektüre von BGH, NJW-RR 1995, 248 macht das Zaudern der Familienrichter menschlich verständlich.

Betreuer der Beschränkung der §§ 1804, 1908 i II 1: Ihm sind nur Anstands- und Pflichtschenkungen sowie vom Betreuten gewünschte und nach seinen Lebensverhältnissen übliche Gelegenheitsgeschenke gestattet; eine Grundstücksschenkung – auch bei Vereinbarung von Gegenleistungen, die zu einer Qualifikation als gemischte Schenkung führen – fällt jedenfalls nicht darunter.[68] Da eine Ausstattung keine Schenkung ist, kann eine solche auch hinsichtlich Grundbesitz aber mit betreuungsgerichtlicher Genehmigung (§§ 1821 I Nr. 1, 1908 i I 1 BGB) erfolgen.[69]

Der Bevollmächtigte, auch derjenige, dem eine Vorsorgevollmacht erteilt ist, unterliegt diesen Beschränkungen nach dem Buchstaben des Gesetzes nicht: Auch wenn der Vollmachtgeber geschäftsunfähig geworden ist, besteht die Vollmacht fort, wenn nichts anderes bestimmt ist (§§ 168, 672, 675 BGB). Allerdings wird mit beachtlichen Gründen angenommen, dass ab Eintritt der Geschäftsunfähigkeit für einen Bevollmächtigten die gleichen Handlungsbeschränkungen wie für einen gesetzlichen Vertreter gelten.[70]

---

[68] OLG Frankfurt, Rpfleger 2008, 72; BayObLG, FamRZ 1996, 1359.
[69] OLG Stuttgart, Rpfleger 2004, 695 = MittBayNot 2005, 229 mit Anm. von *Böhmer.*
[70] OLG Köln, NJW-RR 2001, 652.

2 Ziele der vorweggenommenen Erbfolge

Mit der Vorwegnahme der Erbfolge werden vor allem fünf Ziele verfolgt, 22
nämlich

- die Übertragung wesentlicher Vermögensgegenstände in die nachfolgende
  Generation im Interesse erbrechtlicher Klarheit und mit der Absicht, die
  Zersplitterung wirtschaftlicher Einheiten, sei es Grundbesitz, ein Unternehmen oder eine Sammlung von Kunstgegenständen, zu vermeiden,
- die Verminderung oder Vermeidung von Steuerlasten,
- die Förderung der Motivation des Vermögensnachfolgers, den Besitz zu erhalten, weil er – anders als bei seiner Einsetzung als Erbe – bereits ein un-
  entziehbares Recht an ihm erworben hat,
- die Versorgung des bisherigen Vermögensinhabers,
- die Regelung oder Minderung der Ansprüche, die andere Personen als der
  Erwerber im Hinblick auf das Vorhandensein der Vermögensgegenstände
  erheben könnten.

Das Gewicht des jeweiligen Ziels kann im Einzelfall sehr unterschiedlich
sein bis zu dem Punkt, dass eines der Ziele das allein entscheidende ist, während die anderen Ziele keinerlei Bedeutung haben. Die Motive können aber
auch bei beiden Vertragsteilen komplex und vor allem auch gegensätzlich
sein.[71]

2.1 Pflichtteilsminderung

Die vorweggenommene Erbfolge kann dazu genutzt werden, Pflichtteilsan- 23
sprüche anderer Personen als des Erwerbers hinsichtlich des Gegenstands der
Übertragung auszuschließen oder zu mindern. Diese Möglichkeiten sind
durch die Neufassung des § 2325 BGB für Erbfälle nach dem 31. 12. 2009
noch erheblich verbessert worden. Vor allem bei der Übertragung von Vermögen, das einen erheblichen Verkehrswert hat, aus dem aber nur schwer li-
quide Mittel zu gewinnen sind, steht dieses Ziel im Zentrum des Interesses
der Beteiligten. Gelingt es, Pflichtteilsansprüche hinsichtlich des übertragenen
Vermögens ganz auszuschließen, wird auch die vor allem bei Gewerbebetrie-
ben, Praxen und Sammlungen schwierige und regelmäßig streitanfällige Bewertung des übertragenen Vermögens vermieden.

Für den Versuch, den Pflichtteil auszuschließen, stehen dabei zwei Wege
zur Verfügung:

---

[71] Vgl. *Langenfeld*, NJW 1996, 2601; *Winkler*, DNotZ 1998, 544 (546); *Wegmann*, Rdnr.
71 ff.

– die Vereinbarung eines Pflichtteilsverzichts mit den Pflichtteilsberechtigten aus Anlass der vorweggenommenen Erbfolge,

– die Hoffnung, die Frist des § 2325 III BGB werde vollständig verstreichen, ehe der Schenker verstirbt.

24   Aber auch wenn weder ein Pflichtteilsverzicht zu erreichen ist noch Alter und/oder Gesundheitszustand des Schenkers es nahelegen, dass die Frist des § 2325 III BGB verstreichen wird, mindert sich der Pflichtteil jedenfalls mit jedem Jahr des Überlebens des Schenkers um 1/10 und kann die vorweggenommene Erbfolge für den Erwerber vorteilhafter sein als ein Erwerb aus dem Nachlass des Schenkers, da der Pflichtteilsergänzungsanspruch oft schwächer ist als der Pflichtteilsanspruch:

– Nimmt der Wert des geschenkten Gegenstands bis zum Erbfall zu, bleibt diese Wertsteigerung unberücksichtigt, weil er mit seinem Wert zum Zeitpunkt der Schenkung dem Nachlass hinzugerechnet wird (§ 2325 II 2 BGB; sog. „Niederstwertprinzip", s. auch unten Rdnr. 92). Zudem werden in diesem Fall bei gemischten Schenkungen und Schenkungen unter Auflage Gegenleistungen, die der Erwerber an den Schenker erbracht hat, vom Wert der Schenkung abgezogen (Einzelheiten s. unten Rdnr. 90).

– Ist der Nachlass so geringwertig, dass der Pflichtteilsanspruch aus ihm nicht gedeckt werden kann, so besteht (nur) ein Anspruch gegen den Beschenkten (§ 2329 BGB), der jedoch nur haftet, soweit er noch bereichert ist; dieser Anspruch verjährt zudem ohne Rücksicht darauf, ob dem Berechtigten der Anspruch und der richtige Anspruchsgegner bekannt sind, innerhalb von drei Jahren nach dem Erbfall (§ 2332 BGB).

– Hat derjenige, der Pflichtteilsergänzung verlangt, vom Erblasser seinerseits Zuwendungen erhalten, werden diese auf den Pflichtteilsergänzungsanspruch, nicht aber auf den Pflichtteilsanspruch angerechnet, wenn der Erblasser bei der Zuwendung keine Anrechnungsbestimmung getroffen hat (vgl. § 2327 mit § 2315 BGB).

– Pflicht- und Anstandsschenkungen führen überhaupt nur dann zu einer Ergänzungspflicht, soweit sie das angemessene Maß überstiegen haben.

2.2 Umgehung von Testierverboten

25   Während zum Zweck der Pflichtteilsminderung auch eine testamentarische Zuwendung möglich, wenn auch im Hinblick auf Pflichtteilsansprüche vielleicht weniger vorteilhaft wäre, bleibt dem Veräußerer nur der (Aus)weg der Zuwendung im Weg der vorweggenommenen Erbfolge, wenn er kein Testament errichten kann, nämlich nach Abschluss eines Erbvertrags ohne Rücktrittsvorbehalt (§ 2289 BGB) und beim Gemeinschaftlichen Testament nach dem Tod des Erstversterbenden (§ 2271 II BGB). Nicht wesentlich anders ist es beim Gemeinschaftlichen Testament vor dem Tod des Erstversterbenden und beim Erbvertrag mit Rücktrittsvorbehalt. Hier kann der Veräußerer zwar

den Widerruf bzw. Rücktritt erklären, dies aber nur offen gegenüber seinem Ehegatten bzw. Vertragspartner und mit der Folge, dass (meist) auch zu seinen Gunsten getroffene Verfügungen unwirksam werden (§§ 2298 II, 2267 I BGB).

Dagegen hindert eine solche erbrechtliche Bindung nicht Rechtsgeschäfte unter Lebenden (§ 2286 BGB) und damit auch nicht eine Vermögensübertragung im Wege der vorweggenommenen Erbfolge, die nur in den durch §§ 2287, 2288 BGB gezogenen Grenzen angegriffen werden können. Da die Rechtsprechung allerdings uneinheitlich und schwankend ist (Einzelheiten s. unten Rdnr. 126), stellt es für einen Erwerber stets ein gewisses Risiko dar, im Weg der vorweggenommenen Erbfolge von einem erbrechtlich gebundenen Veräußerer zu erwerben. Da es in diesem Fall aber keine Alternative gibt, kann dieses Risiko schwerlich abschreckend wirken.

2.3 Privilegierung im Zugewinnausgleich

Ist bei den Zielen der Pflichtteilsminderung und der Umgehung von Testier- **26** verboten die vorweggenommene Erbfolge die Alternative zum Erwerb im Erbweg, stellt sie bei der Zuwendung an verheiratete Erwerber eine Alternative zum entgeltlichen Erwerb dar: Während beim entgeltlichen Erwerb Gegenstände, die noch im Endvermögen vorhanden sind, mit ihrem vollen Wert in den Zugewinnausgleich einzustellen sind, ist bei im Erbweg oder im Weg der vorweggenommenen Erbfolge erworbenen Vermögen dieses nach Abzug der Verbindlichkeiten dem Anfangsvermögen des Erwerbers zuzurechnen (§ 1374 II BGB) und unterliegt damit nur mit seiner Wertsteigerung dem Zugewinnausgleich.

Die Rechtsprechung nimmt sowohl bei Einordnung als auch bei der Bewertung tendenziell eine die vorweggenommene Erbfolge begünstigende Haltung ein. So stehen auch umfangreiche Verpflichtungen des Erwerbers, die er als Gegenleistung für die Übertragung übernommen hat, einer Einordnung in das „mit Rücksicht auf ein künftiges Erbrecht" erworbene Vermögen nicht entgegen. Übernahme von Verbindlichkeiten, Wohnungsrecht, Pflegeverpflichtung, Tragung von Beerdigungskosten nebst Grabpflege und Geschwisterabfindung werden vielmehr als kennzeichnend für diese Art von Verträgen angesehen. Auch im Rahmen des § 1374 II BGB ist der Wert auf Lebensdauer des Veräußerers eingegangener Verbindlichkeiten nach der aus der Sterbetafel zu entnehmenden statistischen Lebenserwartung, nicht nach der tatsächlichen Lebensdauer des Berechtigten zu bemessen.[72] Nicht unumstritten ist, wie eine durch Absinken des Werts der Belastung eintretende Wertsteigerung einerseits und der Kaufkraftschwund andererseits rechnerisch zu berücksichtigen sind.[73]

---

[72] OLG Karlsruhe, FamRZ 1990, 56.
[73] Vgl. BGH, NJW 1990, 1793 einerseits und OLG Bamberg, NJW-RR 1995, 258 andererseits.

3 Gegenleistungen des Erwerbers an den Veräußerer

3.1 Allgemeines

Die meisten Vermögensübertragungen im Weg der vorweggenommenen Erb- 27
folge erfolgen im Hinblick auf Leistungen, die der Erwerber dem Veräußerer
erbringen soll. Es ist dringend zu empfehlen, diese Leistungen im Vertrag ausdrücklich als Gegenleistung für die Vermögensübertragung zu bezeichnen.
Dies liegt sowohl im Interesse des Veräußerers, der nur dann einen klagbaren
Anspruch hat, als auch im Interesse des Erwerbers, der nur Leistungen, zu
denen er rechtlich verpflichtet ist, nicht aber freiwillige Leistungen, dem
Rückforderungsanspruch des Schenkers nach § 528 BGB entgegenhalten
kann.[74] Ebenso sollte im Vertrag festgehalten werden, wenn – was in der Praxis nicht selten ist – der Erwerber bereits vor Vertragsschluss in der Erwartung seines künftigen Erwerbs aus seinem Vermögen Aufwendungen auf den
Vertragsgegenstand gemacht hat, während die Dokumentation bereits erbrachter Leistungen an den Veräußerer nur selten hilfreich ist (s. oben Rdnr.
11).

Ob eine Übertragung teilentgeltlich oder vollentgeltlich ist, entscheidet dabei im Zivilrecht – anders als im Schenkungsteuerrecht (s. unten Rdnr. 128) –
die subjektive Meinung der Vertragsteile, denen die Bewertung von Leistung
und Gegenleistung freisteht, solange diese nicht willkürlich ist. Erst bei einem
„auffallend groben Missverhältnis" der beiderseitigen Leistungen besteht eine
Vermutung dafür, dass die Vertragsteile dies erkannt haben und über die teilweise Unentgeltlichkeit einig waren.[75] Wird also von den Beteiligten ein entgeltliches Rechtsgeschäft gewünscht, sollte die Einigung hierüber in der
Urkunde dokumentiert werden. Bezeichnungen wie „im Weg der vorweggenommenen Erbfolge" oder „im Wege der Schenkung, soweit der Wert der
Übertragung die vereinbarten Gegenleistungen übersteigt", sind überflüssig
und oft sogar schädlich.

3.2 Bewertung von Gegenleistungen

In allen Fällen, in denen es darauf ankommt, ob oder in welchem Maß eine 28
Vermögensübertragung unentgeltlich erfolgt ist, stellt sich die Frage einer Bewertung von Gegenleistungen in der Form wiederkehrender Leistungen, ins-

---

[74] BGH, NJW 1998, 537.
[75] BGH, NJW 1993, 668 (559); BGH, NJW-RR 1996, 754; s. auch BayObLG, AgrarR
1995, 373 und DNotZ 1996, 647 (allerdings wohl beschränkt auf die Übertragung landwirtschaftlicher Anwesen).

besondere bei solchen, die auf die Lebensdauer des Veräußerers eingeräumt werden. Diese Bewertung muss in drei Schritten erfolgen:

- Zunächst muss der Wert der Leistung für eine bestimmte Periode (Woche, Monat, Jahr) ermittelt werden.
- Sodann muss festgestellt werden, welche Bezugsdauer der Leistungen in die Berechnung einzustellen ist.
- Schließlich ist der Zeitwert der Leistung für den festgestellten Zeitraum zu berechnen.

3.2.1 Wert der Leistung für eine bestimmte Periode

29 Der Wert der Leistung für eine bestimmte Periode ist ohne Schwierigkeit zu ermitteln, wenn sie in Geld besteht und verhältnismäßig einfach, wenn ihr Gegenstand einen mehr oder weniger genau zu ermittelnden Marktpreis hat, wie etwa die Lieferung der Verpflegung oder die Überlassung einer bestimmten Wohnung.

Schwieriger ist es, wenn Dienstleistungen, vor allem Pflegeleistungen versprochen werden. Ist der Umfang der versprochenen Leistungen hier nicht in Anknüpfung an die Pflegestufen des PflegeVG oder in anderer Weise klar bestimmt, lässt sich der Wert kaum vernünftig bestimmen. Aber auch wenn dies geschehen ist, bestehen zwischen dem Pflegegeld, den Sachleistungen und den Kosten für eine Pflegekraft, die die geschuldeten Leistungen vertretungsweise erbringen könnte, erhebliche Unterschiede.

3.2.2 Dauer des Leistungsbezugs

30 Hier kommt einerseits eine ex-ante-Betrachtung in Betracht, die die Dauer nach der allgemeinen Lebenserwartung einer Person im Alter und Geschlecht des Schenkers zum Zeitpunkt des Vollzugs der Schenkung bemisst, andererseits eine ex-post-Betrachtung, die den Wert nach der tatsächlichen Dauer bestimmt, für die der Veräußerer die versprochenen Leistungen bezogen hat. Die überwiegende Meinung spricht sich für eine ex-ante-Betrachtung aus,[76] korrigiert sie aber nach den Umständen des Einzelfalls, wenn – etwa wegen des Gesundheitszustands des Veräußerers[77] – ein Erreichen des sich aus der Sterbetafel ergebenden mittleren Sterbealters auszuschließen ist. Das entscheidende Argument für die überwiegende Meinung dürfte die Tatsache sein, dass sich die Einigung der Vertragsteile nur auf die für sie bei Vertragsschluss vorhersehbaren Tatsachen beziehen kann. Wer einer Person normalen Gesund-

---

[76] BGH, NJW-RR 1990, 1158 (1159) und NJW-RR 1996, 705 (707); OLG Schleswig, FamRZ 2009, 734; OLG Koblenz, NJW-RR 2002, 512; *Behmer*, FamRZ 1994, 1375 (1376); *J. Mayer*, Übergabevertrag, Rdnr. 73; a. A. OLG Oldenburg, NJW-RR 1999, 734; *N. Mayer*, FamRZ 1994, 739 (744); *Staudinger/Olshausen*, § 2325 Rdnr. 104.

[77] BGH, NJW 1999, 1626; OLG Oldenburg, FamRZ 1999, 1315.

heitszustandes beispielsweise eine Leibrente zusagt, kann aus der Sterbetafel ablesen, welcher Betrag insgesamt nach der statistischen Wahrscheinlichkeit zu zahlen sein wird. Sollte der Berechtigte länger leben, so muss er die Zahlungen für einen längeren Zeitraum erbringen, sollte er früher sterben, wird er von seiner Leistungspflicht früher frei. Ebenso wenig wie eine lange Bezugszeit aus einer als teilentgeltlich gewollten Übertragung eine vollentgeltliche macht, kann ein plötzlicher Tod aus einer entgeltlichen Übertragung eine (fast) unentgeltliche machen. Das ist bei der vorweggenommenen Erbfolge nicht anders als bei einer Rentenversicherung gegen Einmalbeitrag, bei der niemand eine Schenkung an die Versicherungsgesellschaft annehmen würde, wenn der Rentenberechtigte nach Empfang weniger Rentenbeträge plötzlich verstirbt. Aus dem gleichen Grund ist aber eine Berücksichtigung eines schlechten Gesundheitszustands des Veräußerers geboten: Er würde einen derartigen Versicherungsvertrag unter Zugrundelegung der allgemeinen Sterbetafel nicht abschließen, da vorhersehbar ist, dass die Erträge aus der Rente geringer sind als das eingesetzte Kapital.

Auch bei der anzunehmenden Dauer der Leistung machen übernommene **31** Pflegeverpflichtungen besondere Schwierigkeiten: Soll die Verpflichtung bereits ab Vertragsschluss bewertet werden oder erst ab dem Zeitpunkt, in dem die Notwendigkeit der Pflege tatsächlich eintritt? Soll ersterenfalls die Wahrscheinlichkeit berücksichtigt werden, mit der es zum Eintritt des Pflegefalls kommen wird? Auf diese Fragen gibt die veröffentlichte Rechtsprechung keine konkreten Antworten, wenn auch mehrere Entscheidungen ausdrücklich feststellen, es könne nicht darauf ankommen, ob der Veräußerer ihm versprochene Leistungen tatsächlich in Anspruch genommen hat oder auch nur nehmen konnte.[78]

3.2.3 Berechnung des Zeitwerts

Für die Bewertung von lebenslang zu gewährenden Leistungen ist allerdings **32** nicht nur die in die Berechnung einzustellende Dauer des Bezugs, sondern auch der von den Vertragsteilen zugrundegelegte Zinssatz für die Abzinsung maßgebend. Wie Tabellen zeigen, in denen die Gegenwartswerte einer lebenslangen Rente für verschiedene Zinssätze berechnet sind,[79] sind die Unterschiede insbesondere bei verhältnismäßig geringem Alter des Veräußerers sehr beträchtlich. Die Finanzverwaltung rechnet mit einem Zinssatz von 5,5 %;[80] allerdings bedeutet dies nicht, dass ein von den Vertragsteilen zugrundegelegter anderer Zinssatz als willkürlich erscheinen müsste, wie sich schon daraus ergibt, dass auch dem Bewertungsgesetz früher ein Zinssatz von nur 4 % zu-

---

[78] So etwa BGH, NJW-RR 1986, 977; OLG Oldenburg, NJW-RR 1992, 778 (779).
[79] Vgl. etwa die Tabellen von *Heubeck/Heubeck*, DNotZ 1985, 607; s. auch *Heubeck*, Betrieb 1998, 2542.
[80] Siehe die Anlage 9 zum BewG.

grundelag. Sicher ungeeignet zur Kapitalisierung ist dagegen die äußerst pauschale und nicht einmal nach dem Geschlecht differenzierende Regelung in § 24 II KostO.[81]

3.3 Leistungen an mehrere Berechtigte

33 Erfolgt die Vermögensübertragung im Wege der vorweggenommenen Erbfolge durch mehrere Veräußerer, in der Praxis vor allem durch Ehegatten, dann ist vertraglich zu klären, in welchem Verhältnis ihnen die eingeräumten Rechte zustehen sollen. Bei Rechten, die im Grundbuch eingetragen werden sollen, verlangt dies schon das Grundbuchamt (§ 47 GBO), aber auch bei allen anderen Leistungen darf das Gemeinschaftsverhältnis zur Vermeidung späterer Streitigkeiten nicht offengelassen werden.

Grundsätzlich ist dabei zwischen individueller Berechtigung der einzelnen Berechtigten und Gesamtberechtigung zu unterscheiden, wobei im Folgenden – dem praktischen Hauptfall entsprechend – von zwei Berechtigten ausgegangen wird.

3.3.1 *Formen individueller Berechtigung*

3.3.1.1 Zwei selbstständige Rechte

34 Für zwei Berechtigte können zwei Rechte gleichen Inhalts und gleichen Rangs bestellt werden. Bei teilbaren Leistungen wird typischerweise jedem die Hälfte der insgesamt geschuldeten Leistungen versprochen, bei unteilbaren Leistungen (insbesondere einem Wohnungsrecht) wird jedem die ganze, jeweils durch die Ausübung des Rechts des anderen Berechtigten beschränkte Leistung versprochen. Jeder kann hier sein Recht im Klageweg einzeln geltend machen. Der Tod eines der Berechtigten eines unvererblichen Rechts lässt das Recht des anderen unberührt. Bei teilbaren Rechten ändert sich nichts; bei unteilbaren Rechten entfällt die Beschränkung durch das andere Recht.

3.3.1.2 Teilgläubigerschaft

Bei teilbaren Leistungen[82] kann alternativ die insgesamt geschuldete Leistung beiden Berechtigten als Teilgläubigern (§ 420 BGB) eingeräumt werden. Auch hier kann jeder Gläubiger sein Recht notfalls im Klageweg einzeln geltend machen. Beim Tod eines der Teilgläubiger erlischt sein Recht, wenn es auf die Lebensdauer beschränkt ist, geht aber auf die Erben über, wenn die Rechtsposition vererblich ist; es geht nicht etwa automatisch auf den anderen Teil-

---

[81]   BGH, ZEV 1999, 192 (194); a. A. *Dingerdissen*, JZ 1993, 402 (404); OLG Düsseldorf, DNotZ 1996, 652 (655).

[82]   Also nicht bei einem Wohnungsrecht; *Schöner/Stöber*. Rdnr. 245.

gläubiger über. Es kann aber dem jeweils anderen Teilgläubiger aufschiebend bedingt durch den Tod des anderen ein Recht auf die betreffende Leistung versprochen werden.

3.3.2 Formen gemeinschaftlicher Berechtigung

Bei einer unteilbaren Leistung können mehrere Berechtigte eines einheitlichen 35 Rechts nur entweder Mitgläubiger (§ 432 BGB) oder Gesamtgläubiger (§ 428 BGB)[83] sein; Gesamtgläubigerschaft ist aber ebenso bei teilbaren Leistungen möglich. Bei der Mitgläubigerschaft kann jeder Gläubiger die Leistung fordern, aber nur an alle, und ebenso sind nur alle Gläubiger gemeinsam empfangszuständig. Dagegen kann bei Gesamtgläubigerschaft jeder Gläubiger die volle Leistung für sich allein fordern, und jeder Gläubiger ist auch allein empfangszuständig. Der Schuldner muss die Leistung aber nur insgesamt einmal erbringen; der Ausgleich unter den Gesamtgläubigern betrifft lediglich das Innenverhältnis.

Werden in einem Vertrag der vorweggenommenen Erbfolge Leistungen an mehrere Berechtigte zugesagt, erfolgt dies fast immer für diese als Gesamtgläubiger nach § 428 BGB, obwohl es nicht unproblematisch ist, insbesondere bei der Verpflichtung zur Zahlung von Geld und zur Lieferung von verbrauchbaren Sachen (Verköstigung, Brennholz und dgl.). Hat hier der Schuldner an einen der Berechtigten geleistet, ist er von seiner Leistung frei geworden; der andere ist darauf beschränkt, seinen Ausgleichsanspruch gegen den anderen Berechtigten geltend zu machen. Bei Nutzungsrechten (Wohnungsrecht oder Nießbrauch) muss der Eigentümer nach dem Inhalt des Rechts die gleichzeitige und gleichrangige Nutzung der versprochenen Wohnung oder des versprochenen Objekts durch beide Berechtigten dulden, sodass insoweit keine Probleme entstehen. Aber auch bei Dienstleistungsverpflichtungen (insbesondere Pflgeverpflichtungen) ist bei Gesamtgläubigerschaft davon auszugehen, dass der Schuldner seine Leistung erst dann vollständig erbracht hat, wenn alle Gläubiger die ihnen zustehende Leistung erhalten haben;[84] dies ergibt jedenfalls regelmäßig die Auslegung des Vertrags. Ebenso kann auch ohne dies ausdrücklich festlegende Vertragsklausel nicht zweifelhaft sein, dass durch Vereinbarung des Schuldners mit *einem* Gesamtberechtigten die Rechte des anderen nicht beeinträchtigt werden können und dass beim Tod eines Berechtigten die Rechte des Überlebenden fortbestehen.[85]

Leben Ehegatten im Güterstand der Gütergemeinschaft, dann können auch die ihnen versprochenen Rechte für beide Ehegatten in Gütergemeinschaft

---

[83] OLG Hamm, NJW-RR 2006, 877.

[84] BayObLG, DNotZ 1975, 619 (620); vgl. auch *Amann*, Festschrift für Hagen, S. 75 (91 f.).

[85] BGH, NJW 1986, 1861 (1862); BayObLG, DNotZ 1956, 209 (212).

bestellt werden.[86] Beim Tod des einen Berechtigten steht dem Überlebenden das ganze Recht alleine zu; da dies aber nicht ganz zweifelsfrei ist,[87] sollte vorsichtshalber (insbesondere bei teilbaren Leistungen) vertraglich klargestellt werden, daß diese Rechtsfolge gewollt ist. Ob bei Gütergemeinschaft alternativ die Bestellung für die Ehegatten als Gesamtberechtigte möglich ist, wird kontrovers beurteilt.[88]

3.4 Wohnungsrecht

36 Die häufigste Gegenleistung bei einer Grundstücksübertragung im Weg der vorweggenommenen Erbfolge ist das Wohnungsrecht für den Veräußerer. Es ist in § 1093 BGB als eine besondere Form der beschränkten persönlichen Dienstbarkeit geregelt, deren Hauptzweck das Wohnen ist, die aber daneben auf Nebenzwecke (z. B. Benutzung einer Garage oder des Gartens) erstreckt werden kann;[89] ohne eine solche Erstreckung berechtigt das Wohnungsrecht hingegen nur zur Nutzung derjenigen Grundstücksteile, auf die der Berechtigte angewiesen ist, um die Wohnung nutzen zu können (§ 1093 III BGB); dazu gehört nicht die Nutzung des Gartens, sodass diese – wenn sie gewünscht wird – ausdrücklich vereinbart werden muss,[90] wobei das Grundbuchamt Angaben zur Art und Weise und zum Umfang dieser Nutzung nicht verlangen kann.[91] Das Wohnungsrecht kann als Dienstbarkeit nur an einem ganzen Grundstück, nicht an einem Miteigentumsanteil eingetragen werden; die Rechtsprechung gestattet auch in allerdings reichlich formalistischer Auslegung nicht die Eintragung an einer Garage, die als Teileigentum rechtlich verselbständigt ist.[92] In diesen Fällen muss also eine besondere beschränkte persönliche Dienstbarkeit eingetragen werden, oder es müssen Wohnungs- und Teileigentum vereinigt werden. Ein gleich liegendes Problem ergibt sich, wenn sich Hof-, Garten- und Wegeflächen auf selbstständigen Grundstücken befinden.[93] Neben einem Nießbrauch kann ein Wohnungsrecht für denselben Berechtigten nicht eingetragen werden;[94] möglich ist dagegen die Eintragung eines durch das Erlöschen des Nießbrauchs aufschiebend bedingten Wohnungsrechts.

---

86 BGH, NJW 1982, 170.
87 Wie hier *Bauer/v. Oefele/Wegmann*, § 47 Rdnr. 149; a. A. aber anscheinend BayObLG, Rpfleger 1968, 220.
88 Vgl. BayObLG, Rpfleger 1968, 220 einerseits und *Schöner/Stöber*, Rdnr. 1246 andererseits.
89 BayObLG, DNotZ 1986, 148.
90 OLG Hamm, Rpfleger 2000, 157; anders MünchKomm/*Joost*, § 1093 Rdnr. 5: Gartennutzung als Inhalt des Wohnungsrechts nach § 1093 III BGB möglich.
91 OLG Frankfurt, Rpfleger 1982, 465.
92 BayObLG, NJW-RR 1987, 328.
93 Vgl. dazu Heil, RNotZ 2003, 445.
94 OLG Frankfurt, RNotZ 2009, 421.

3.4.1 Voraussetzungen

Voraussetzung für das Vorliegen eines Wohnungsrechts ist ferner, dass der   37
Eigentümer von der Benutzung zumindest eines Teils der Wohnung (ein Zimmer genügt) ausgeschlossen ist.[95] Die dem Wohnungsrecht unterliegenden
Räume müssen zur Erfüllung des Bestimmtheitserfordernisses des Grundbuchrechts eindeutig bezeichnet werden; aber selbst wenn das Grundbuchamt
hier großzügig sein sollte, empfiehlt sich dringend eine genaue Bezeichnung,
um Zweifel oder gar Streitigkeiten zu vermeiden.

Ein Wohnungsrecht kann auch an einem noch zu errichtenden Gebäude
bestellt werden, wenn, z.B. durch Beifügung von Plänen, der Bestimmtheits-
grundsatz des Grundbuchrechts beachtet werden kann. Umgekehrt erlischt
das Wohnungsrecht bei einer Zerstörung des Gebäudes, in dem es ausgeübt
werden soll[96] und lebt bei Wiederaufbau nicht automatisch wieder auf. Eine
besondere Absicherung des Berechtigten für diesen Fall durch die Verpflichtung, im wieder aufgebauten Gebäude ein neues Wohnungsrecht zu bestellen
und eine Vormerkung zur Sicherung dieses Rechts, wie es teilweise empfohlen
wird[97] (sog. „Brandvormerkung"), dürfte aber im Regelfall entbehrlich sein,
da die Auslegung des Vertrags regelmäßig eine Pflicht zur Neubestellung ergeben wird.

Beabsichtigt der Erwerber dagegen von Anfang an, das bisherige Gebäude
abzubrechen oder so grundlegend umzugestalten, dass auch die Räume wegfallen, an denen das Wohnungsrecht auszuüben ist, empfiehlt sich bereits im
Veräußerungsvertrag dafür Vorsorge zu treffen, indem eine ausdrückliche
Verpflichtung zur Einräumung eines (neuen) Wohnungsrechts im neuen oder
umgestalteten Gebäude aufgenommen wird. Sind die Planungen bereits so
weit fortgeschritten, dass Baupläne vorliegen, kann bereits ein (weiteres)
Wohnungsrecht unter der aufschiebenden Bedingung der Fertigstellung unter
Bezugnahme auf die vorliegenden Pläne eingetragen werden; ist dies nicht der
Fall, ist die Eintragung einer Vormerkung auf Eintragung eines (neuen) Wohnungsrechts möglich und anzuraten, wenn der Veräußerer befürchtet, dass
zur Finanzierung des Baus erhebliche Belastungen eingetragen werden müssen, die ihm nicht im Rang vorgehen sollen. In solchen Fällen ist auch an eine
Wohnungsreallast als Alternative zum Wohnungsrecht zu denken, die unabhängig vom jeweiligen Gebäudebestand das Recht sichert, in dem Gebäude in
bestimmten Umfang (z.B. in zwei Zimmern), jedoch nicht in bestimmten
Räumen zu wohnen.

Wie auch sonst bei der vorweggenommenen Erbfolge kann der Rechtsinhalt mehr umfassen, als dann grundbuchmäßig abgesichert wird. Deshalb ist

---

[95] Dies muß aber in der Bewilligung nicht besonders erwähnt werden; OLG Zweibrük-
ken, DNotZ 1997, 325.
[96] BGH NJW 1952, 1375; a. A. Palandt/*Bassenge*, 69. Aufl., § 1093 Rdnr. 19.
[97] So etwa *Langenfeld/Günther*, Rdnr. 446.

es möglich, ein Wohnungsrecht mit Gartenbenutzung (nur) an dem Hausgrundstück einzutragen, auch wenn der Garten sich auf einem rechtlich selbständigen Grundstück befindet.[98]

3.4.2 Wohnungsrecht an einer Eigentumswohnung

38 Bei Eigentumswohnungen ist zu beachten, dass ein Wohnungsrecht nur an denjenigen Räumen eingeräumt werden kann, an denen Sondereigentum des Eigentümers besteht, nicht dagegen an solchen Flächen oder Räumen die nur im Wege der Gebrauchsregelung (§ 15 I WEG, sog. Sondernutzungsrecht) zugewiesen sind. Allerdings ist dies auch nicht nötig, da im Zweifel mit dem Wohnungsrecht an der Eigentumswohnung auch die Nutzungsrechte an solchen Flächen oder Einrichtungen mitübertragen sind.[99] Zweifelhaft ist, ob an allen im Sondereigentum stehenden Räumen einer Eigentumswohnung ein Wohnungsrecht bestellt werden kann, obwohl dies einem Nießbrauch nahekommt;[100] das wird mit der Begründung bejaht, dass nur der Nießbrauch, nicht auch das Wohnungsrecht nach seinem gesetzlichen Inhalt zur Überlassung an Dritte berechtigt.[101] Beim Wohnungsrecht an einer Eigentumswohnung ist es zweckmäßig zu regeln, wer (Eigentümer oder Wohnungsberechtigter) in der Eigentümerversammlung stimmberechtigt sein soll; fehlt eine solche Regelung, bleibt der Eigentümer stimmberechtigt.[102] Sollte eine derartige Regelung den Wohnungsberechtigten für stimmberechtigt erklären, die Wohnungseigentümer ihn aber nicht zulassen, weil nach der Teilungserklärung eine Stimmrechtsübertragung ausgeschlossen ist, bedeutet sie, dass der Wohnungseigentümer nach Weisung des Wohnungsberechtigten abzustimmen hat.[103]

3.4.3 Rechte und Pflichten

39 Berechtigter eines Wohnungsrechts kann jede natürliche Person sein (zur möglichen Regelung des Gemeinschaftsverhältnisses s. oben Rdnr. 33 ff.). Auch der Eigentümer selbst kann für sich ein Wohnungsrecht bestellen; auch eine Bestellung für mehrere Miteigentümer als Gesamtberechtigte nach § 428 BGB ist nicht ausgeschlossen.[104]

---

[98] LG Koblenz, Rpfleger 1998, 197 (198).

[99] BayObLG, Rpfleger 1998, 68; s. auch die Besprechung von *Schneider*, Rpfleger 1998, 53 (58).

[100] Ablehnend daher BayObLG, NJW 1965, 1484; s. auch Rdnr. 45.

[101] *Spiegelberger*, in: Beck'sches Notar-Handbuch, Kap. A V. Rdnr. 278 hält die Bestellung deshalb für möglich.

[102] OLG Hamburg, ZMR 2003, 701. BGH, DNotZ 1978, 157 dürfte überholt sein.

[103] Vgl. zum gleichliegenden Fall des Nießbrauchs am Wohnungseigentum u. Rdnr. 68.

[104] LG Lüneburg, Rpfleger 1998, 110; enger (schützenswertes Interesse erforderlich) LG Frankfurt, Rpfleger 1992, 246.

Es ist nicht möglich, als grundbuchmäßigen Inhalt des Wohnungsrechts zu vereinbaren, daß der Berechtigte für die Ausübung ein Entgelt zahlen muss.[105] Um den wirtschaftlichen Zweck dieser Vereinbarung zu erreichen, sollte festgelegt werden, dass das Ausübungsrecht für die laufende Periode (Monat, Jahr) jeweils von der Zahlung des vereinbarten Entgelts abhängig ist. Ein Kunstfehler wäre es dagegen, das Erlöschen des Wohnungsrechts im Fall der Nichtzahlung des Entgelts vorzusehen.[106] Dann müsste nämlich selbst im Fall der versehentlichen Nichtzahlung das Wohnungsrecht neu bestellt und womöglich sogar im Grundbuch eingetragen werden. Selbst wenn man eine Neueintragung nicht für nötig halten würde,[107] würde das neubestellte Wohnungsrecht jedenfalls nicht automatisch die bisherige Rangstelle haben, sondern die, die zum Zeitpunkt der Neubestellung zur Verfügung steht.

Von den sich aus dem Wohnungsrecht ergebenden Pflichten des Eigentü-   40
mers und des Berechtigten sind insbesondere die Unterhaltungs- und Instandsetzungspflichten interessant. Der gesetzliche Regelfall ergibt sich aus der Verweisung in § 1093 I 2 BGB. Hiernach treffen den Wohnungsberechtigten die gewöhnlichen Unterhaltungskosten, nicht dagegen – weil § 1047 BGB nicht entsprechend anwendbar ist – ein Anteil an den öffentlichen und privaten Lasten (Grundsteuer, Erschließungs- und Anliegerbeiträge, Grundschuldzinsen):[108] die gewöhnliche Abnutzung geht dagegen zulasten des Eigentümers (§§ 1041, 1050 BGB). Außergewöhnliche Instandhaltungskosten sind gesetzlich weder dem Eigentümer noch dem Wohnungsberechtigten auferlegt. Es ist deshalb zweifelhaft, ob der Eigentümer das Gebäude zur Ausübung des Wohnungsrechts in Stand halten muss,[109] sodass gerade bei älteren Hausgrundstücken eine Regelung ratsam ist. Diese Regelung kann sowohl dem Eigentümer als auch dem Wohnungsberechtigten Pflichten auferlegen, die über den gesetzlichen Regelfall hinausgehen; insbesondere können die Pflichten des § 1041 BGB umfassend, aber auch nur teilweise auf den Eigentümer abgewälzt werden.[110] Sehr häufig ist eine Regelung, dass dem Eigentümer die Pflicht auferlegt wird, die dem Wohnungsrecht unterliegenden Räume in einem gut bewohnbaren[111] und beheizbaren Zustand zu erhalten; diese Pflicht trifft dann jeden Eigentümer, da sie zulässiger dinglicher Inhalt des Wohnungsrechts ist[112] (vgl. § 1021 BGB, der für alle Dienstbarkeiten und damit auch für das Wohnungsrecht gilt). Eine selbstständige Reallast für den Be-

---

[105] BayObLG, Rpfleger 1993, 189.
[106] So tatsächlich das Formulierungsbeispiel bei *v. Hoyenberg*, Rdnr. III 131.
[107] Dafür spricht die Entscheidung BGH, NJW 2000, 805.
[108] BayObLG, DNotZ 1989, 569 (570).
[109] BGH, NJW 1969, 1847 hat die Frage verneint.
[110] OLG Schleswig, NJW-RR 1994, 1359; LG Saarbrücken, RNotZ 2003, 615.
[111] Gegen diese Vereinbarung als dinglicher Rechtsinhalt bestehen keine Bedenken; vgl. LG Potsdam, NotBZ 2005, 118.
[112] *Staudinger/J. Mayer*, § 1093 Rdnr. 45.

rechtigten dieses Inhalts ist deshalb nicht erforderlich.[113] Entsprechendes gilt für die Verpflichtung zur Tragung bestimmter oder aller Betriebskosten anstelle des Wohnungsberechtigten.

41 Ob auch umgekehrt der Wohnungsberechtigte mit grundbuchmäßiger Wirkung über die gesetzliche Regelung hinausgehende Erhaltungspflichten oder Betriebskosten übernehmen kann, ist umstritten,[114] aber ohne große Bedeutung, da dies jedenfalls vertraglich geschehen und angesichts der Unveräußerlichkeit des Wohnungsrechts dem Eigentümer daraus kein Nachteil entstehen kann. Da Streitigkeiten zwischen Wohnungsberechtigten und Eigentümer sehr häufig die Frage der Tragung von Nebenkosten betreffen, empfiehlt sich hier eine möglichst genaue Festlegung; für die Abrechnung durch den Eigentümer gilt § 556 III 2 BGB entsprechend.[114a]

Formulierungsbeispiel:
Die Kosten für Strom, Heizung, Wasser und Kanalgebühren für die dem Wohnungsrecht unterliegenden Räume werden durch Zähler ermittelt und vom Berechtigten getragen. Der Berechtigte trägt auch die Kosten für die nach seinem Ermessen erforderlichen Schönheitsreparaturen im räumlichen Bereich seiner Wohnung. Die Kosten für Müllabfuhr und Straßenreinigung trägt der Berechtigte anteilig, und zwar im Verhältnis der in seiner Wohnung lebenden Personen zu den insgesamt im Anwesen lebenden Personen. Die übrigen Nebenkosten, insbesondere die Grundsteuer, Brandversicherung und andere Versicherungen, Kabelanschluss und Kaminkehrer hat der Eigentümer zu tragen, der die Wohnung auch in einem gut bewohnbaren und beheizbaren Zustand zu erhalten hat.

42 Der Wohnungsberechtigte darf ohne weiteres Familienangehörige – auch einen Lebensgefährten[115] (des gleichen oder des anderen Geschlechts) – und Dienstpersonal in die Wohnung aufnehmen (§ 1093 II BGB), solange er selbst dort wohnt.[116] Dieser Grundsatz kann aber durch Vereinbarung in beide Richtungen abgeändert werden; es kann beispielsweise die Nutzung durch jegliche anderen Personen ausgeschlossen werden, aber auch die entgeltliche oder unentgeltliche Überlassung an Dritte allgemein oder mit Einschränkungen gestattet werden. Ist die Überlassung an Dritte nicht gestattet, kann sich zur Vermeidung von Meinungsverschiedenheiten im Interesse des Wohnungsberechtigten eine Festlegung empfehlen, was gleichwohl zulässig ist.

---

[113] A. A. *Schöner/Stöber*, Rdnr. 1354. In einigen Bundesländern können hierfür zudem Beschränkungen bestehen (Art. 115 EGBGB).

[114] Vgl. BayObLG, DNotZ 1989, 569 einerseits und LG Gießen, Rpfleger 1986, 174 andererseits.

[114a] BGH, 25. 9. 2009 – V ZR 36/09, NJW 2009, 3644.

[115] So in einer heute selbstverständlich erscheinenden, 1982 aber noch durchaus fortschrittlichen Entscheidung BGH, NJW 1982, 1868 = FamRZ 1982, 774 mit krit. Anm. von Stürner.

[116] OLG Oldenburg, NJW-RR 1994, 467.

Formulierungsbeispiel:
Die Ausübung des Wohnungsrechts darf Dritten nicht überlassen werden. Der Berechtigte darf jedoch seine Familie, seinen Lebensgefährten sowie Haus- und Pflegepersonal in die Wohnung aufnehmen und nach seinem freien Belieben Besuch empfangen und beherbergen.

Das Wohnungsrecht ist nicht vererblich, erlischt also mit dem Tod und kann, wenn es im Grundbuch eingetragen ist, auf Todesnachweis gelöscht werden (§ 22 GBO); soweit der Eigentümer Nebenleistungspflichten (z. B. Tragung von Heizungs- oder Müllabfuhrkosten, aber auch die Pflicht zur Erhaltung der Bewohnbarkeit und Beheizbarkeit) übernommen hat, muss hierfür ein Sperrjahr abgewartet werden,[117] soweit nicht nach § 23 II GBO eine Löschungserleichterung eingetragen wurde, was sich deshalb empfehlen kann.   *43*

Kann der Wohnungsberechtigte sein Recht aus persönlichen Gründen (insbesondere: Pflegebedürftigkeit) nicht und voraussichtlich nie mehr ausüben, dann erlischt das Wohnungsrecht nicht automatisch.[118] Zwar ist eine auflösende Bedingung zulässig, dass das Wohnungsrecht erlischt, wenn der „Berechtigte das Anwesen nicht nur vorübergehend verlässt".[119] Vernünftigerweise wird sich aber kein Veräußerer auf eine derartige Vertragsklausel einlassen, würde sie doch bedeuten, dass das Wohnungsrecht auch dann untergeht, wenn der Berechtigte durch Schikanen des Eigentümers aus seiner Wohnung hinausgedrängt worden ist. Ist nichts geregelt, ergibt sich aus den Regeln über den Wegfall der Geschäftsgrundlage (§ 313 BGB), dass der Veräußerer in einem solchen Fall den Betrag fordern kann, um den der Erwerber dadurch bereichert ist, dass der Veräußerer eine versprochene Leistung nicht in Anspruch nehmen kann;[120] dieses Recht kann aber ausdrücklich ausgeschlossen werden.[121] Zu Besonderheiten, wenn ein Wohnungsrecht Teil eines Leibgedings ist, s. unten Rdnr. 64; hiernach anwendbare Regelungen werden von der Rechtsprechung teilweise auch auf das „schlichte" Wohnungsrecht übertragen.[122]

3.4.4 Sicherung

Bei Vermögensverfall des Eigentümers, der zur Zwangsversteigerung des belasteten Objekts führt, gibt das Wohnungsrecht dem Berechtigten nur dann volle Sicherheit, wenn es im Rang vor allen Belastungen eingetragen ist, aus denen eine Zwangsversteigerung betrieben werden kann, weil es dann in je-   *44*

---

[117] *Bauer/v. Oefele/Kohler*, §§ 23, 24 Rdnr. 38.
[118] BGH, NJW 2007, 1884.
[119] BayObLG, NJW-RR 1998, 85.
[120] Vgl. OLG Köln, NJW-RR 1995, 1358; OLG Hamm, NJW-RR 1996, 1360 (1361).
[121] Das empfehlen im Hinblick auf den Sozialhilferegress (Rdnr. 165) *Krauß*, NotBZ 2007, 129; *Auktor*, MittBayNot 2008, 14; *J. Mayer*, DNotZ 2008, 672.
[122] Vgl. etwa OLG Düsseldorf, NJW-RR 1988, 326 (327) und NJW-RR 1994, 201.

dem Fall bestehen bleibt. Bei Zwangsversteigerung aus einem vorrangigen Recht erlischt es dagegen, und der Berechtigte erhält lediglich eine Geldrente, die dem Jahreswert des Rechts entspricht (§ 92 II ZVG), soweit der Versteigerungserlös nicht zur Deckung der Rechte der vorrangigen Gläubiger benötigt wird. Etwas besser ist die Rechtsstellung des Berechtigten, wenn das Wohnungsrecht Teil eines Leibgedings ist (s. dazu unten Rdnr. 62). Nicht sinnvoll erscheint es dagegen, unter diesem Gesichtspunkt statt des Wohnungsrechts als Dienstbarkeit ein Dauerwohnrecht nach den Bestimmungen des Wohnungseigentumsgesetzes (§ 31ff. WEG) eintragen zu lassen. Zwar kann nach § 39 WEG als Inhalt des Dauerwohnrechts vereinbart werden, dass es bestehen bleibt, wenn aus einer vorrangigen Grundschuld die Zwangsversteigerung betrieben wird. Die dafür erforderliche Zustimmung der bereits eingetragenen Grundschuldgläubiger wird aber nur in den Fällen zu erreichen sein, in denen auch ein Rangrücktritt hinter das Wohnungsrecht zu erreichen ist (und damit die ganze Konstruktion überflüssig ist). Auch ist zweifelhaft, ob ein Dauerwohnrecht befristet auf die Lebensdauer einer Person bestellt werden kann und eine Veräußerung zuverlässig ausgeschlossen werden kann.[123]

Unabhängig von der Rangstelle ist die Sicherung der Ansprüche des Berechtigten dadurch, dass sich der Erwerber wegen der Verpflichtung zur Gestattung des Wohnens der Zwangsvollstreckung aus der Bestellungsurkunde unterwirft (§ 794 I Nr. 5 ZPO). Dadurch wird es dem Berechtigten ermöglicht, ohne vorherigen Prozess vom Gerichtsvollzieher wieder in den Besitz seiner Wohnung gesetzt zu werden, was seine Stellung bei den leider nicht seltenen Meinungsverschiedenheiten zwischen Eigentümer und Berechtigten über die Wahrnehmung des Wohnungsrechts verstärkt.

3.4.5 Verhältnis zum Nießbrauch und zur Wohnungsreallast

45 Da ein Wohnungsrecht an allen Räumen eines Hausgrundstücks eingeräumt und auch die Überlassung an Dritte vereinbart werden kann, umgekehrt aber ein Nießbrauch, der zur umfassenden Benutzung des Hausgrundstücks berechtigt, durch Ausschluss einzelner Nutzungen eingeschränkt werden kann (§ 1030 II BGB), stehen in derartigen Grenzfällen grundsätzlich beide Rechte – deren Rechtsfolgen aber unterschiedlich sind – zur Wahl. Für die Qualifikation kommt es dann auf die Bezeichnung des Rechts an, die gleichzeitig über die Rechtsfolgen unterscheidet. Zu beachten ist allerdings, dass nur ein Nießbrauch, kein Wohnungsrecht eingeräumt werden kann, wenn dem Eigentümer infolge der umfassenden Ausgestaltung des Wohnungsrechts keine wirtschaftlich sinnvolle Nutzung mehr verbleibt.[124] Ist das Nutzungsrecht dagegen auf eine von mehreren Wohnungen oder einzelne von mehreren

---

[123] Vgl. im Einzelnen *J. Mayer*, Übergabevertrag, Rdnr. 183.
[124] BayObLG, DNotI-Report 2003, 77; OLG Frankfurt, Rpfleger 1985, 393.

Wohnräumen beschränkt, kommt nur das Wohnungsrecht, nicht der Nießbrauch in Betracht.

Eine schwächere Absicherung des Berechtigten als das Wohnungsrecht stellt die Wohnungsreallast dar, die ohne Einräumung eines Nutzungsrechts an einzelnen Räumen dem Eigentümer lediglich die Pflicht auferlegt, dem Berechtigten Wohnraum in zu bestimmendem Umfang zu gewähren, wobei aber die Auswahl der Räume dem Eigentümer überlassen ist. Sich auf diese Absicherung einzulassen, kann dem Veräußerer aber ernsthaft nicht empfohlen werden; sie ist allenfalls eine zusätzliche Sicherung für den Fall, dass das Gebäude zerstört wird, an dem das Wohnungsrecht eingeräumt wurde, hierfür aber nur wenig gebräuchlich.

3.5 Wart und Pflege

3.5.1 Zweck der Vereinbarung

Die Zusage von Pflegeverpflichtungen durch den Erwerber, herkömmlich 46 „Wart(ung) und Pflege" genannt, gehörte früher zum Standard jeder Grundstücksübertragung im Wege der vorweggenommenen Erbfolge. Der Veräußerer – oft ohne eigene oder zumindest ohne über die elementarsten Lebensbedürfnisse hinausgehende Altersvorsorge – erstrebte dadurch die Sicherheit, auch in alten und kranken Tagen über eine rechtlich abgesicherte Versorgung zu verfügen.

Diese ursprüngliche Zielrichtung hat heute keine Bedeutung mehr: Jeder verfügt jetzt über eine elementare Absicherung durch die Grundsicherung, in der Landwirtschaft durch das landwirtschaftliche Altersgeld; nahezu jeder Veräußerer ist gegen das Risiko der Pflegebedürftigkeit durch die Leistungen des PflegeVG abgesichert. Heute stehen deshalb andere Gesichtspunkte im Vordergrund, wenn die Vereinbarung von Pflegeverpflichtungen gewünscht wird:

– Sind mehrere Geschwister vorhanden, so wird es als angemessen angesehen, dass dasjenige Kind, das den wesentlichen Teil des Vermögens erhält, auch die Verpflichtung zur Pflege übernimmt.
– Besteht die Gefahr eines (übergeleiteten) Schenkungswiderrufsanspruchs nach § 528 BGB, § 93 SGB XII, von Ansprüchen nach § 2287 BGB, von Pflichtteilsergänzungsansprüchen nach §§ 2325, 2329 BGB oder von Ansprüchen nach dem Anfechtungsgesetz, dann wird durch die Übernahme von Pflegeverpflichtungen ein „Entgelt" für die Zuwendung generiert, das diese unerwünschten Ansprüche verhindern oder jedenfalls wesentlich vermindern kann.

Auch und gerade wenn in vielen Fällen die hier in Betracht kommenden Leistungen vom Erwerber aus Gründen des Anstands ohnehin erbracht werden würden, ist der Verzicht auf eine rechtliche Fixierung bedenklich, da andernfalls zumindest die Gefahr besteht, dass diese Leistungen als freiwillig erbrachte unberücksichtigt bleiben;[125] zumindest muss eine Beistandspflicht als echte Vertragspflicht vereinbart werden.[126]

3.5.2 Umfang der Verpflichtung

47 Bei der Formulierung des Umfangs der Verpflichtungen des Erwerbers müssen drei Ziele in Einklang gebracht werden:

(1) Die von den Beteiligten verfolgten Zwecke dürfen nicht verfehlt werden; deshalb darf der Umfang der Verpflichtungen nicht zu stark eingegrenzt werden.

(2) Allerdings darf der Erwerber keine Verpflichtungen eingehen, die ihn zu einer völligen Aufgabe seiner Lebensplanung zwingen.

(3) Sozialrechtliche Ansprüche sollen nach Möglichkeit nicht gefährdet werden (vgl. dazu unten Rdnr. 161).

Es ist sinnvoll, den Umfang der Pflegeverpflichtung möglichst eindeutig zu formulieren, damit sowohl für den Veräußerer klar ist, welche Leistungen er im Ernstfall zu erwarten hat als auch für den Erwerber, damit dieser die finanzielle Tragweite und die Risiken für seine Lebensplanung einschätzen kann, wenn sich das Risiko der Pflegebedürftigkeit realisiert. Die Frage der inhaltlichen Bestimmtheit für Zwecke der Grundbucheintragung steht dagegen eher im Hintergrund, nachdem hier vom BGH derart geringe Anforderungen gestellt werden,[127] dass ihre Erfüllung kaum je zweifelhaft sein wird. Auch die Frage der Justiziabilität[128] spielt praktisch keine Rolle, da kaum Fälle bekannt sind, in denen Ansprüche aus Pflegeverpflichtungen vom Berechtigten selbst eingeklagt worden wären:[129] Da es bei der Pflege heute zu allerletzt um die finanzielle Absicherung und vielmehr um die persönliche Betreuung im gewohnten Umfeld geht, sind durch gerichtliche Entscheidung erzwungene Pflegeleistungen für den Veräußerer oft wertlos. Das bedeutet indessen nicht, dass es sich bei der Pflegeverpflichtung um eine höchstpersönlich zu erbringende Leistung handeln würde. Oft wird die Pflege nicht allein durch den Übernehmer selbst, sondern auch durch Familienangehörige oder dem Erwerber nahestehende Personen erbracht; es läge auch nicht im Inter-

---

125 S. oben Rdnr. 27 in Fn. 74.

126 *Waldner/Ott*, MittBayNot 1996, 177 (178).

127 BGH, NJW 1995, 2780.

128 Sie wird betont von *J. Mayer*, Übergabevertrag, Rdnr. 198.

129 Aus der veröffentlichten Rechtsprechung ist nur BayObLGZ 1989, 479 bekannt. Allerdings ging es dem Veräußerer dort offenbar weniger um seinen Anspruch auf Wart und Pflege, sondern darum, dass der Erwerber gegen den Willen des Veräußerers das religiöse Bekenntnis gewechselt hatte.

esse des Veräußerers, im Fall der Leistungsunfähigkeit oder des Todes des Erwerbers ohne Anspruch dazustehen.[130]

Für den Umfang der geschuldeten Leistungen wird zweckmäßigerweise *48* auf die Pflegestufen nach dem PflegeVG Bezug genommen,[131] die einen immerhin einigermaßen objektiven Maßstab darstellen, mag auch die Einstufung oft mehr von der jeweiligen Zahlungsfähigkeit der Pflegekasse als von medizinischen Erwägungen bestimmt sein. In aller Regel kann die Übernahme von Pflegeleistungen, die über die Pflegestufe I hinausgehen, nicht empfohlen werden. Klargestellt werden sollte in diesem Fall, ob bei Einordnung des Berechtigten in eine höhere Pflegestufe der Anspruch insgesamt entfällt oder – wie meist gewünscht – in dem maximal übernommenen Umfang fortbesteht. Ist der Veräußerer in die Pflegestufe eingeordnet, deren Leistungen geschuldet sind und erhält er deshalb ein Pflegegeld (derzeit 225 € in der Pflegestufe I), so sollte weiterhin klargestellt werden, dass dieses Pflegegeld ihm als Anspruchsberechtigten (§ 37 I SGB XI) verbleibt.[132] Es ist ja in der Praxis durchaus nicht immer so, dass diejenige Person alle oder auch nur die wesentlichen Pflegeleistungen erbringt, die dazu verpflichtet ist; oft wirken Ehegatte und Kinder des Erwerbers, aber auch seine Geschwister an der Pflege mit oder tragen gar die Hauptlast. Die Verfügung über das Pflegegeld ermöglicht es dem Veräußerer, die aus der Versicherung gezahlten Summen gezielt denjenigen zukommen zu lassen, deren Leistungen er besonders entgelten möchte.[133]

Formulierungsbeispiel:
Der Anspruch auf Wart und Pflege umfasst nur solche Leistungen, die vom Erwerber ohne besondere Ausbildung erbracht werden können und ist im Umfang auf diejenigen Leistungen beschränkt, die für eine Person erforderlich sind, die in die Pflegestufe I im Sinne des Pflegeversicherungsgesetzes eingeordnet ist. Ein etwa gezahltes Pflegegeld verbleibt dem Veräußerer, der es nach seinem Ermessen verwenden kann.

Allgemeine Zumutbarkeitsklauseln ohne Anknüpfung an objektive Krite- *49* rien[134] sind demgegenüber wertlos. Kombinationen objektiver und subjektiver Kriterien werden in der Rechtspraxis oft verwendet und vor allem von Er-

---

[130] Insofern richtig *J. Mayer*, Übergabevertrag, Rdnr. 199 unter Hinweis auf OLG Hamm, DNotZ 1999, 719.

[131] Ebenso *Weyland*, MittRhNotK 1997, 55 (72).

[132] Ebenso *J. Mayer*, Übergabevertrag, Rdnr. 205. Die meisten Formulierungsvorschläge (z. B. *Spiegelberger*, in: Beck'sches Notar-Handbuch, Kap. A V. Rdnr. 276) gehen dagegen von einer obligatorischen Überlassung des Pflegegelds an den Erwerber aus (offen *Jerschke*, in: Beck'sches Notar-Handbuch, Kap. A V. Rdnr. 204).

[133] *Waldner/Ott*, MittBayNot 1996, 177. Die Einkommensteuerbefreiung entsprechender Einnahmen ergibt sich aus § 3 Nr. 36 EStG.

[134] Vgl. die Klausel in BGH, NJW 1995, 2780, die unten Fn. 138 wiedergegeben ist.

werberseite gewünscht, um im Einzelfall die Unzumutbarkeit der Erbringung von Pflegeleistungen geltend machen zu können, wenn der Veräußerer in eine nach Meinung des Erwerbers zu niedrige Pflegestufe eingestuft worden ist. Allerdings ergibt sich aus einer solchen Vereinbarung nichts anderes, als was in Anwendung des § 242 BGB ohnehin zu gelten hätte. Schiedsgutachterklauseln wie etwa die, dass der Hausarzt im Streitfall über die Zumutbarkeit entscheiden möge,[135] überbürden die Entscheidung rechtlicher Fragen auf einen damit im Regelfall überforderten Mediziner und sind schon wegen der dadurch bedingten Störung des Vertrauensverhältnisses von Arzt und Patient undiskutabel.

Damit Meinungsverschiedenheiten über die inhaltliche Ausgestaltung vermieden werden, ist auch insoweit eine Beschreibung sinnvoll; soweit die Zubereitung der Mahlzeiten, nicht aber die Tragung der Kosten der Nahrungs- und Haushaltsmittel geschuldet ist, empfiehlt sich eine negative Abgrenzung.

Formulierungsbeispiel:
Der Anspruch umfasst Wart und Pflege bei Krankheit oder Gebrechlichkeit, Erledigung aller häuslichen Arbeiten, Reinigung der Wohnung, der Kleidung und des Schuhwerks, Besorgung der erforderlichen Gänge (insbesondere zum Einkauf, zu Arzt und Apotheke), Zubereitung der Mahlzeiten, Hilfe bei Aufstehen, Ankleiden, Einnahme der Mahlzeiten und Körperpflege, all dies aber jeweils nur insoweit, als der Veräußerer hierzu nicht mehr selbst in der Lage ist. Die Kosten für die Nahrungs- und Haushaltsmittel trägt der Veräußerer in jedem Fall selbst.

50 Die Erbringung von Pflegeleistungen ist regelmäßig nur bei räumlicher Nähe von Veräußerer und Erwerber praktikabel. Sie muß sich deshalb normalerweise auf den Zeitraum beschränken, in dem der Veräußerer in dem übertragenen Anwesen wohnt. Ist eine häusliche Pflege des Veräußerers nach seinem Gesundheitszustand nicht mehr möglich, führen Rechte, die dem Veräußerer auch zustehen, wenn er sich nicht im Anwesen aufhält, nicht zu einer Verbesserung seiner Lebenssituation, sondern schaffen nur die Möglichkeit für den Sozialhilfeträger, Ansprüche nach § 93 SGB XII überzuleiten. Zwar hat der BGH entschieden, daß auch ohne ausdrückliche Abrede der Erwerber die Kosten einer Heimunterbringung nicht voll tragen muß, wenn diese aus medizinischen Gründen notwendig wird; er muß sich an ihnen aber in Höhe seiner ersparten Aufwendungen beteiligen.[136]

---

[135] So ein Vorschlag von *Langenfeld/Günther*, Rdnr. 398 f.; sympathisierend *v. Hoyenberg*, Rdnr. IV 73.

[136] BGH, NJW 2002, 440 (21. 9. 2001 – V ZR 14/01); vgl. dazu *J. Mayer*, MittBayNot 2002, 152.

Zweifel über den Umfang der geschuldeten Verpflichtung und darüber, ob womöglich die Geschäftsgrundlage weggefallen ist (§ 313 BGB),[137] werden am besten vermieden, wenn die Erbringung der Pflegeleistung nur in einem bestimmten Anwesen versprochen wird; eine Vereinbarung, wonach der Anspruch während einer Heimunterbringung ruht, muss auch der Sozialhilfeträger gegen sich gelten lassen; sie ist nicht sittenwidrig (Einzelheiten s. unten Rdnr. 165). Der Anspruch wird aber entwertet, wenn er auch dann entfällt, wenn der Veräußerer unfreiwillig und ohne Veranlassung durch seinen Gesundheitszustand das Anwesen verlässt, also ins Pflegeheim „abgeschoben" wird. Die Formulierung muss daher das Ruhen der Verpflichtung auf freiwilliges oder medizinisch oder pflegerisch indiziertes Verlassen des Anwesens beschränken.

Formulierungsbeispiel:
Der Anspruch auf Wart und Pflege besteht nur in dem übertragenen Anwesen. Er ruht, solange der Veräußerer freiwillig oder wegen medizinischer oder pflegerischer Erfordernisse seinen Aufenthalt anderweit nimmt, insbesondere auch bei Unterbringung in einem Krankenhaus, Altenheim, Pflegeheim oder einer vergleichbaren Einrichtung. Für die Zeit des Ruhens bestehen keine Ersatzansprüche des Berechtigten.

3.5.3 Auswirkungen auf die Kreditfähigkeit

Die Eintragung der Pflegeverpflichtung als Reallast in das Grundbuch[138] 51 führt dazu, dass der Erwerber das Grundstück meist nicht mehr als Kreditunterlage verwenden kann, wenn nicht der Veräußerer im Rang hinter eine zur Sicherung des Kredits einzutragende Grundschuld zurücktritt. Hat die Reallast nämlich Rang vor der Grundschuld, so bleibt sie bei einer Zwangsvollstreckung bestehen, und der Ersteher als neuer Eigentümer haftet für die versprochenen Leistungen auch persönlich (§ 1108 BGB), was oft dazu führt, dass überhaupt keine Gebote abgegeben werden. Auch die Eintragung eines Höchstbetrags für den Wertersatz in das Grundbuch (§ 882 BGB)[139] vermag daran normalerweise nichts zu ändern. Ist die Aufnahme von Krediten (z. B. zum Aus- oder Umbau) vorgesehen, gibt es deshalb zu einem Rangrücktritt des Veräußerers meist keine Alternative. Dies sollte aber kein Grund sein, auf die Absicherung im Grundbuch überhaupt zu verzichten: Zwar kann der nachrangig eingetragene Berechtigte den Zuschlag in der Zwangsversteige-

---

[137] Darauf stellt OLG Düsseldorf, Rpfleger 2001, 542 ab.

[138] Sie ist nach BGH, NJW 1995, 2780 auch dann möglich, wenn der Umfang sehr unbestimmt formuliert ist („… insoweit als die Pflege den Übernehmern unter Berücksichtigung ihrer beruflichen und familiären Verhältnisse, insbes. unter Berücksichtigung der Betreuung von Kindern der Übernehmer und nach deren körperlichen Fähigkeiten und ihrem Vermögen zur Pflege nach ihrer Ausbildung und ihren Kenntnissen zumutbar ist").

[139] Empfohlen von *J. Mayer*, Übergabevertrag, Rdnr. 221.

rung nicht verhindern, wohl aber faktisch einen freihändigen Verkauf des mit seinem Recht belasteten Grundbesitzes. Wird die Reallast als Teil eines Leibgedings in das Grundbuch eingetragen, ist vor einem leichtfertigen Rücktritt mit dem Leibgeding zu warnen, da dann im Fall der Zwangsversteigerung auch das Wohnungsrecht des Veräußerers erlöschen würde. In diesem Fall sollte regelmäßig nur mit der Reallast im Rang zurückgetreten werden; s. dazu unten Rdnr. 63.

3.6 Laufende Geldleistungen

52 Wiederkehrende Zahlungen an den Veräußerer werden bei vorweggenommener Erbfolge häufig dann vereinbart, wenn dieser zur Sicherung seines Unterhalts oder auch nur seines gewohnten Lebensstandards auf diese zusätzlich zu seinen weiteren Einkünften angewiesen ist. Dieser Bedarf kann sich dadurch ergeben, dass durch die Vermögensübertragung Einnahmen weggefallen sind; dies ist aber nicht immer oder auch nur regelmäßig der Fall: Der Veräußerer kann sich diese Leistungen auch durch Übertragung von Vermögen „erkaufen", das als Einkunftsquelle diese Einnahmen nicht nachhaltig abwerfen würde.

Wird ein betrieblich genutzter Vermögensgegenstand übertragen, ist diese Vereinbarung eine Alternative zum Nießbrauch, die ausnahmsweise aus steuerlichen Gründen gewählt wird (Fälle der Rdnr. 149), meist wird sie aber deshalb getroffen, weil der Veräußerer von den den Nießbraucher treffenden Pflichten hinsichtlich des Vermögensgegenstands und dem Risiko sinkender oder wegfallender Einkünfte aus dem Vermögensgegenstand freigestellt sein möchte.

3.6.1 *Arten laufender Geldleistungen*

53 Zivilrechtlich wünschen die Beteiligten bei laufenden Geldleistungen regelmäßig Leibrenten (§ 759 BGB), also der Höhe nach gleich bleibende, in regelmäßigen Zeitabständen (normalerweise monatlich) zu erbringende Leistungen auf die Lebenszeit des Empfängers, nur ausnahmsweise „dauernde Lasten", bei denen eine laufende Geldleistung bei einer Veränderung von näher zu bezeichnenden Umständen (in der Person des Veräußerers, in der Person des Erwerbers, aber auch anderer Umstände, wie des allgemeinen Preisniveaus) abgeändert werden kann. Eine dauernde Last mag „gerechter" erscheinen, nimmt aber beiden Beteiligten die Planungssicherheit; ihre frühere weite Verbreitung beruhte auf heute weggefallenen steuerlichen Gründen (s. dazu Rdnr. 151). Neutrale Bezeichnungen wie „Taschengeld" oder „laufende Geldzahlung" sagen über die Einordnung nichts aus; diese muss sich aus dem Inhalt des Rechts ergeben. Neben der typischen Leibrente gibt es die abgekürzte Leibrente, die grundsätzlich auf Lebensdauer zu entrichten ist, nach einer bestimmten Zahl von Jahren aber auch dann endet, wenn der Empfänger

dann noch am Leben sein sollte, und die verlängerte Leibrente, die zwar ebenfalls grundsätzlich auf Lebensdauer zu entrichten ist, für die vereinbarte Mindestlaufzeit jedoch auch an die Erben des Empfängers zu zahlen ist, wenn dieser vor Ablauf dieser Frist versterben sollte. Neben den Leibrenten stehen die Zeitrenten, die ohne Rücksicht auf die Lebensdauer des Empfängers für einen im Voraus vereinbarten Zeitraum zu bezahlen sind. Von einer Rente spricht man aber – insbesondere im steuerlichen Sinn – nur bei einer Mindestdauer von zehn Jahren; Zahlungen die auf eine kürzere Dauer zu entrichten sind, werden als Raten einer einmaligen Gegenleistung angesehen.

Die Rechtsprechung sieht die einzelnen Rentenzahlungen als Erträge eines zu Grunde liegenden einheitlichen Rentenstammrechts an.[140] Diese Sichtweise birgt die Gefahr, dass das Stammrecht (und damit der Anspruch insgesamt) verjähren könnte, wenn mehr als drei Jahre lang keine Rentenzahlungen gefordert worden sind (§ 195 BGB) – was, wenn die Rente nur der Sicherung unvorhergesehenen Geldbedarfs dienen sollte, durchaus kein theoretischer Fall ist. Es ist daher empfehlenswert, bei Einräumung der Geldleistung die Verjährungsfrist für Stammrecht und – falls gewünscht – auch die einzelnen Rentenzahlungen (auf maximal dreißig Jahre) zu verlängern (§ 202 BGB); für das Stammrecht ist das dann nicht erforderlich, wenn die Unterwerfung unter die sofortige Zwangsvollstreckung erklärt wurde (§ 197 I Nr. 4 BGB). Zu bedenken ist – wenn die Rente Versorgungscharakter hat – auch die Rechtsprechung zur Verwirkung des Anspruchs auf rückständige Unterhaltsleistungen, wonach § 242 BGB der Geltendmachung von mehr als ein Jahr nicht geltend gemachten Rentenansprüchen entgegenstehen kann, und die möglicherweise auch auf vertragliche Ansprüche anzuwenden ist.[141] Hier kann eine ausdrückliche Regelung Klarheit schaffen.

Formulierungsbeispiel:
Die Ansprüche auf die eingeräumte Geldzahlung, und zwar sowohl auf das Rentenstammrecht als auch auf die einzelnen Geldzahlungen, verjähren dreißig Jahre nach dem gesetzlichen Verjährungsbeginn. In der zeitweiligen Unterlassung der Geltendmachung der Ansprüche liegt auch für die Vergangenheit kein Verzicht auf diese Ansprüche; eine Verwirkung nicht verjährter Ansprüche ist ausgeschlossen.

3.6.2 Sicherung laufender Geldleistungen

Die Absicherung sowohl von Leibrenten als auch von dauernden Lasten im Grundbuch erfolgt durch die Eintragung einer Reallast (§ 1105 BGB). Da die Verpflichtungen aus der Reallast nicht notwendig mit dem Tod des Berechtigten erlöschen, muss dies ausdrücklich zum Rechtsinhalt gemacht werden; *54*

---

[140] BGH, DNotZ 1992, 297.
[141] OLG Zweibrücken, ZEV 2008, 400.

andernfalls ist die Geltendmachung von Rückständen durch die Erben des Berechtigten möglich; soll sofortige Löschung des Rechts nach dem Tod des Berechtigten erfolgen können, muss von der Löschungserleichterung nach § 23 II GBO Gebrauch gemacht werden.

Die Eintragung einer Reallast ist als Absicherung des Veräußerers regelmäßig unverzichtbar. Dabei geht es weniger um die Möglichkeit, aus der Reallast die Zwangsvollstreckung in den belasteten Grundbesitz zu betreiben, da der Gläubiger der Forderung oft schon nicht in der Lage sein wird, die von ihm vorzuschießenden Verfahrenskosten aufzubringen. Wichtiger ist deshalb die Wirkung, dass nicht nur der Erwerber, sondern auch jeder spätere Eigentümer für alle während der Dauer seines Eigentums fälligen Leistungen persönlich haftet (§ 1108 I BGB), sodass der Anspruch durch eine Veräußerung des Vertragsgegenstands nicht gefährdet wird, sondern der Berechtigte sogar einen weiteren Schuldner erhält, da die Verpflichtung des Erwerbers aus dem Bestellungsvertrag selbstverständlich unberührt bleibt. Dass die jeweiligen Zahlungen aus den drei möglichen Rechtsgründen aufeinander anzurechnen sind und deswegen an den Berechtigten nur einmal geleistet werden muss, ist selbstverständlich und bedarf keiner besonderen Abrede.[142]

Hält es der Veräußerer tatsächlich für denkbar, dass er aus seiner dinglichen Sicherheit in das Grundstück vollstrecken könnte, muss er bedenken, dass bei einer Vollstreckung aus der Reallast diese durch den Zuschlag erlischt und der Gläubiger nicht sicher sein kann, dass der auf die Reallast zugeteilte Kapitalbetrag zur Deckung aller Einzelleistungen ausreichen wird (vgl. § 92 ZVG). Ob dies dadurch vermieden werden kann, dass der Berechtigte in der Zwangsversteigerung Antrag auf abweichende Versteigerungsbedingungen nach § 59 I ZVG stellt und die Reallast in das geringste Gebot aufnehmen lässt,[143] ist sehr zweifelhaft. Denkbar ist für diesen Fall die Vereinbarung eines Ablöserechts für den Reallastberechtigten;[144] am sinnvollsten aber die Eintragung einer (kleinen, auf die Lebensdauer des Veräußerers befristeten) Grundschuld für den Reallastberechtigten im Rang nach der Reallast.[145] Diese ermöglicht ihm nämlich, statt aus der Reallast aus der Grundschuld zu vollstrecken, sodass die Reallast selbst in der Versteigerung bestehen bleibt.

55 Üblich und ebenfalls regelmäßig unverzichtbar ist eine Unterwerfung des Zahlungspflichtigen unter die sofortige Zwangsvollstreckung nach § 794 I Nr. 5 ZPO. Sie sollte auch den persönlichen Anspruch aus der Reallast um-

---

[142] A. A. *Jerschke,* in Beck'sches Notar-Handbuch, Kap. A V. Rdnr. 181.

[143] So *Stöber,* NotBZ 2004, 265.

[144] Vgl. dazu *J. Mayer,* Übergabevertrag, Rdnr. 379 ff.; es ist allerdings umstritten, ob dieses Recht als dinglicher Inhalt der Reallast eingetragen werden kann (vgl. dazu AG *Schwandorf,* Rpfleger 1991, 149 einerseits und OLG Köln, Rpfleger 1991, 200 andererseits).

[145] *Oppermann,* RNotZ 2004, 84 (90 f.); s. auch den Vorschlag von *Amann,* DNotZ 2004, 599.

fassen, da die Vollstreckungsklausel dann im Fall des Eigentumswechsels gegen den neuen Eigentümer umgeschrieben werden kann. Zwar ist § 800 ZPO auf die Ansprüche aus der Reallast nicht anwendbar;[146] gleichwohl kann die Vollstreckungsklausel gegen einen späteren Eigentümer umgeschrieben werden (§ 727 ZPO).[147] Lediglich die Vollstreckungserleichterung des § 800 II ZPO gilt nicht; die Erwerbsurkunde muss also nach § 750 II ZPO zugestellt werden, wenn gegen einen späteren Eigentümer vollstreckt werden soll.

Formulierungsbeispiel:
Wegen der eingegangenen Zahlungsverpflichtung sowie wegen des dinglichen und des persönlichen Anspruchs aus der Reallast unterwirft sich der Erwerber der sofortigen Zwangsvollstreckung aus dieser Urkunde.

Unterwerfungsfähig ist in jedem Fall der Ausgangsbetrag der Geldleistung. Ob auch der sich aus der Anwendung einer Wertsicherungsklausel (s. unten Rdnr. 58) ergebende Erhöhungsbetrag für eine Unterwerfungserklärung hinreichend bestimmt ist,[148] hängt davon ab, ob das Vollstreckungsorgan aus der Urkunde und allgemein zugänglichen Quellen (insbesondere der Website des Statistischen Bundesamtes) ermitteln kann, welcher Betrag für welche Zeitperiode geschuldet ist. Ausgeschlossen ist dagegen eine Vollstreckungsunterwerfung wegen der sich aus der Vereinbarung einer dauernden Last ergebenden Erhöhungsbeträge, da diese nicht hinreichend bestimmt sein können; wären sie es, würde es sich nicht um eine dauernde Last handeln.

3.6.3 Wertsicherung

Bei auf eine längere Dauer oder auf Lebensdauer einer Person zu entrichten- | 56 den Zahlungen wird oft gewünscht, dass ihre Werthaltigkeit in der Zukunft durch eine Wertsicherungsklausel sichergestellt wird;[149] derartige Klauseln gehören zum Standardrepertoire der notariellen Praxis und sind auch notarkostenrechtlich nicht ohne Bedeutung.[150]

Wertsicherungsklauseln kommen in unterschiedlichen Ausgestaltungen vor. Die frühere Unterscheidung nach „unechten" (genehmigungsfreien) und „echten" (genehmigungspflichtigen) Klauseln ist heute gegenstandslos, da das

---

[146] *Zöller/Stöber*, § 800 Rdnr. 17 mit Nachweisen zu dieser streitigen Frage.

[147] § 325 III ZPO ist – entgegen *J. Mayer*, Übergabevertrag, Rdnr. 377 – nicht einschlägig (*Zöller/Vollkommer*, § 325 Rdnr. 48).

[148] Allgemein bejahend *Zöller/Stöber*, § 794 Rdnr. 26 b m.w.N.

[149] *J. Mayer*, Übergabevertrag, Rdnr. 356 hält eine solche Vereinbarung gar für „unerlässlich". Dies mag in den Siebziger- und Achtzigerjahren des letzten Jahrhunderts angesichts der damaligen Geldwertveränderungen tatsächlich zutreffend gewesen sein, während die minimalen Inflationsraten der folgenden Zeit und die weit verbreitete Angst vor einer Deflation diesen Gesichtspunkt in den Hintergrund gedrängt haben.

[150] Zu den Kostenfolgen der Vereinbarung einer Wertsicherungsklausel s. unten Rdnr. 171.

frühere Genehmigungserfordernis weggefallen ist. Entscheidend für die Wirksamkeit ist heute die materielle Vereinbarkeit mit dem Preisklauselgesetz (PrKG). Wirksam ist die Vereinbarung insbesondere bei wiederkehrenden Zahlungen auf die Lebensdauer eines Beteiligten oder auf die Dauer von mindestens zehn Jahren, wenn die Klausel hinreichend bestimmt ist und keinen Beteiligten unangemessen benachteiligt.

3.6.3.1 Spannungsklauseln

57 Knüpft die Wertsicherung an den Preis gleichartiger oder zumindest vergleichbarer Güter oder Leistungen an, spricht man von einer Spannungsklausel; hierher gehören auch Geldforderungen, die ihrer Natur nach sachwertabhängig sind; das sind insbesondere alle Zahlungen, die der Sicherstellung des Unterhalts des Empfängers dienen sollen und insbesondere auch Zahlungen, die nach Wahl des Empfängers anstelle der Erbringung von Naturalleistungen (z. B. Gewährung ausreichender Verköstigung) zu erbringen sind.

Für die Anknüpfung kommen vor allem tarifvertraglich festgelegte (Mindest)löhne, Beamtengehälter oder die Entwicklung der staatlichen Renten als Bezugsgröße in Betracht. Die Anknüpfung an die jeweilige Höchstpension eines bayerischen Notars[151] dürfte in ihrer praktischen Bedeutung auf dieses Bundesland beschränkt sein. Wichtig ist in allen diesen Fällen zur Streitvermeidung die genaue Festlegung, wie die Bezugsgröße berechnet werden soll, da beispielsweise in der Beamtenbesoldung die Entwicklung von Grundgehältern und Zuschlägen unterschiedlich sein kann.

3.6.3.2 Anknüpfung an den Verbraucherpreisindex

58 Wesentlich häufiger sind Wertsicherungsvereinbarungen, die an die Entwicklung der Preise für die allgemeine Lebenshaltung anknüpfen. Als Bezugsgröße wird meist der Verbraucherpreisindex für Deutschland gewählt.[152] Möglich wäre auch ein von einem Statistischen Landesamt oder ein vom Statistischen Amt der Europäischen Gemeinschaften ermittelter Verbraucherpreisindex; dies wird aber nur selten gewünscht.

Bei der Formulierung einer Wertsicherungsklausel sind zwei Punkte zu beachten:

– Die schlichte Anknüpfung an einen Index führt dazu, dass regelmäßig jeden Monat ein veränderter Betrag zu zahlen ist, mag der Unterschied zum Vormonat auch geringfügig sein. Das ist unpraktisch und wird normalerweise nicht gewünscht. Es bieten sich zwei Lösungen an:

---

[151] Fall von BGHZ 22, 54 (57 ff.).
[152] Die anderen Lebenshaltungskostenindizes (z. B. für 2-Personen-Rentnerhaushalte oder die neuen Bundesländer) werden nicht mehr festgestellt.

Entweder erfolgt die Anpassung nur in größeren Abständen, also beispielsweise einmal jährlich, oder die Anpassung erfolgt nur, wenn sich der Index
gegenüber dem Ausgangsstand oder der letzten Änderung mindestens in
einem festzulegenden Ausmaß (z. B. 10 %) verändert hat.

– Es darf nicht offen bleiben, ob die Klausel von selbst wirkt, also die Anpassung ohne ausdrückliches Verlangen der begünstigten Partei eintritt
oder ob ein geänderter Betrag nur auf Verlangen zu zahlen ist. Im letzteren
Fall ist auch zu klären, ob die Anpassung, wenn sie nicht sofort nach Entstehen des Grundes verlangt wurde, rückwirkend oder nur für die Zukunft
gefordert werden kann. Bei automatischer Anpassung ist eine Zwangsvoll-
streckungsunterwerfung wegen des jeweils zu zahlenden Betrags möglich.[153]

3.6.3.3 Leistungsvorbehalte

Bei Leistungsvorbehalten ergibt sich aus einer Änderung der Vergleichsgröße 59
– meist, aber nicht immer des Lebenshaltungskostenindexes – nur eine gegen-
seitige Verpflichtung, die Zahlungsverpflichtung entsprechend anzupassen.
Dies geschieht nur auf Verlangen eines Teils, nicht zwingend um den gleichen
Prozentsatz wie die Änderung der Vergleichsgröße und mit der Möglichkeit,
dabei Billigkeitserwägungen zu berücksichtigen und im Streitfall geltend zu
machen, und mangels anderer Vereinbarung auch nur mit Wirkung ab Stellung des Abänderungsverlangens. Da meist eine „psychologische Hürde" besteht, dieses Verlangen zu stellen,[154] begünstigt diese Regelung denjenigen,
der an einer unveränderten Regelung Interesse hat; dies war in der Vergangenheit stets der Erwerber.

Mitunter beschränkt sich der Leistungsvorbehalt darauf, dass die Abänder-
barkeit der geschuldeten Leistungen entsprechend § 323 ZPO vereinbart
wird. Dies geschah vor allem vor dem 1. 1. 2008, um die (damaligen) steuerlichen Vorteile einer „dauernden Last" gegenüber der Vereinbarung einer
Leibrente zu erhalten; in der Praxis stellte die Finanzverwaltung ausschließlich darauf ab, dass § 323 ZPO erwähnt wurde. Der Verweis auf § 323 ZPO
kann aber auch dem Parteiwillen am besten entsprechen, wenn tatsächlich
keine Wertsicherung, sondern eine Berücksichtigung unvorhergesehener Umstände erfolgen soll. Es dürfen allerdings die mit der Vereinbarung verbundenen Risiken für beide Vertragsteile nicht unberücksichtigt bleiben, etwa bei
einer unglücklichen Entwicklung der wirtschaftlichen Verhältnisse des Erwerbers oder umgekehrt einer wesentlichen Erhöhung des Bedarfs des Veräußerers infolge von Pflegebedürftigkeit. Diese Risiken lassen sich nur teil-

---

[153] BGH, 10. 12. 2004 – IXa ZB 73/04, NJW-RR 2005, 366.
[154] Insofern richtig *Langenfeld/Günther*, Rdnr. 474.

weise beherrschen. So kann etwa Pflegebedürftigkeit als Anlass eines Abänderungsverlangens ausgeklammert werden.

Formulierungsbeispiel:
Im Fall einer Änderung der der Bemessung des Monatsbetrags zugrunde liegenden Verhältnisse, insbesondere der Leistungsfähigkeit des Erwerbers, des Bedarfs des Berechtigten oder des allgemeinen Preisniveaus, kann jeder Vertragsteil eine Abänderung des vereinbarten Betrags in entsprechender Anwendung von § 323 ZPO verlangen, jedoch nur für die Zeit nach Stellung des Abänderungsverlangens. Das Verlangen kann nicht auf den Mehrbedarf des Berechtigten gestützt werden, der sich daraus ergibt, dass er pflegebedürftig geworden ist und/oder in ein Alten- oder Pflegeheim aufgenommen worden ist.

Nicht möglich ist eine Kombination einer Wertsicherungsvereinbarung mit einem Mindestbetrag (Verbot der unangemessenen Benachteiligung eines Vertragsteils, § 2 I 2 Nr. 2 PrKG);[155] dagegen ist die Vereinbarung der Anwendung des § 323 ZPO nur zu Gunsten des Veräußerers ohne Weiteres möglich.

3.7 Leibgeding

60 Wenn die dem Veräußerer vorbehaltenen Rechte als Leibgeding (das man auch Leibzucht, Auszug, Ausnahme oder Altenteil nennt) anzusehen sind, hat dies besondere rechtliche Folgen, nämlich

- eine Beschränkung der Zwangsvollstreckung,
- die Eintragung in das Grundbuch in dieser erleichterten Form,
- die Geltung besonderer landesrechtlicher Vorschriften (Art. 96 EGBGB).

Ob die Leistungen in einem der vorweggenommenen Erbfolge dienenden Vertrag als Leibgeding anzusehen sind, ist nur durch wertende Betrachtung unter Würdigung der Umstände des Einzelfalls zu entscheiden;[156] hierdurch wird eine erhebliche Unsicherheit geschaffen, die es nicht nur in Grenzfällen unvorhersehbar macht, wie ein Gericht die Frage im Ernstfall beurteilen würde. Auf die Bezeichnung in der Urkunde kommt es jedenfalls nicht an.[157] Wenn dem übergebenden Landwirt in einem landwirtschaftlichen Übergabevertrag ein Wohnungsrecht in der Hofstelle, ein Verköstigungsrecht, der Anspruch auf Wart und Pflege und ein Taschengeld zugesagt werden, so stellt die Gesamtheit dieser Leistungen zweifellos ein Leibgeding dar. Problematisch ist hingegen, inwieweit Gestaltungen, bei denen hinsichtlich des Ver-

---

155 *Kirchhoff*, DNotZ 2007, 913 (920).
156 Zum Ganzen vgl. insbesondere *J. Mayer*, DNotZ 1996, 604 (622 ff.).
157 OLG Hamm, Rpfleger 1986, 270 mit Anm. von *Fuchs*, Rpfleger 1987, 76; Münch-Komm/*Pecher,* Art. 96 EGBGB Rdnr. 7.

tragsobjekts und/oder des Umfangs der versprochenen Leistungen mehr oder weniger starke Abweichungen von diesem historischen Ursprung vorliegen, ebenfalls als „Leibgeding" anzusehen sind.

Folgende Gesichtspunkte sind bei der Einordnung zu berücksichtigen:[158] *61*

(1) Stellt der Vertragsgegenstand eine die Existenz des Erwerbers wenigstens teilweise sichernde Wirtschaftseinheit dar?[159] Das ist insbesondere bei der Übertragung von Wohngrundstücken außerhalb des landwirtschaftlichen Bereichs zweifelhaft.[160] Es genügt nach einer Entscheidung des BGH[161] auch nicht, dass der Erwerber das erlangte Grundstück zur Schaffung seiner wirtschaftlichen Existenzgrundlage nutzt; erforderlich ist vielmehr, dass die Existenzgrundlage vom Veräußerer bereits geschaffen war und der Erwerber in diese eintritt.

(2) Handelt es sich um einen sozial motivierten Versorgungsvertrag, der dem Veräußerer auf Dauer seine Versorgung sichert? Dieses Merkmal ist vor allem durch die landwirtschaftliche Altersrente und die Einführung einer Grundsicherung in seiner Bedeutung für die Abgrenzung gesunken. Ausgeschlossen vom Leibgedingsbegriff sind hiernach aber Verträge, in denen sich der Veräußerer den Nießbrauch am gesamten Vertragsgegenstand vorbehält, da es dann nicht die Leistungen des Erwerbers, sondern die selbst gezogenen Nutzungen sind, die die Versorgung des Veräußerers sichern;[162] umstritten ist dagegen, ob auch die Einräumung (nur) eines nebenkostenfreien Wohnungsrechts (ohne weitere Versorgungsleistungen) als Leibgeding angesehen werden kann,[163] und ob auch einmalig zu erbringende Leistungen Bestandteil eines Leibgedings sein können.[164]

(3) Dient der Vertrag der Weiterführung einer Wirtschaftseinheit in der nächsten Generation in der Weise, dass sich Veräußerer und Erwerber zur Verfolgung dieses Ziels gegenseitig binden? Daran fehlt es etwa, wenn der Veräußerer von vornherein nicht in dem übergebenen Anwesen wohnen will, weil seine Veräußerung durch den Erwerber ins Auge gefasst ist;[165] ob dieses Kriterium auch verwandtschaftliche Beziehungen zwischen den

---

[158] Vgl. auch insoweit vor allem *J. Mayer*, DNotZ 1996, 604 (622 ff.).

[159] BGH, NJW-RR 1989, 451; BGH, DNotZ 1996, 636; OLG Koblenz, FamRZ 2007, 1652.

[160] Vgl. dazu OLG Hamm, NJW 1996, 1360 (1361; Leibgeding verneint) und LG Bamberg, MittBayNot 1992, 144 (Leibgeding bejaht).

[161] BGH, 25. 10. 2002 – V ZR 293/01, NJW 2003, 1325.

[162] BayObLG, Rpfleger 1975, 314.

[163] Bejahend LG Köln, NJW-RR 1997, 594; verneinend LG Duisburg, MittRhNotK 1989, 194 (195).

[164] Bejahend *J. Mayer*, Übergabevertrag, Rdnr. 20; verneinend *Schöner/Stöber*, Rdnr. 1329.

[165] BayObLGZ 1994, 12.

Vertragsteilen erfordert und ein dem Generationswechsel entsprechender Altersunterschied nötig ist,[166] wird dagegen unterschiedlich beantwortet.

(4) Sind Leistung und Gegenleistung nach kaufmännischen Gesichtspunkten gegeneinander abgewogen? Bei einem Leibgeding hat dieser Gesichtspunkt – anders als bei einem echten Austauschvertrag – für die Bemessung der Vertragspflichten keine ausschlaggebende Bedeutung; umgekehrt stellen solche abgewogenen Leistungen deshalb kein Leibgeding dar.[167]

Ohne Bedeutung für die Qualifikation als Leibgeding ist, ob eine Eintragung in das Grundbuch erfolgt ist, ja nicht einmal, ob eine solche nach der vertraglichen Vereinbarung überhaupt verlangt werden kann.[168] Allerdings stellt sich die Frage der erleichterten Grundbucheintragung und des Vollstreckungsprivilegs bei einer Versteigerung des veräußerten Grundbesitzes naturgemäß nur bei im Grundbuch eingetragenen bzw. einzutragenden Leibgedingsrechten.

3.7.1 Beschränkung der Zwangsvollstreckung

62 Ist hiernach ein Leibgeding zu bejahen, sind die daraus fließenden Einkünfte des Veräußerers nur aufgrund einer Entscheidung des Vollstreckungsgerichts pfändbar, die nur dann ergehen darf, wenn die Vollstreckung in das sonstige Vermögen des Schuldners nicht zur vollständigen Befriedigung des Gläubigers geführt hat oder voraussichtlich nicht führen wird und sie nach den Umständen des Falls der Billigkeit entspricht (§ 850b I Nr. 3 ZPO); diese Regelung entspricht dem besonderen Versorgungscharakter.

Von noch größerer Bedeutung ist aber das Privileg in der Zwangsversteigerung aufgrund des § 9 EGZVG, das nach den Ausführungsgesetzen aller alten Bundesländer mit Ausnahme von Hamburg und Bremen sowie Thüringen den in ein Leibgeding einbezogenen Rechten zukommt. Entscheidend ist dabei nach überwiegender Meinung nicht die Bezeichnung im Grundbuch, sondern die Tatsache, dass die eingetragenen Rechte ihrer Art nach Leistungen aufgrund eines Leibgedingsvertrags sichern;[169] ob tatsächlich ein Leibgedingsvertrag vorliegt, kann das Versteigerungsgericht ohnehin nicht ermitteln. Das Privileg gilt selbstverständlich nur, wenn das Leibgeding vor dem Zwangsversteigerungsvermerk in das Grundbuch eingetragen wurde.[170]

---

[166] Bejahend BayObLG, NJW-RR 1993, 984; verneinend OLG Köln, DNotZ 1990, 513 (514).

[167] BGH, NJW 1981, 2568.

[168] BGH, NJW 1970, 282.

[169] OLG Hamm, DNotZ 1970, 37 (38); *Zeller/Stöber*, § 9 EGZVG Rdnr. 3; *J. Mayer*, Übergabevertrag, Rdnr. 23; a. A. *Bauer/v. Oefele/Wegmann*, § 49 Rdnr. 45 (ausdrückliche Eintragung als Leibgeding erforderlich).

[170] AG Dülmen, Rpfleger 1999, 342.

Das Zwangsversteigerungsprivileg hat folgenden Inhalt: Das Leibgeding bleibt in der Zwangsversteigerung zunächst auch dann bestehen, wenn es bei der Feststellung des geringsten Gebots sonst nicht berücksichtigt würde, also vor allem, wenn es Rang nach der Grundschuld der Bank hat, aus der die Versteigerung betrieben wird.[171] Beantragt aber der durch diese Festsetzung benachteiligte Gläubiger ein Doppelausgebot, dann muss alternativ als Versteigerungsbedingung festgelegt werden, dass das Leibgeding erlischt. Da ein derartiger Antrag regelmäßig gestellt wird, ist der Leibgedingsberechtigte dadurch im Ergebnis nur begünstigt, wenn auch unter der Versteigerungsbedingung des Fortbestands des Leibgedings die Ansprüche der vorrangigen Gläubiger vollständig befriedigt werden können. Ist diese Voraussetzung nicht gegeben, bleibt dem Berechtigten nur der Weg, das Grundstück – wenn ihm das möglich ist – selbst zu ersteigern.

3.7.2 Erleichterte Grundbucheintragung

Liegt ein Leibgeding vor, dann erleichtert § 49 GBO die Eintragung in das Grundbuch: Die Einzelrechte müssen nicht jeweils gesondert im Grundbuch vermerkt werden. Vielmehr genügt die Eintragung unter der Sammelbezeichnung „Leibgeding"; wegen der einzelnen Rechte kann auf die Eintragungsbewilligung Bezug genommen werden.

Die grundbuchrechtlichen Voraussetzungen an ein Leibgeding sind allerdings einerseits enger, andererseits weiter als die oben angegebenen Kriterien: Zum einen kann ein einzelnes Recht, also etwa ein Wohnungsrecht, nicht als „Leibgeding" eingetragen werden, auch wenn es an sich ein solches darstellen sollte, da § 49 GBO die Zusammenfassung mindestens zweier Rechte voraussetzt. Umgekehrt kann das Grundbuchamt selbstverständlich nicht prüfen, ob bei der Zusammenfassung mehrerer Rechte nach den oben genannten Kriterien wirklich ein Leibgeding vorliegt. Deshalb genügt für die Eintragung das formale Kriterium, dass mehrere Rechte zusammengefasst sind, die ihrer Natur nach ein Leibgeding darstellen können.[172] Es kann deswegen ein Leibgeding im Grundbuch eingetragen sein, ohne dass in Wahrheit ein solches vorliegt.

Die zu einem Leibgeding zusammengefassten Rechte können verschiedenen Rang haben. Durch die Erleichterung der Grundbucheintragung verlieren die einzelnen Rechte nicht ihre rechtliche Selbstständigkeit und damit auch nicht ihren eigenen Rang.[173] Dies ist insbesondere dann wichtig, wenn ein Wohnungsrecht und eine Pflegeverpflichtung zu einem Leibgeding zusammengefasst werden. Während sich ein Kreditgeber eine Pflegeverpflichtung

---

[171] BGH, NJW 1991, 2759; vgl. auch *Hagena*, Rpfleger 1975, 75.
[172] BGH, NJW 1994, 1158.
[173] *J. Mayer*, Übergabevertrag, Rdnr. 221.

im Rang nicht vorgehen lassen wird (vgl. o. Rdnr. 51), erscheint dies beim Wohnungsrecht durchaus möglich. Für den Veräußerer ist der Rang seines Wohnungsrechts nicht nur aus wirtschaftlichen, sondern vor allem aus psychologischen Gründen von entscheidender Wichtigkeit. Jedoch ist vielen Banken und Sparkassen der Umgang mit einem Leibgeding mit gespaltenem Rang zu kompliziert,[174] sodass dann nur die Möglichkeit bleibt, zwei getrennte Rechte eintragen zu lassen und damit auf die erleichterte Grundbucheintragung und das Zwangsversteigerungsprivileg zu verzichten.

3.7.3 Landesrechtliche Vorschriften

64 Art. 96 EGBGB gestattet dem Landesgesetzgeber, besondere Vorschriften über Leibgedingsverträge zu erlassen, die gelten, soweit keine abweichenden Vereinbarungen getroffen worden sind. Davon haben alle alten Bundesländer mit Ausnahme von Hamburg Gebrauch gemacht. Dagegen sind in den neuen Bundesländern die entsprechenden Vorschriften des preußischen und des sächsischen AGBGB durch § 15 II EGZGB aufgehoben worden. Die überwiegende Meinung geht davon aus, dass diese Vorschriften auch durch den Einigungsvertrag nicht wieder in Kraft getreten sind;[175] neue Bestimmungen sind in den neuen Bundesländern bisher nur in Thüringen[175a] erlassen worden.

Die erlassenen landesgesetzlichen Vorschriften schließen das gesetzliche Rücktrittsrecht bei Nichterfüllung der synallagmatischen Gegenleistungspflichten des Erwerbers und den Herausgabeanspruch nach § 527 BGB im Fall der Nichterfüllung einer Auflage entweder aus[176] oder schränken sie ein.[177] Dies wird damit begründet, dass es sich beim Leibgedingsvertrag um eine Art Dauerschuldverhältnis handle und der Erwerber durch die Ausübung dieser Rechte in seiner wirtschaftlichen Disposition erheblich beeinträchtigt oder gar existenzlos gestellt werde.[178] Das BayObLG[179] meint gar, über den Wortlaut von Art. 17 bayer. AGBGB hinaus sei eine Kündigung des Vertrags aus wichtigem Grund, wie sie bei jedem anderen Dauerschuldverhältnis in Betracht kommt, und die Berufung auf den Wegfall der Geschäfts-

---

[174] *Waldner/Ott*, MittBayNot 1996, 177.

[175] So OLG Brandenburg, OLG-NL 1999, 278 (für Art. 15 § 7 preuß. AGBGB); *Wilke*, DNotZ 1996, 294; Palandt, 69. Aufl., Vor Art. 64 EGBGB Rdnr. 2; MünchKomm/ *Säcker*, vor Art. 64 EGBGB Rdnr. 3; a. A. *Dehner*, DtZ 1991, 108; *Janke*, DtZ 1992, 311 (314).

[175a] AGBGB vom 3. 12. 2002, GVBl. S. 424.

[176] So in Bayern (Art. 17 AGBGB), Berlin und Nordrhein-Westfalen (Art. 15 § 7 preuß. AGBGB; Art. 23 lipp. AGBGB), Baden-Württemberg (§ 13 AGBGB), Niedersachsen (§ 9 AGBGB) und Schleswig-Holstein (§ 5 AGBGB).

[177] So in Hessen (§ 16 I AGBGB), Rheinland-Pfalz (§ 13 I AGBGB) und im Saarland (§ 17 AGJustG); vgl. zum Ganzen auch *J. Mayer*, DNotZ 1996, 604 (620 f.).

[178] MünchKomm/*Pecher*, Art. 96 EGBGB Rdnr. 29.

[179] BayObLGZ 1993, 192 = NJW-RR 1993, 984; für den Wegfall der Geschäftsgrundlage ebenso BGH, NJW-RR 1995, 77; a. A. LG Aachen, MDR 1988, 142.

grundlage (heute § 313 BGB) ausgeschlossen. Dem Berechtigten bleiben damit nur die Ansprüche auf Erfüllung und Schadensersatz statt der Leistung und möglicherweise der Anspruch auf Schenkungswiderruf wegen groben Undanks.[180]

Es sei dahingestellt, ob die Erwägungen der landesrechtlichen Ausführungsgesetze und vor allem ihre extensive Auslegung durch das BayObLG Überzeugungskraft besitzen. In den betroffenen Bundesländern muss jedenfalls ein Veräußerer, der ein wirksames Druckmittel zur Erfüllung der Verpflichtungen des Erwerbers aus dem Leibgeding behalten will, ausdrücklich im Vertrag vereinbaren, dass die landesrechtlichen Beschränkungen des Rücktrittsrechts und des Herausgabeanspruchs nicht anwendbar sein sollen. Diese Vereinbarung ist wirksam, da Art. 96 EGBGB die landesrechtlichen Bestimmungen ausdrücklich nur dann für anwendbar erklärt, wenn nichts Abweichendes vereinbart ist.

3.8 Nießbrauch

3.8.1 Rechtsinhalt

Das umfassendste Recht, das sich der Veräußerer bei einer Übertragung im Weg der vorweggenommenen Erbfolge vorbehalten kann, ist der Nießbrauch (§§ 1030 ff. BGB). Der Veräußerer, der sich den Nießbrauch vorbehalten hat, kann wie bisher sämtliche Nutzungen des übertragenen Gegenstands ziehen; er kann den Gegenstand also ohne Beschränkung selbst nutzen oder anderen Personen entgeltlich oder unentgeltlich den Besitz daran überlassen.[181] Obwohl der Rechtsinhalt hierdurch verbindlich festgelegt ist und ebenso unabdingbar ist, dass der Nießbrauch weder übertragbar noch vererblich ist (§§ 1059, 1061 BGB), kann er wegen der unterschiedlichen Ausgestaltungsmöglichkeiten ganz unterschiedlichen Zielen gerecht werden und sowohl an beweglichen Sachen wie an Immobilien (bebauten und unbebauten Grundstücken,[182] aber auch Eigentumswohnungen[183]) an Sachinbegriffen und auch an Rechten (§ 1068 BGB) bestellt werden. Der Nießbrauch kommt als Gestaltungsmittel sogar dann infrage, wenn die beschriebene Nutzung durch den Berechtigten überhaupt nicht angestrebt wird. Er kann nämlich als Sicherungsmittel für andere (meist Geld-)Forderungen dienen, die auf diese Weise

65

---

[180] So jedenfalls OLG München, OLGR 1999, 274.

[181] Darin liegt keine „Überlassung der Ausübung" nach § 1059 S. 2 BGB, sondern die typische Ausübung des Rechts durch den Nießbraucher selbst; vgl. BGH, NJW 1990, 443.

[182] Bei landwirtschaftlichen Grundstücken (§ 2 GrdstVG) und bei Grundstücken in einem städtebaulichen Sanierungsgebiet (§ 144 BauGB) sowie in vergleichbaren Fällen kann die Bestellung genehmigungspflichtig sein.

[183] Bei Eigentumswohnungen ist zu beachten, dass jedenfalls nach LG Augsburg, Rpfleger 1999, 125 die Teilungserklärung die Bestellung eines Nießbrauchs von der Zustimmung der übrigen Wohnungseigentümer abhängig machen kann.

durch die Erträge eines Grundstücks abgesichert werden sollen; man spricht hier von einem „Sicherungsnießbrauch"[184] (s. unten Rdnr. 73). Ein sog. „Dispositionsnießbrauch", der den Berechtigten auch zur Verfügung über das Nießbrauchsobjekt berechtigen würde, ist als Inhalt des Nießbrauchsrechts unzulässig; ebenso die Abbedingung des sich aus § 1037 I BGB ergebenden Verbots, die Sache umzugestalten oder wesentlich zu verändern.[185] Der wirtschaftliche Zweck einer solchen Vereinbarung lässt sich aber leicht dadurch erreichen, dass dem Berechtigten unabhängig vom Nießbrauch Verfügungsrechte eingeräumt werden.

3.8.2 Regelung der Lastentragung

66 Die Flexibilität des Nießbrauchs zeigt sich einerseits in den Möglichkeiten, die Tragung der mit dem belasteten Grundstück verbundenen Kosten dem Eigentümer oder dem Nießbraucher aufzuerlegen. Die gesetzliche Regelung verteilt die Lasten in der Weise, dass der Nießbraucher die Kosten der gewöhnlichen Unterhaltung der belasteten Sache (§ 1041 S.2 BGB),[186] die Versicherungsprämien (§ 1045 BGB), die laufenden öffentlichen Lasten und die Zinsen für auf der Sache abgesicherte Kredite (§ 1047 BGB) zu tragen hat. Es können aber auch alle Lasten und auch die Verkehrssicherungspflicht dem Nießbraucher auferlegt werden, sodass sich für den Veräußerer auf die Dauer des Nießbrauchs wirtschaftlich nichts ändert; dies empfiehlt sich dann, wenn der Nießbraucher steuerpflichtige Einnahmen erzielt, weil er nur diejenigen Beträge als Werbungskosten absetzen kann, die er tatsächlich schuldet (s. unten Rdnr. 156). In diesem Fall kann er vom Eigentümer keinerlei Ersatz für von ihm getragene Kosten verlangen; aus § 1050 BGB ergibt sich nichts anderes.[187]

Umgekehrt kann bestimmt werden, dass alle Lasten der Eigentümer zu tragen hat; letzterenfalls spricht man von „Bruttonießbrauch",[188] weil dem Nießbraucher alle Einnahmen aus dem Objekt ohne Minderung um Aufwendungen verbleiben. Macht der Nießbraucher Aufwendungen, zu denen er

---

[184] Der Sicherungsnießbrauch kann auch dem Zweck dienen, ein Miet- oder Pachtverhältnis für den Fall der Zwangsversteigerung des vermieteten oder verpachteten Grundstücks dinglich zu sichern; dieser Zweck kommt allerdings bei der vorweggenommenen Erbfolge normalerweise nicht zum Tragen.

[185] Nicht erlaubt ist hiernach beispielsweise der Umbau einer Wohnung in drei kleinere (BGH, NJW 1983, 932) oder der Kahlschlag von Waldflächen (BayObLGZ 1977, 205).

[186] Hierzu zählt beispielsweise nicht eine komplette Dachsanierung (OLG Koblenz, NJW-RR 1995, 15) und eine vollständige Erneuerung der Elektroinsallation (BGH, NJW-RR 2005, 1321).

[187] BGH, 23. 1. 2009 – V ZR 197/07, NJW 2009, 1810.

[188] Während dieser Begriff einheitlich ist, wird unter „Nettonießbrauch" teilweise ein Nießbrauch mit gesetzlicher Lastenverteilung, teilweise ein Nießbrauch verstanden, bei dem der Nießbraucher auch die den Eigentümer treffenden Lasten trägt – und dies sogar im selben Buch, vgl. *J. Mayer*, Übergabevertrag, Rdnr. 402 und Rdnr. 419.

nicht verpflichtet ist, kann er unter den Voraussetzungen des § 1049 I BGB vom Eigentümer Ersatz verlangen; allerdings kann auch dieses Recht ausgeschlossen werden.[189] Vor allem bei älteren Gebäuden mit zukünftig möglicherweise erheblichem Renovierungsaufwand kann es für den Veräußerer, der für seinen Lebensunterhalt auf die Erträge aus dem Nießbrauch angewiesen ist, angezeigt sein, sich das Wahlrecht einräumen zu lassen, jederzeit gegen Aufgabe des Nießbrauchs die Zahlung eines laufenden Geldbetrags beanspruchen zu können.

Der Nießbrauch eignet sich also sowohl dann, wenn mit der vorweggenommenen Erbfolge nur eine Festlegung der erbrechtlichen Folgen angestrebt wird, wirtschaftlich für die Lebensdauer des Veräußerers aber alles „beim Alten bleiben" soll, als auch dann, wenn der Veräußerer von den Belastungen durch eine Immobilie freigestellt werden, ihm aber trotzdem die Einnahmen ungeschmälert (allerdings mit dem Risiko von Leerstand und Zahlungsunfähigkeit des Mieters) verbleiben sollen. Im ersten Fall muss daran gedacht werden, dass im Fall der Notwendigkeit kostenintensiver Instandhaltungsmaßnahmen der Veräußerer, der nicht über die erforderlichen Mittel verfügt, sich diese ohne Vorsorge im Übertragungsvertrag auch nicht durch Belastung des Grundbesitzes beschaffen kann, da er nicht mehr Eigentümer ist. Ein Belastungsvorbehalt, der mit einer entsprechenden Vollmacht verbunden ist, sollte deshalb zumindest dann vorgesehen werden, wenn derartige Maßnahmen absehbar sind. Wegen der Pfändbarkeit eines solchen Rechts[190] sollte die Vollmacht aber betragsmäßig beschränkt und höchstpersönlich sein und der Zweck der Kreditaufnahme eng beschrieben sein. Umgekehrt muss an einen Rangvorbehalt beim eingetragenen Nießbrauch oder an eine Verpflichtung des Berechtigten, einen solchen zu einzuräumen, gedacht werden, wenn derartige Instandhaltungsmaßnahmen Sache des Eigentümers sind. Voraussetzung ist selbstverständlich, dass ein Rang nach Grundpfandrechten mit dem Sicherungsinteresse des Nießbrauchsberechtigten vereinbar ist (vgl. unten Rdnr. 72).

3.8.3 Umfang der vorbehaltenen Erträge

Flexibel ist der Nießbrauch auch hinsichtlich des Ausmaßes der Erträge, die   67
dem Berechtigten zufließen. Der Nießbrauch kann am ganzen Grundstück bestellt werden, aber nur zur Ziehung der Nutzungen zu einem bestimmten Prozentsatz berechtigen („Quotennießbrauch"),[191] er kann aber bei einem Grundstück, auf dem mehrere Ertrag bringende Wirtschaftseinheiten beste-

---

[189] *Schöner/Stöber,* Rdnr. 1375.

[190] OLG Bremen, NJW 1984, 2478; a. A. *Dubischar*, NJW 1984, 2440 (2443).

[191] An der Zulässigkeit besteht heute kein Zweifel mehr; vgl. BGH, 6. 6. 2003 – V ZR 392/ 92, NJW-RR 2003, 1290. Möglich ist sogar die Bestellung eines Quotennießbrauchs an einem ideellen Miteigentumsanteil; OLG Schleswig, RNotZ 2009, 401.

hen, in seiner Ausübung auch auf eine Teilfläche beschränkt werden.[192] Auch jemand, der nur Miteigentümer ist, kann ein Nießbrauchsrecht einräumen (Bruchteilsnießbrauch, § 1066 BGB); damit kommt bei Grundstücken der Nießbrauch auch dann in Betracht, wenn eine beschränkte persönliche Dienstbarkeit und damit auch ein Wohnrecht nicht eingeräumt werden könnte (vgl. o. Rdnr. 36). Allerdings kann auch der Alleineigentümer einen Bruchteilsnießbrauch einräumen, da es eine dem § 1114 BGB entsprechende Vorschrift im Recht des Nießbrauchs nicht gibt.

3.8.4 Nießbrauch an einer Eigentumswohnung

68 Sehr umstritten ist, ob beim Nießbrauch an einer Eigentumswohnung das Stimmrecht in der Wohnungseigentümerversammlung dem Eigentümer oder dem Nießbraucher zusteht.[193] Will der Veräußerer, der sich den Nießbrauch vorbehalten hat, das Stimmrecht selbst ausüben, sollte dies deshalb ausdrücklich vereinbart und der Veräußerer hierzu bevollmächtigt werden.

Formulierungsbeispiel:
Auf die Dauer des Nießbrauchs steht das Stimmrecht in der Versammlung der Wohnungseigentümer dem Veräußerer zu. Der Erwerber erteilt hiermit dem Veräußerer die Vollmacht, für ihn das Stimmrecht auszuüben und verpflichtet sich, von seinem eigenen Stimmrecht nur im Einvernehmen mit dem Veräußerer Gebrauch zu machen.

Sollte die Wohnungseigentümerversammlung allerdings der Meinung sein, das Stimmrecht stehe generell ausschließlich dem Wohnungseigentümer zu und lässt die Teilungserklärung eine Stimmrechtsvollmacht nicht zu,[194] muss zusätzlich eine Verpflichtung des Erwerbers aufgenommen werden, das Stimmrecht nach Weisung des Veräußerers auszuüben.

Formulierungsbeispiel:
Ist eine Ausübung des Stimmrechts durch den Veräußerer aufgrund der erteilten Vollmacht nicht möglich, so verpflichtet sich der Erwerber, auf Verlangen des Veräußerers an Versammlungen der Wohnungseigentümer teilzunehmen und sein Stimmrecht nach den Weisungen des Veräußerers

---

[192] Möglich wäre, wenn „Verwirrung nicht zu besorgen ist", sogar die Bestellung des Nießbrauchs selbst an einer Teilfläche, wozu allerdings die Verweisung auf einen amtlichen Lageplan mit entsprechender Einzeichnung des Vermessungsamts erforderlich ist (§§ 2 III, 7 II GBO und dazu *Bauer/v. Oefele*, § 2 Rdnr. 24), sodass dieser Weg in der Praxis nicht beschritten wird.

[193] Vgl. *Armbrüster*, DNotZ 1999, 562 (565).

[194] Teilweise wird allerdings angenommen, dass Vollmachtsbeschränkungen in der Gemeinschaftsordnung in Bezug auf den Nießbraucher als dinglich Berechtigten unbeachtlich seien; so insbesondere *F. Schmidt*, MittBayNot 1997, 65 (71); *Jerschke*, in: Beck'sches Notar-Handbuch, Kap. A V. Rdnr. 133.

auszuüben. Der Veräußerer stellt den Erwerber von jeglichen Ansprüchen frei, die gegen ihn wegen der Ausübung des Stimmrechts erhoben werden könnten.

3.8.5 Grenzen der Gestaltungsfreiheit

Die Flexibilität des Nießbrauchs findet ihre Grenze lediglich an denjenigen 69 gesetzlichen Bestimmungen, die für den Nießbrauch prägend sind. Es können deshalb dem Nießbraucher nicht als Inhalt des Nießbrauchs Leistungspflichten auferlegt werden, etwa ein Darlehen zur Finanzierung von Renovierungskosten aufzunehmen[195] oder ein Waldgrundstück nach dem Kahlschlag wieder aufzuforsten.[196] Umgekehrt kann dem Nießbraucher nicht entgegen § 1037 BGB das Recht zur wesentlichen Veränderung der Sache zuerkannt werden, z.B. das Recht, auf einem unbebauten Grundstück ein Gebäude zu errichten.[197] Solche Rechte oder Verpflichtungen müssen also als weitere Bedingungen des Übertragungsvertrags außerhalb der Nießbrauchsbestellung vorgenommen werden, wenn sie gewünscht werden sollten; eine automatische Wirkung gegen den Rechtsnachfolger kann in diesem Fall nicht erreicht werden. Dagegen soll nach der Rechtsprechung ein vom Berechtigten zu zahlendes Entgelt sogar zum Inhalt des Nießbrauchs gemacht werden können,[198] und ebenso kann als Inhalt des Nießbrauchs bestimmt werden, dass der Nießbraucher ohne Zustimmung des Eigentümers keine Mietverträge mit einer Laufzeit von mehr als zwölf Monaten abschließen darf.[199]

3.8.6 Verhältnis zur beschränkten persönlichen Dienstbarkeit

Behält sich der Veräußerer die Nutzung eines Grundstücks vor, kommen 70 Nießbrauch und beschränkte persönliche Dienstbarkeit in Betracht. Sie sind begrifflich voneinander dadurch getrennt, dass der Nießbrauch zur umfassenden Nutzung berechtigt (§ 1030 I BGB), die Dienstbarkeit aber nur zur Benutzung in einzelnen Beziehungen (§ 1090 I BGB). Gleichwohl berühren sie sich, da der Nießbrauch durch Ausschluss einzelner Nutzungen beschränkt werden kann (§ 1030 II BGB) und umgekehrt die „einzelnen Beziehungen" bei der Dienstbarkeit so weit gefasst werden können, dass sie in ihrem praktischen Ergebnis einer umfassenden Nutzungsmöglichkeit nahekommen. Zudem ist die Frage, wie die beiden Arten der Berechtigung voneinander abzugrenzen sind, eher akademisch: Solange nicht offensichtlich ein mit dem jeweiligen Rechtsinstitut unvereinbarer Inhalt zur Eintragung bewilligt wird,

---

[195] BayObLGZ 1985, 6 (9).
[196] BayObLGZ 1972, 364.
[197] KG, Rpfleger 1992, 14.
[198] BayObLG, Rpfleger 1979, 382; BayOblGZ 1985, 6 (12); a. A. *Staudinger/Frank,* § 1030 Rdnr. 61.
[199] LG Aachen, Rpfleger 1986, 468.

wird im Grundbuch dasjenige Recht eingetragen, das zur Eintragung bewilligt wurde.[200]

3.8.7 Nießbrauch für mehrere Berechtigte

71 Wünschen mehrere Veräußerer, insbesondere Ehegatten oder Lebensgefährten, sich den Nießbrauch auf die Lebensdauer des länger lebenden von ihnen vorzubehalten, so ist die Bestellung des Nießbrauchs als Sicherungsrecht für sie als Gesamtberechtigte nach § 428 BGB vorzunehmen. Unrichtig wäre es, ihnen den Nießbrauch nach Bruchteilen einzuräumen, da in diesem Fall beim Tod des einen der Nießbrauch für seinen Teil erlöschen würde und nur noch ein Quotennießbrauch bestehen würde. Möglich ist es auch, dass der Nießbrauch zunächst einem Berechtigten allein, nach dessen Ableben aber dem anderen Berechtigten zustehen soll; man spricht in diesem Fall von einem „Sukzessivnießbrauch"; dieser kann vor allem aus steuerlichen Gründen angezeigt sein (vgl. unten Rdnr. 157).

3.8.8 Grundbucheintragung

72 An Immobilien entsteht der Nießbrauch wirksam nur mit seiner Eintragung in das Grundbuch (§ 873 BGB). Auch wenn ein nur schuldrechtlich vereinbartes Nutzungsrecht steuerlich wie ein im Grundbuch eingetragenes behandelt wird, grenzt es gleichwohl an Leichtfertigkeit, wenn der Veräußerer, der sich an der im Weg der vorweggenommenen Erbfolge übertragenen Immobilie die Nutzung vorbehalten will, auf Grundbucheintragung verzichten würde: Die mit dem Erwerber getroffenen Vereinbarungen würden gegenüber einem Rechtsnachfolger nicht wirken, und der Vertrag könnte zumindest bei Vorliegen eines wichtigen Grundes gekündigt werden. Bei einem im Grundbuch eingetragenen Nießbrauch, der auf die Lebensdauer des Berechtigten beschränkt ist, sollte die Vorlöschungsklausel (§ 23 II GBO) nicht vergessen werden; andernfalls kann der Nießbrauch nicht vor Ablauf eines Jahres nach dem Tod des Berechtigten gelöscht werden.[201]

Ähnlich wie beim Wohnungsrecht ist die Stellung des Nießbrauchers schwach, wenn das Recht im Grundbuch Rang nach Rechten hat, aus denen die Zwangsversteigerung betrieben werden kann; das gilt selbst dann, wenn diese Rechte im Vergleich zum Wert der Immobilie eine geringe Höhe haben: Der Nießbrauch erlischt dann mit dem Zuschlag, und der Berechtigte erhält selbst bei ausreichendem Erlös Wertersatz nicht in Form eines Kapitalbetrags, sondern eine dem Jahreswert des Rechts entsprechende Rente, die jeweils in Beträgen für drei Monate gezahlt wird (§ 92 II 2 ZVG); daß das Deckungs-

---

[200] *Schöner/Stöber,* Rdnr. 1130, 1362 vertreten sogar eine rein formelle Abgrenzung, wonach es ausschließlich auf den Inhalt der Bestellungsurkunde ankomme.

[201] *Bauer/v. Oefele/Kohler,* §§ 23, 24 Rdnr. 36, freilich mit anfechtbarer Begründung.

kapital (§ 121 ZVG) bis zum Ende des Nießbrauchs ausreicht, ist nicht sicher-gestellt. Bei einem Nießbrauch, der vom Berechtigten nach der Vorstellung der Beteiligten bei Vertragsschluss selbst genutzt werden kann, kommen des-halb ein Bestehenbleiben nicht valutierter Grundschulden, die vom Erwerber valutiert werden dürfen, ein Rangvorbehalt bei dem eingetragenen Nieß-brauch oder die Verpflichtung, einen solchen zu erklären, nur nach eingehen-dem und deutlichem Hinweis auf die damit verbundenen Gefahren[202] in Be-tracht; an eine Vollmacht an den Erwerber, den Rangrücktritt im Namen des Veräußerers zu erklären,[203] sollte man nicht einmal denken. Das Verbleiben der Rückgewähransprüche beim Veräußerer – das früher oft als ausreichende Sicherung empfohlen wurde – genügt nach der neuen Rechtsprechung des BGH nicht, weil es den Erwerber nicht daran hindert, die Grundschulden neu zu valutieren.[204]

3.8.9 *Alternativen zum Nießbrauch*

Mitunter wird von den Beteiligten der wirtschaftliche Erfolg, der mit der Be- **73** stellung eines Nießbrauchs verbunden ist, angestrebt, während seine steuer-lichen Folgen unerwünscht sind. Hier bietet sich der Abschluss eines Miet-vertrags mit dem Veräußerer an, der durch die gleichzeitige Bestellung eines Nießbrauchsrechts „abgesichert" wird. Da dieses Nebeneinander von Nieß-brauch und Mietvertrag von der Steuerrechtsprechung nicht als Gestaltungs-missbrauch i. S. des § 42 AO angesehen wird,[205] kann diese Konstruktion die Sicherheitslücke schließen, die mit einer Übertragung im Weg der vorwegge-nommenen Erbfolge samt Rückvermietung an den Veräußerer verbunden ist. Auch ein auf die Lebensdauer des Veräußerers abgeschlossener Mietvertrag kann ja zumindest aus wichtigem Grund durch den Eigentümer gekündigt werden; insbesondere aber in Zwangsversteigerung (§ 57a ZVG) und Insol-venz (§ 111 InsO). In diesen Fällen kann der Berechtigte auf den Nießbrauch zurückgreifen; solange dieser Fall nicht eingetreten ist, hat er keine Wirkung. Rechtstechnisch geschieht die Verknüpfung von Nießbrauch und Mietvertrag dadurch, dass dem Veräußerer ein unbedingter Nießbrauch bestellt wird und dieser die Ausübung des Nießbrauchs nach § 1059 BGB dem Erwerber unter der auflösenden Bedingung des Endes des Mietvertrags überlässt.

Formulierungsbeispiel:
Der Veräußerer überlässt dem Erwerber die Ausübung des Nießbrauchs unter der auflösenden Bedingung, dass der zwischen den Parteien über den Vertragsgegenstand auf die Lebensdauer des Veräußerers abgeschlossene

---

[202] BGH, NJW 1996, 522.
[203] Das empfehlen *Langenfeld/Günther,* Rdnr. 217, allen Ernstes im Hinblick auf die Möglichkeit, daß der Veräußerer geschäftsunfähig werden könnte.
[204] BGH, NJW 2006, 2408 (2410) und dazu *Kesseler,* NJW 2006, 3466 (3469).
[205] BFH, DStR 1998, 711.

Mietvertrag endet, und zwar gleich aus welchem Grund und auf wessen Veranlassung. Bis zum Ende des Mietvertrags wird der Vertragsgegenstand vom Veräußerer ausschließlich auf Grund des Mietvertrags genutzt; die heutige Bestellung des Nießbrauchs dient nur der Sicherung des Veräußerers.

74 Wenn eine weniger starke Stellung des Veräußerers gewünscht wird, kann der Eintritt der auflösenden Bedingung auch auf eine Kündigung des Mietvertrags beschränkt werden, die der Veräußerer nicht zu vertreten hat.[206] Allerdings erscheint die Aufnahme eines solchen Verschuldensmoments streitanfällig und entspricht vor allem nicht der Lage, die bei der Bestellung eines „gewöhnlichen" Nießbrauchs bestünde, bei dem der Erwerber die Nutzung durch den Veräußerer meist auch dann nicht beenden kann, wenn sein Verhalten berechtigten Anlass zur Kündigung eines Mietvertrags gäbe.

Zu beachten ist allerdings, dass die Stellung des Mieters sogar stärker sein kann als die des Nießbrauchsberechtigten: Während dieser mit dem Tod des Berechtigten in jedem Fall erlischt, besteht beim Tod des Mieters ein unabdingbares (§ 563 V BGB) Eintrittsrecht von Ehegatten und Kindern (§ 563 I, II BGB); das mit ihnen zu Stande gekommene Mietverhältnis kann nur aus wichtigem Grund gekündigt werden kann.

Auch wenn diese Risiken nicht gescheut werden, kommt die aufgezeigte Gestaltung praktisch nur dann infrage, wenn der Veräußerer für die Einräumung des Nießbrauchs tatsächlich eine Gegenleistung an den Erwerber erbringen soll. Steuerlich nicht mehr anerkannt und deshalb ohne praktische Bedeutung ist die Kombination des Mietvertrags mit Geldleistungen des Erwerbers in Form einer dauernden Last, die so bemessen sind, dass der Veräußerer damit die vereinbarte Miete zahlen kann (sog. „Stuttgarter Modell").[207] Zudem darf nicht übersehen werden, dass sich die dauernde Last und die Miethöhe im Laufe der Zeit auseinanderentwickeln können, was – unabhängig von den steuerlichen Rücksichten – normalerweise unerwünscht ist.

3.9 Übernahme von Verbindlichkeiten

75 Ist der im Weg der vorweggenommenen Erbfolge übertragene Besitz noch mit Verbindlichkeiten belastet, besteht in der Regel ein starkes Interesse des Veräußerers, von der Pflicht zu deren Rückzahlung befreit zu werden; anders kann es sein, wenn sich der Veräußerer den Nießbrauch vorbehalten hat und deshalb die Kredite aus den Erträgen des Vermögens bedienen kann. Meist geht es hier um Verbindlichkeiten gegenüber Kreditinstituten; vor allem bei

---

[206] Das empfiehlt *J. Mayer,* Übergabevertrag, Rdnr. 465.
[207] BFH, BStBl. 1994 II 451 (für eine nachträgliche Vereinbarung); FG Nürnberg, EFG 1996, 279 (für eine Vereinbarung anlässlich der Übertragung des Vertragsgegenstands).

der Übertragung eines Betriebs muss aber auch an Steuerverbindlichkeiten, Dauerschuldverhältnisse (Arbeitsverträge, Lieferungsverträge usw.) und Gewährleistungspflichten gedacht werden. Die Übernahme von Verbindlichkeiten erfolgt entweder im Weg der Erfüllungsübernahme oder im Weg der Schuldübernahme.

3.9.1 Erfüllungsübernahme

Durch die Erfüllungsübernahme verpflichtet sich der Erwerber im Verhältnis 76
zum Veräußerer, die Verbindlichkeiten des Veräußerers bei einem Gläubiger anstelle des Veräußerers zu erfüllen. Der Veräußerer erwirbt aus dieser Verpflichtung einen klagbaren Anspruch, der Gläubiger erwirbt aus der Vereinbarung dagegen nach der Auslegungsregel des § 329 BGB keine Rechte. Die Erfüllungsübernahme wirkt also nur im Verhältnis zwischen Veräußerer und Erwerber; der Veräußerer bleibt dem Gläubiger gegenüber verpflichtet. Die Erfüllungsübernahme führt damit nur dann zu der gewünschten vollständigen Entlastung des Veräußerers, wenn der Erwerber zur Verzinsung und Tilgung der übernommenen Verbindlichkeiten in der Lage ist und bleibt. Bei einem Vermögensverfall des Erwerbers muss der Veräußerer damit rechnen, vom Gläubiger wieder in Anspruch genommen zu werden. Eine Erfüllungsübernahme entspricht deshalb oft nicht dem Sicherungsinteresse des Veräußerers.[208]

3.9.2 Schuldübernahme

Auch die Schuldübernahme erfolgt regelmäßig durch eine in den Vertrag über 77
die Übertragung des im Weg der vorweggenommenen Erbfolge zugewendeten Gegenstandes aufgenommene Vereinbarung zwischen Veräußerer und Erwerber,[209] die der Genehmigung des Gläubigers bedarf, da kein Gläubiger ohne seine Zustimmung einen anderen und womöglich schlechteren Schuldner als den bisherigen akzeptieren muss (§ 415 I 1 BGB). Genehmigt der Gläubiger die Schuldübernahme, so haftet ihm nur noch der Erwerber; verweigert er die Genehmigung, dann gilt die Schuldübernahme als nicht erfolgt (§ 415 II BGB). In diesem Fall und für die Zeit bis zur Erteilung der Genehmigung ist die Schuldübernahme aber im Zweifel als Erfüllungsübernahme wirksam (§ 415 III BGB). Derartige Zweifel sollten in der Vereinbarung in jedem Fall ausgeräumt werden.

Formulierungsbeispiel:
Bis zur Genehmigung des Gläubigers und im Fall von deren Verweigerung soll die Schuldübernahme als Erfüllungsübernahme wirksam sein. Der Er-

---

[208] Vgl. dazu *Grziwotz*, MDR 1997, 432 (434).
[209] Die daneben nach § 414 BGB bestehende Möglichkeit eines Vertrags zwischen dem Gläubiger und Erwerber hat keine praktische Bedeutung.

werber ist hiernach verpflichtet, den Veräußerer im Innenverhältnis von jeder Inanspruchnahme aus den übernommenen Verbindlichkeiten freizustellen.

Die Schuldübernahme hat für den Veräußerer gegenüber der Erfüllungsübernahme den Vorteil, dass er auch im Außenverhältnis von der Haftung für die vom Erwerber übernommenen Verbindlichkeiten freigestellt ist; das Risiko einer späteren Zahlungsunfähigkeit des Erwerbers trägt also in diesem Fall der Gläubiger. Aus diesem Grund ist allerdings bei weniger günstigen Einkommens- oder Vermögensverhältnissen des Erwerbers die Genehmigung der Schuldübernahme durch den Gläubiger oft nicht zu erreichen.

3.9.3 *Besonderheiten bei grundbuchmäßig gesicherten Krediten*

Bei der Übernahme von Krediten, die durch eine Hypothek oder eine Grundschuld gesichert sind, müssen Besonderheiten beachtet werden.

3.9.3.1 Zweckbestimmung bei Grundschulden

78 Ist zur Sicherung der übernommenen Kredite eine Grundschuld[210] ins Grundbuch eingetragen, ist die Zweckbestimmung der Grundschuld nur ausnahmsweise konkret auf den gesicherten Kredit bezogen, sondern vielmehr häufig dahin formuliert, dass die Grundschuld alle gegenwärtigen und künftigen Verbindlichkeiten des Grundschuldbestellers sichert. Übernimmt der Erwerber hier neben den Verbindlichkeiten die Grundschuld, dann könnte der Gläubiger freie oder später frei werdende Teile der Grundschuld in Ermangelung einer anderen Abrede zur Sicherung von nicht übernommenen Krediten des Veräußerers verwenden. Hat der Erwerber für den Grundschuldbetrag ein abstraktes Schuldversprechen abgegeben, würde er für derartige Forderungen sogar persönlich haften. Hinsichtlich der zum Zeitpunkt des Eigentumsübergangs freien Teile der Grundschuld kann dieses Risiko nur teilweise durch Abtretung der Rückgewähransprüche an den Erwerber verhindert werden. Hinsichtlich künftig frei werdender Teile kann der Erwerber die Haftung nur dadurch vermeiden, dass die Zweckbestimmung der Grundschuld auf die vom Erwerber übernommenen Forderungen beschränkt wird.

3.9.3.2 Abstraktes Schuldversprechen

79 Hat der Veräußerer – wie es bei Grundschulden regelmäßig der Fall ist – ein abstraktes Schuldversprechen für den Grundschuldbetrag abgegeben, so ge-

---

[210] Bei Hypotheken stellt sich dieses Problem wegen der Akzessorietät von Hypothek und Forderung normalerweise nicht. Mitunter werden aber durch Hypotheken auch Ansprüche aus einem abstrakten Schuldversprechen gesichert, das seinerseits durch eine Zweckbestimmung mit den tatsächlich bestehenden Verbindlichkeiten verbunden ist; bei Hypotheken für Kreditinstitute dürfte dies sogar die Regel sein.

nügt die Genehmigung der Schuldübernahme allein seinem Sicherungsinteresse nicht. Der Gläubiger könnte gleichwohl aus dem fortbestehenden abstrakten Schuldversprechen gegen den Veräußerer vorgehen. Zwar erscheint es nicht ausgeschlossen, dass im Streitfall eine Auslegung der Schuldübernahmegenehmigung dazu führt, auch einen Verzicht auf die Rechte aus dem abstrakten Schuldversprechen anzunehmen. Man sollte sich darauf jedenfalls nicht verlassen, sondern eine ausdrückliche Entlassung aus den Verpflichtungen aus dem abstrakten Schuldversprechen verlangen. Entsprechend sollte bei der Erfüllungsübernahme die Verpflichtung des Erwerbers, den Gläubiger zu befriedigen, auch den Fall erfassen, dass dieser den Anspruch aus dem abstrakten Schuldversprechen geltend macht.

Hatte der Veräußerer ein abstraktes Schuldversprechen abgegeben, machen die Gläubiger die Schuldübernahmegenehmigung oft davon abhängig, dass der Erwerber seinerseits ein abstraktes Schuldversprechen für den Grundschuldbetrag erklärt. Ohne ein solches Verlangen des Gläubigers oder gar routinemäßig sollte ein solches abstraktes Schuldversprechen jedoch nicht abgegeben werden, da es die Notarkosten des Übertragungsvertrags erhöht (s. unten Rdnr. 173).

3.9.3.3 Fiktion der Schuldübernahmegenehmigung

Bei Krediten, die durch Hypotheken oder Grundschulden[211] gesichert sind, fingiert § 416 BGB die Genehmigung, wenn der Gläubiger auf eine schriftliche Mitteilung des Veräußerers, die nach der Eintragung des Erwerbers als Eigentümer in das Grundbuch erfolgt und die darauf hinweist, dass der Übernehmer an die Stelle des bisherigen Schuldners tritt, wenn der Gläubiger die Genehmigung nicht innerhalb von sechs Monaten verweigert, nicht innerhalb der genannten Frist gegenüber dem Veräußerer reagiert. Da diese Rechtsfolge selbst bei Kreditinstituten nicht immer bekannt ist, eröffnet § 416 BGB gerade in den Fällen, in denen die Beteiligten befürchten, eine ausdrückliche Genehmigung der Bank zu der Schuldübernahme sei nicht zu erhalten, eine Chance, diese gleichwohl zu erreichen.

80

3.10 Erbrechtliche „Gegenleistungen"

Soweit außer dem Erwerber des im Weg der vorweggenommenen Erbfolge übertragenen Gegenstands weitere gesetzliche Erben des Veräußerers vorhanden sind, soll die Tatsache des Erwerbs oft im Hinblick auf die spätere Erbfolge berücksichtigt werden. Zu warnen ist hier vor laienhaften, untechnischen und dadurch ebenso auslegungsbedürftigen wie streitanfälligen

81

---

[211] Die Anwendung des § 416 BGB, der nur von Hypotheken spricht, auf Grundschulden, die zur Sicherung von Krediten dienen, ist heute kaum noch umstritten (vgl. MünchKomm/*Möschel*, § 416 Rdnr. 4 m.w.N.).

Formulierungen[212] wie etwa: „Der Empfänger soll nach Annahme der Zuwendung nichts mehr bekommen." oder: „Der Erwerber ist durch Vorempfänge abgefunden."

Korrekterweise muss eine rechtlich klare Regelung getroffen werden. Je nach dem angestrebten Ziel bieten sich an:

(1) Erbverzicht,
(2) Pflichtteilsverzicht,
(3) Pflichtteilsanrechnung,
(4) Anordnung der Ausgleichung.

3.10.1 Erbverzicht

82 Soll der im Weg der vorweggenommenen Erbfolge Bedachte vom übrigen Vermögen des Veräußerers nichts mehr erhalten, bietet sich auf den ersten Blick ein Erbverzicht des Erwerbers am Nachlass des Veräußerers an. Verwandte und der Ehegatte können durch einen Vertrag mit dem künftigen Erblasser auf ihr gesetzliches Erbrecht verzichten (§ 2346 I 1 BGB). Der Erblasser braucht dann keine letztwillige Verfügung mehr zu errichten, kann insbesondere deren Errichtung auch nicht „vergessen", denn der Erbverzicht führt unmittelbar zum Ausschluss des Verzichtenden von der gesetzlichen Erbfolge; er wird so angesehen, als sei er vor dem Erbfall gestorben (§ 2346 I 2 BGB), und hat auch kein Pflichtteilsrecht mehr.

Trotz dieses „Vorteils" ist ein Erbverzicht in aller Regel keine gute Lösung. Das gilt vor allem dann, wenn weitere pflichtteilsberechtigte Erben vorhanden sind und diese vom Veräußerer möglicherweise nicht gleichmäßig bedacht werden sollen; der Erbverzicht führt nämlich zur Erhöhung des Erbrechts und damit auch des Pflichtteilsrechts der anderen gesetzlichen Erben (§ 2310 S. 2 BGB).

Beispiel:
V hat zwei Hausgrundstücke, aber drei Kinder A, B und C. Er überträgt A ein Haus im Weg der vorweggenommenen Erbfolge, der damit hinsichtlich aller Ansprüche am Nachlass des V abgefunden sein soll. Das andere Haus soll B erhalten; sonst wird voraussichtlich nur geringfügiges Geldvermögen übrig bleiben. Erklärt A Erbverzicht und setzt V den B zu seinem Alleinerben ein, ist dieser einem Pflichtteilsanspruch des C in Höhe von ¼ des Nachlasses ausgesetzt (§ 2310 S. 2 BGB) und womöglich Pflichtteilsergänzungsansprüchen wegen der Schenkung an A (§ 2325 BGB), ebenso dieser als Beschenkter (§ 2329 BGB) jeweils nach derselben Quote. Erklärt A dagegen (nur) einen Pflichtteilsverzicht, dann wird er bei der Berech-

---

[212] Das betont *Jerschke*, in: Beck'sches Notar-Handbuch, Kap. A V. Rdnr. 79 mit Recht.

nung des Pflichtteils des C mitgerechnet; dieser beträgt deshalb nur 1/6 des Nachlasses.

Sollte tatsächlich einmal ein Erbverzicht gewünscht werden, muss ausdrücklich geklärt werden, ob er entsprechend der gesetzlichen Auslegungsregel des § 2350 II BGB nur zu Gunsten der anderen Abkömmlinge und des Ehegatten oder ohne Beschränkung erfolgen soll, um im Fall einer letztwilligen Verfügung zu Gunsten anderer Personen Streit zu vermeiden.

3.10.2 Pflichtteilsverzicht

Soll der im Wege der vorweggenommenen Erbfolge Bedachte nichts mehr aus   83
dem Nachlass erhalten, so empfiehlt sich normalerweise ein Pflichtteilsverzicht. Diesen behandelt das Gesetz als eine Unterart des Erbverzichts (§ 2346 II BGB); es gilt also auch hier der Grundsatz, dass er nur persönlich, nicht durch einen rechtsgeschäftlichen Vertreter abgeschlossen werden kann (§ 2347 II 1 BGB)[213] und notariell beurkundet werden muss (§ 2348 BGB). Derjenige, der verzichtet, kann dagegen diesen Verzicht durch einen Vertreter erklären; seine Vollmacht oder Genehmigung bedarf keiner Form (§§ 167 II, 182 BGB). Diese Regelung ist schwer verständlich, da ja nicht der Erblasser, sondern der Verzichtende der schutzwürdige Teil ist, der vor den weit reichenden Folgen seiner Erklärung durch Aufklärung eines Notars gewarnt werden müsste, aber geltendes Recht. Als Erblasser wird man sich allerdings möglichst gegen spätere Beweisschwierigkeiten absichern und die Erklärung des Verzichtenden zumindest in notariell beglaubigter Form verlangen. Wenn ein Pflichtteilsverzicht vorbehaltlich der Zustimmung des Verzichtenden beurkundet worden ist, kann diese Zustimmung jedenfalls nach der Rechtsprechung nur zu Lebzeiten des Erblassers erfolgen; eine nach seinem Tod erklärte Genehmigung oder Annahme eines entsprechenden Angebots wäre unwirksam.[214]

Der Pflichtteilsverzicht ändert am gesetzlichen Erbrecht nichts, sondern ermöglicht dem Veräußerer nur, eine Verfügung von Todes wegen zu errichten, ohne dass der vorgesehene Erbe Pflichtteilsansprüchen ausgesetzt ist. Trifft der Erblasser jedoch keine derartige Verfügung, dann hat der Pflichtteilsverzicht keine Auswirkung; es bleibt bei der gesetzlichen Erbfolge. Damit verhindert der Pflichtteilsverzicht statt des Erbverzichts – wie das obige Beispiel zeigt – die gar nicht gewünschte Begünstigung eines nicht als Erbe vorgesehenen Pflichtteilsberechtigten und vermindert vor allem auch etwaige Ansprüche gegen den Beschenkten nach § 2329 BGB. Der Rat, einen Erbverzicht abzuschließen, ist in allen Fällen, in denen noch Pflichtteilsansprüche anderer Personen in Betracht kommen, geradezu ein Kunstfehler. Mit einem

---

[213] Bei einem Verstoß kommt keine Heilung in Betracht; OLG Düsseldorf, NJW-RR 2002, 584.
[214] BGH, NJW 1997, 521.

Pflichtteilsverzicht kann man nichts falsch machen. Es darf nur die alsbaldige Errichtung einer Verfügung von Todes wegen nicht vergessen werden.[214a] Aus Haftungsgründen sollte der Vertragsgestalter seinen insoweit gegebenen Hinweis dokumentieren.

Formulierungsbeispiel:
Die Beteiligten wissen, dass der Pflichtteilsverzicht die gesetzliche Erbfolge unberührt lässt. Wird keine Verfügung von Todes wegen errichtet, ändert sich also nichts daran, dass der Verzichtende gesetzlicher Miterbe wird. Wird dagegen ein Testament errichtet oder ein Erbvertrag geschlossen, durch den der Verzichtende nicht oder geringer als nach gesetzlicher Erbfolge bedacht wird, kann er deswegen keine Pflichtteils- oder Pflichtteilsergänzungsansprüche geltend machen.

Zum Pflichtteilsverzicht anderer Personen als des Erwerbers des übertragenen Vermögens, insbesondere zum gegenständlichen und zum beschränkten Pflichtteilsverzicht s. unten Rdnr. 95 ff.

3.10.3 Pflichtteilsanrechnung

84 Soll der Erwerber nicht auf alle weiteren Ansprüche am Nachlass des Veräußerers verzichten, sondern nur sichergestellt werden, dass er nicht nebeneinander das Geschenk und seinen ungeminderten Pflichtteil erhält, ist die Pflichtteilsanrechnung (§ 2315 BGB) das richtige Gestaltungsmittel. Sie muss vor oder bei der Zuwendung angeordnet werden, wobei hieran hohe Anforderungen gestellt werden: Allgemein wird verlangt, dass sie ausdrücklich und in der Weise erfolgt, dass der Empfänger das Geschenk zur Vermeidung dieser Konsequenz zurückweisen kann.[215] Bei der Zuwendung einer Versicherungsleistung ist dies nicht schon der Zeitpunkt der Benennung als Bezugsberechtigter bei der Versicherung, sondern erst die Auszahlung der Versicherungsleistung.[216] Eine stillschweigende Anrechnung kommt aus Gründen der Rechtssicherheit nicht in Betracht;[217] einen Beweis des ersten Anscheins zu Gunsten des Erben für eine solche gibt es auch bei größeren Zuwendungen nicht.[218] Schließlich ist auch ein Hinweis in einer späteren letztwilligen Ver-

---

[214a] Was allerdings nicht selten geschieht; vgl. *J. Mayer*, ZEV 2007, 556.

[215] *J. Mayer*, Handbuch des Pflichtteilsrechts, § 11 Rdnr. 27.

[216] So überzeugend *J. Mayer*, Handbuch des Pflichtteilsrechts, § 11 Rdnr. 42.

[217] A. A. *Dauner-Lieb/Grziwotz/Hohmann-Dennert*, § 2325 Rdnr. 16 und auch OLG Köln, NJW-RR 2008, 240, Letzteres allerdings unter der Voraussetzung, dass sich der Erblasser so verhalten hat, dass der Empfänger dies spätestens bei Entgegennahme der Zuwendung als Bestimmung deuten musste – sodass sich im Ergebnis kaum ein Unterschied zur hier vertretenen Auffassung ergeben dürfte.

[218] OLG Koblenz, OLGR 2006, 591; a. A. *Soergel/Dieckmann*, § 2315 Rdnr. 5.

fügung nutzlos und kommt auch als Auslegungshilfe nicht in Betracht.[219] Die einzige nachträglich mögliche Bestimmung wäre die Pflichtteilsentziehung, an die die Rechtsprechung[220] aber derart hohe Voraussetzungen stellt, dass sie kaum je praktisch wird.

Die Pflichtteilsanrechnung hat zur Folge, dass der Pflichtteil aus dem um die Zuwendung erhöhten Nachlass zu berechnen ist, sich dieser fiktive Betrag aber um die Zuwendung vermindert. Es wird also nicht einfach die Zuwendung vom Pflichtteil abgezogen. Die Pflichtteilsanrechnung reduziert die Pflichtteilslast des Erben, führt aber zu keiner Rückzahlungsverpflichtung.[221]

Beispiel:
Der Witwer V hat drei Töchter, A, B und C. Er wendet der A im Wege der vorweggenommenen Erbfolge sein Wertpapierdepot im Wert von 120.000 € zu und bestimmt, daß A sich die Zuwendung auf ihren Pflichtteil anrechnen lassen muß. Er setzt B zur Alleinerbin ein und hinterläßt ihr insgesamt 840.000 €. Der Pflichtteilsanspruch der A gegen ihre Schwester beim Tod des V beträgt (840.000 + 120.000) : 6 – 120.000 = 40.000 €. Hätte A die Pflichtteilsanrechnung unterlassen, würde der Pflichtteilsanspruch der A 840.000 : 6 = 140.000 € betragen. Der Pflichtteilsanspruch der C beträgt 140.000 €; sie kann aber noch einen Pflichtteilsergänzungsanspruch von bis zu 20.000 € haben, wenn V innerhalb von zehn Jahren nach der Zuwendung gestorben ist (§ 2325 III BGB).

Die Erfahrung lehrt, dass manche Beteiligte annehmen, die Pflichtteilsanrechnung sei „selbstverständlich", andere hingegen diesem Rechtsinstitut völlig verständnislos gegenüberstehen. Deshalb ist es ein Kunstfehler, wenn in notariell beurkundeten Verträgen die Frage der Pflichtteilsanrechnung offen bleibt.[222] Schon damit dokumentiert wird, dass sich die Beteiligten des Problems überhaupt bewusst waren, ist entweder die (konstitutive) positive oder die (deklaratorische) negative Aussage über die Pflichtteilsanrechnung in jedem Fall in die Urkunde aufzunehmen. Fehlt eine solche Angabe, bleibt mitunter offen, ob mit der Zuwendung der Erwerber wegen seiner übrigen Ansprüche auf den Pflichtteil beschränkt werden sollte (dann Pflichtteilsanrechnung) oder aber der Empfänger nur lediglich zeitlich vorgezogen bedacht wurde, es aber im Übrigen bei den rechtlichen Wirkungen einer Zuwendung im Erbfall verbleiben soll (dann Ausgleichung).

85

---

[219] Zu großzügig *Mohr,* ZEV 1999, 257; *Jerschke,* in: Beck'sches Notar-Handbuch, Kap. A V. Rdnr. 83.

[220] Vgl. etwa BGH, NJW 1990, 911.

[221] Ein etwaiger Pflichtteilsergänzungsanspruch (§ 2329 BGB) ist nach Grund und Höhe von der Pflichtteilsanrechnung unabhängig.

[222] So geschehen im Fall BGH, 27. 1. 2010 – IV ZR 91/09, FamRZ 2010, 640, in dem lediglich angegeben war, die Überlassung erfolge „im Wege vorweggenommener Erbfolge unentgeltlich".

Bei nicht notariell beurkundeten Vereinbarungen taucht oft das Problem auf, dass der Veräußerer „Anrechnung auf den Erbteil" bestimmt hat – ein Rechtsinstitut, das es gar nicht gibt. Damit ist in jedem Fall eine Anordnung der Ausgleichung bestimmt (vgl. dazu unten Rdnr. 86), normalerweise aber nicht die Anrechnung auf den Pflichtteil,[223] einfach deshalb, weil eine Anrechnung auf den Pflichtteil die Rechte des Empfängers wesentlich mehr beschränkt als eine Anrechnung auf den Erbteil.

Maßgeblicher Bewertungszeitpunkt ist der Zeitpunkt der Zuwendung (§ 2315 II 2 BGB). Wenn der Erblasser stattdessen den Zeitpunkt des Erbfalls als maßgeblich bestimmt, ist eine solche Bestimmung nur gültig, wenn dadurch der Pflichtteil des Erwerbers nicht geschmälert wird.[224]

Möglich, aber selten praktisch ist auch die Anrechnung mit einem von den Vertragsbeteiligten festgelegten Anrechnungswert. Ist dieser geringer als der tatsächliche Wert der Zuwendung, liegt eine teilweise Anrechnung vor, ist dieser höher als der tatsächliche Wert der Zuwendung, handelt es sich in Wahrheit um einen beschränkten Pflichtteilsverzicht, der dann wirksam ist, wenn seine besonderen Formalien (insbesondere: persönlicher Abschluss durch den Erblasser, § 2347 II BGB) eingehalten sind. Wenig praktisch ist eine Wertangabe vor allem deswegen, wenn dabei unklar bleibt, ob der genannte Betrag an Geldwertveränderungen anzupassen ist, also ein inflationsbedingter Scheingewinn herauszurechnen ist oder nicht.[225]

Schließlich ist zu beachten, dass eine Anrechnung immer nur auf den Pflichtteil am Nachlass des Schenkers, nicht seines Ehegatten erfolgen kann. Das ist insbesondere dann von Bedeutung, wenn das zur Verteilung unter mehrere Kinder vorgesehene Vermögen teils im Eigentum des Vaters und teils im Eigentum der Mutter steht. Überträgt zunächst der Vater sein Vermögen an das erste Kind in der Absicht, dass das zweite Kind später oder auch erst von Todes wegen das Vermögen der Mutter erhalten solle, erfordert eine pflichtteilsfeste Gestaltung einen beschränkten Pflichtteilsverzicht des ersten Kindes gegenüber der Mutter hinsichtlich des Vermögens, das dem zweiten Kind zufallen soll.[226]

---

[223] OLG Schleswig, ZEV 2008, 386 mit Anm. von *Keim*; *Staudinger/Haas*, § 2315 Rdnr. 23 hält dies „ausnahmsweise im Einzelfall" für möglich.

[224] *Keim*, MittBayNot 2008, 8; a. A. OLG Nürnberg, ZEV 2006, 361; *v. Hoyenberg*, Rdnr. VII 14, die die Bestimmung auf den Tag des Erbfalls in jedem Fall für zulässig halten.

[225] *Jerschke*, in: Beck'sches Notar-Handbuch, Kap. A V. Rdnr. 84 geht von einer Inflationsbereinigung als selbstverständlich aus. Die zur Begründung herangezogene Entscheidung BGH, NJW 1983, 1485 (1486) betrifft aber nicht eine vertraglich vereinbarte Anrechnung.

[226] Vgl. *Mohr*, ZEV 1999, 257.

3.10.4 Anordnung der Ausgleichung

Als weitere Möglichkeit der Berücksichtigung von Zuwendungen im Wege 86
der vorweggenommenen Erbfolge sieht das Gesetz die Anordnung der Ausgleichung (§ 2050 III BGB) vor, wenn der Erwerber ein Abkömmling des Veräußerers ist; bei Ausstattungen und den Zuwendungen des § 2050 II BGB ist das Regel-Ausnahme-Verhältnis umgekehrt; sie sind also in jedem Fall auszugleichen, wenn nicht der Erblasser etwas anderes bestimmt hat. § 2050 BGB gilt nicht nur bei gesetzlicher Erbfolge, sondern auch dann, wenn die Abkömmlinge Testamentserben werden, aber im gleichen Verhältnis, wie sie es als gesetzliche Erben geworden wären (§ 2052 BGB).

Da auch bei der Ausgleichung die Beteiligten oft keine oder eine unrichtige Vorstellung von der gesetzlichen Regelung haben und zudem die Einordnung einer Zuwendung in die Absätze des § 2050 BGB mitunter zweifelhaft sein kann, ist hier ebenso wie bei der Pflichtteilsanrechnung eine eindeutige positive oder negative Anordnung geboten. Wie dort ist auch hier eine spätere Nachholung nicht möglich, wenn sie bei der Zuwendung versäumt worden ist,[227] und ist eine bezifferte Anordnung durch Angabe des von den Beteiligten zu Grunde gelegten Werts möglich, eine solche Angabe aber nicht empfehlenswert.[228] Sollte ein höherer als der Verkehrswert festgesetzt werden, würde dies zudem die Einhaltung der Formvorschriften einer letztwilligen Verfügung erfordern (Zuwendung an die übrigen Abkömmlinge!);[229] in den Pflichtteil des Beschenkten könnte sie ohnehin nur eingreifen, wenn dieser einen Pflichtteilsverzicht erklärt hat.

In keinem Fall muss der Empfänger etwas von dem, was er bereits erhalten hat, herausgeben (§ 2056 I BGB). Die Ausgleichung erfolgt bei der Erbauseinandersetzung; maßgeblich sind die Wertverhältnisse zum Zeitpunkt der Zuwendung (§ 2055 II BGB); reale Wertsteigerungen bis zum Erbfall bleiben außer Betracht. Durchgeführt wird sie in der Weise, dass dem Nachlass zunächst alle ausgleichspflichtigen Zuwendungen hinzugerechnet werden, dann die Erbteile ermittelt werden und schließlich hiervon die ausgleichspflichtige Zuwendung wieder abgezogen wird.

Hätte im obigen Beispiel (Rdnr. 84) V bei der Zuwendung an A lediglich die Ausgleichung angeordnet und kein Testament gemacht, sodass A, B und C seine gesetzlichen Erben gewesen wären, hätten aus dem Nachlass von 840.000 € B und C je (840.000 + 120.000) : 3 = 320.000 € und A (840.000 + 120.000) : 3 – 120.000 = 200.000 € erhalten.

---

[227] Möglich ist nur ein Vermächtnis zu Gunsten der übrigen Abkömmlinge, das aber den Pflichtteil nicht beeinträchtigen kann; *v. Hoyenberg,* Rdnr. I 106; BGH, NJW 1982, 575.

[228] A. A. *Jerschke,* in: Beck'sches Notar-Handbuch, Kap. A V. Rdnr. 88.

[229] Das bedenkt *v. Hoyenberg,* Rdnr. I 107 nicht.

87   Wenn der Bedachte nicht mehr Erbe werden soll, hat die Anordnung der Ausgleichung nur eine geringe Wirkung in Gestalt der Pflichtteilsausgleichung (§ 2316 BGB). Man kann sie deshalb nur ausnahmsweise empfehlen, zudem sie auch noch den Pflichtteil der anderen Abkömmlinge – die keine Zuwendung im Weg der vorweggenommenen Erbfolge erhalten haben – erhöht.[230]

Im obigen Beispiel (Rdnr. 84) würde, wenn V lediglich bestimmt hat, daß A die Zuwendung zur Ausgleichung zu bringen hat, aber B wie eingangs zur Alleinerbin eingesetzt hat, der Pflichtteil der A [(840.000 + 120.000) : 3 – 120.000] : 2 = 100.000 € (statt 40.000 €) betragen; der Pflichtteilsanspruch der C würde 160.000 € (statt 140.000 €) betragen, ohne Rücksicht darauf, ob V innerhalb der Frist des § 2325 III BGB gestorben ist; es handelt sich nämlich nicht um einen Pflichtteilsergänzungsanspruch.

Diese möglicherweise unerwünschte Folge kann man aber ausschließen, wenn man bestimmt, dass die Ausgleichungspflicht nur bei Eintritt der gesetzlichen Erbfolge gelten, aber keine Pflichtteilswirkungen haben soll.[231]

Formulierungsvorschlag:
Der Erwerber hat den heutigen Wert seines Erwerbs bei Eintritt der gesetzlichen Erbfolge mit den übrigen Abkömmlingen des Veräußerers auszugleichen. Dies gilt allerdings nur, wenn beim Tod des Veräußerers die gesetzliche Erbfolge eintritt und soll keinen Einfluss auf die Höhe von Pflichtteilsansprüchen haben.

Weitere Probleme ergeben sich, wenn der im Weg der vorweggenommenen Erbfolge übertragene Gegenstand mehr wert ist als der gesetzliche Erbteil des Empfängers, sodass dieser nach § 2056 S. 2 BGB bei der Ausgleichung nicht zu berücksichtigen ist.[232] Auch eine Kombination von Pflichtteilsanrechnung und Ausgleichung ist nicht sinnvoll, da sie ebenfalls eine geringere Wirkung hat als die reine Pflichtteilsanrechnung nach § 2315 BGB und ebenso die Ansprüche anderer Pflichtteilsberechtigter erhöht.

Ist eine Ausgleichungsbestimmung bei der Zuwendung getroffen worden, kann sie der Erblasser durch letztwillige Verfügung aufheben; der Sache nach handelt es sich dabei um ein Vermächtnis zu Gunsten des im Weg der vorweggenommenen Erbfolge Bedachten.

---

[230] Deshalb verfehlt auch der von *Sostmann*, MittRhNotK 1976, 479 vorgeschlagene Vorbehalt „falls sich nicht hierdurch sein Pflichtteil im Gegensatz (?) zur bloßen Pflichtteilsanrechnung erhöht" seinen Zweck.

[231] Vorschlag von *Jerschke*, in: Beck'sches Notar-Handbuch, Kap. A V. Rdnr. 90.

[232] Zu diesem Fall vgl. BGH, NJW 1988, 821.

4 Vereinbarungen mit Dritten

4.1 Pflichtteilsergänzungsanspruch

Immer dann, wenn zu erwarten ist, dass beim Tod des Schenkers außer dem *88* Erwerber weitere pflichtteilsberechtigte Personen vorhanden sind, müssen beim Vertragsschluss deren Pflichtteilsansprüche bedacht werden. Zwar beschränken sich die eigentlichen Pflichtteilsansprüche auf dasjenige Vermögen, das beim Tod des Schenkers noch vorhanden ist, umfassen also nicht den Gegenstand der vorweggenommenen Erbfolge. Wer Pflichtteilsansprüche hat, dem können daneben allerdings auch Pflichtteilsergänzungsansprüche zustehen, wenn die Voraussetzungen des § 2325 BGB vorliegen; ist der Erbe nicht ergänzungspflichtig, richtet sich der Anspruch gegen den Beschenkten (§ 2329 BGB).

Die neuere Rechtsprechung neigt dazu, Streitfragen aus dem Pflichtteilsrecht im Zweifel zu Gunsten des Pflichtteilsberechtigten zu entscheiden; das BVerfG hat diesem Recht mit freilich sehr anfechtbarer Begründung Verfassungsrang zuerkannt.[233] Dagegen neigen mit der Gestaltung der vorweggenommenen Erbfolge befasste Berater und die von diesen verfasste Literatur[234] dazu, deren Rechte nach Möglichkeit zu verkürzen; nicht zu Unrecht ist davon gesprochen worden, zwischen dem IV. Senat des BGH und einem Teil des Notariats werde „ein juristischer Kampf ausgetragen".[235]

Als Schenkungen werden im Rahmen des § 2325 BGB auch gemischte *89* Schenkungen,[236] Schenkungen unter Auflage[237] und ehebezogene Zuwendungen[238] angesehen; auch ein Zuwendungsnießbrauch kann Gegenstand einer ergänzungspflichtigen Schenkung sein.[239]

Beispiel:
Der Vater V schenkt seiner Tochter T ein ihm gehörendes Mietwohngrundstück, an der ihm und aufschiebend bedingt durch sein Ableben, seiner Ehefrau E der Nießbrauch eingeräumt wird. Der Wert dieser Zuwendung an E ist der unter Berücksichtigung der Lebenserwartung der E beim Tod des V kapitalisierte Wert des Nießbrauchs.

---

[233] BVerfG, NJW 2005, 1561 (1562).

[234] Ein besonders abschreckendes Beispiel: *Herrler,* notar 2010, 92.

[235] So Klingelhöffer, Rdnr. 321.

[236] OLG Bamberg, FamRZ 2008, 1031.

[237] Die Auflage wird dabei ohne Rücksicht auf den dogmatischen Unterschied wie die Gegenleistung einer gemischten Schenkung als Abzugsposten behandelt; BGH, NJW-RR 1996, 705.

[238] BGH, NJW 1992, 564.

[239] OLG Koblenz, FamRZ 2002, 772.

Die Zuwendung einer Lebensversicherung ist nach bisher herrschender Auffassung Schenkung in Höhe der Summe der gezahlten Prämien (nicht der ausgezahlten Versicherungssumme);[240] neuerdings wird jedoch – insbesondere bei widerruflicher Bezugsberechtigung – auch die gegenteilige Auffassung vertreten.[241] Die Abfindung für einen Erbverzicht ist hingegen nach der Rechtsprechung keine ergänzungpflichtige Schenkung, wenn sie sich im Zeitpunkt der Erbringung „der Höhe nach im Rahmen der Erberwartung des Verzichtenden hält."[242] Der BGH stützt seine Auffassung maßgeblich darazuf, dass sich infolge des Erbverzichts die Pflichtteilsquote der anderen Abkömmlinge erhöht; es ist deshalb zweifelhaft, ob im Fall des Pflichtteilsergänzungsanspruchs des Ehegatten (der sich beim gesetzlichen Güterstand nicht erhöht) ebenso zu entscheiden ist. Zweifelhaft ist aus dem gleichen Grund, ob die Abfindung für einen Pflichtteilsverzicht ergänzungpflichtige Schenkung ist.[243]

Dagegen ist es keine Schenkung, wenn jemand ein ihm zustehendes Recht nicht ausübt. Wenn also der zum Vorerben eingesetzte Ehemann die Vorerbschaft annimmt, anstatt seinen Pflichtteil zu verlangen, stellt das keine Schenkung zu Gunsten der Nacherben dar, aus der sich Pflichtteilsergänzungsansprüche beim Tod des Ehemanns ergeben könnten.[244] Auch der allseitige Ausschluss der Abfindung beim Ausscheiden eines Gesellschafters im Todesfall wird grundsätzlich[245] als gesellschaftsrechtlicher Vorgang angesehen, der keine Pflichtteilsergänzungsansprüche auslösen kann.[246]

90 Gegenleistungen des Erwerbers mindern aber den Wert der Schenkung, der dem Nachlass hinzugerechnet wird (s. oben Rdnr. 28 ff.);[247] soweit es sich um in der Vergangenheit erbrachte Dienstleistungen handelt, besteht für eine Indexierung kein Anlass.[248] Allerdings können überhaupt nur solche Gegenleistungen berücksichtigt werden, die für den Veräußerer einen tatsächlichen Gegenwert für den hergegebenen Vermögensgegenstand darstellen.[249] Insbesondere wird der Erb- oder Pflichtteilsverzicht des Erwerbers nicht als

---

[240] Ständige Rechtsprechung, zuletzt BGH, NJW 1987, 3131 (3132) und OLG Stuttgart, NJW-RR 2008, 389. Aus BGH, 23. 10. 2003 – IX ZR 252/01, NJW 2004, 214 ergibt sich nichts anderes; diese Entscheidung betrifft nur die insolvenzrechtliche Behandlung.

[241] OLG Düsseldorf, ZEV 2008, 292. Gegen diese Entscheidung ist Revision zum BGH eingelegt.

[242] BGH, 3. 12. 2008 – IV 58/07, NJW 2009, 1143.

[243] Verneinend *Klingelhöffer*, Rdnr. 596.

[244] BGH, 26. 9. 2001 – IV ZR 198/00, NJW 2002, 672.

[245] Anders kann es bei erheblicher „Risikodisparität" (insbesondere: wesentlicher Altersunterschied der Gesellschafter) sein; vgl. BGH, NJW 1981, 1956 (1957).

[246] BGH, DNotZ 1966, 620; kritisch *Bamberger/Roth/J. Mayer*, § 2325 Rdnr. 15.

[247] Vgl. auch PWW/*Deppenkemper*, § 2325 Rdnr. 28; OLG Brandenburg, FamRZ 1998, 1177; OLG Koblenz, FamRZ 2002, 772.

[248] OLG Oldenburg, OLGR 2008, 157.

[249] So mit Recht *J. Mayer*, Übergabevertrag, Rdnr. 71.

„Gegenleistung" anerkannt.[250] Für die Frage, ob hiernach Unentgeltlichkeit vorliegt, kommt es auf den Zeitpunkt der Zuwendung und nicht auf die Wertverhältnisse im Zeitpunkt des Erbfalls an;[251] allerdings ist auch die nachträgliche Vereinbarung einer Gegenleistung für die Pflichtteilsergänzung zu berücksichtigen, und zwar ohne Rücksicht darauf, ob diese Gegenleistung beim Erbfall noch im Nachlass vorhanden ist.[252]

Auf den Pflichtteilsergänzungsanspruch sind Eigengeschenke anzurechnen, die der Anspruchsteller erhalten hat; das gilt auch bei einer gemischten Schenkung, und ohne, dass es insoweit auf die Zehnjahresfrist ankäme.[253]

Voraussetzung jeder Pflichtteilsergänzung ist nach heftig bestrittener, aber **91** vor einiger Zeit noch einmal bestätigter Rechtsprechung des BGH,[254] dass der Anspruchsteller zum Zeitpunkt der Schenkung bereits pflichtteilsberechtigt war.

Beispiel:
Die verwitwete F hat 2008 ihr wesentliches Vermögen im Weg der vorweggenommenen Erbfolge an ihre Tochter T übertragen. 2009 heiratet sie wieder und stirbt kurz darauf. Der Ehemann M macht gegen T Pflichtteilsergänzungsansprüche wegen der Vermögensübertragung auf die T geltend. Nach der Rechtsprechung des BGH ist das Begehren unbegründet, da M im Jahre 2008 noch nicht pflichtteilsberechtigt war.

Dieser Grundsatz ist von der Instanzrechtsprechung auch auf den Fall übertragen worden, dass ein Pflichtteilsrecht, das an sich zum Zeitpunkt der Schenkung bestanden hat, zum Zeitpunkt des Erbfalls durch Vorversterben erloschen ist und stattdessen das Pflichtteilsrecht eines Abkömmlings besteht.[255]

Beispiel:
M hat 2008 sein wesentliches Vermögen im Weg der vorweggenommenen Erbfolge auf seine Tochter T übertragen; sein Sohn S ist leer ausgegangen. Im Jahre 2009 verstirbt zunächst S und dann M. E, der Sohn des S, macht gegen seine Tante T Pflichtteilsergänzungsansprüche wegen der Vermögensübertragung auf die T geltend – ohne Erfolg.

---

[250] BGH, DNotZ 1992, 38; vgl. aber auch OLG Hamm, NJW 1999, 3643; *Pentz*, MDR 2000, 338; *Mauch*, BWNotZ 1995, 88; *Klingelhöffer*, Rdnr. 351.

[251] BGH, 17. 4. 2002 – IV ZR 259/01, NJW 2002, 2469.

[252] BGH, 14. 2. 2007 – IV ZR 258/05, Rpfleger 2007, 323 = ZEV 2007, 326 mit Anm. von *Kornexl*.

[253] OLG Koblenz, OLGR 2005, 113.

[254] BGH, NJW 1997, 1627.

[255] LG Dortmund, ZEV 1999, 30 mit abl. Anm. von *Otte*.

92   Vor allem bei der Übertragung von Vermögensgegenständen, insbesondere Grundstücken, unter Vorbehalt des Nießbrauchs oder anderer Nutzungsrechte, wird § 2325 II 2 BGB praktisch: Maßgeblich ist der Wert zum Zeitpunkt der Übertragung oder der Wert zum Zeitpunkt des Todes des Veräußerers, je nachdem, welcher der geringere ist (sog. Niederstwertprinzip); dabei ist der Wert zum Zeitpunkt der Übertragung unter Berücksichtigung des Kaufkraftschwundes nach dem Lebenshaltungskostenindex auf den Wert zum Zeitpunkt des Todes des Veräußerers umzurechnen.[256] Kommt es hiernach auf den Wert zum Zeitpunkt des Todes des Veräußerers an, bleibt das Nutzungsrecht unberücksichtigt; kommt es auf den Wert zum Zeitpunkt der Übertragung an, dann ist nach der Rechtsprechung des BGH der kapitalisierte Wert des Nutzungsrechts – bei der regelmäßig auf die verbleibende durchschnittliche Lebensdauer des Schenkers anhand der neuesten Sterbetafel abzustellen ist (s. oben Rdnr. 30) – hiervon abzuziehen, denn nur den Restwert hat der Veräußerer durch die Zuwendung aus seinem Vermögen ausgegliedert.[257] Insbesondere ein bei einer Schenkung in mittlerem Alter vorbehaltener Nießbrauch kann einen erheblichen Teil des pflichtteilsergänzungsrelevanten Werts der Schenkung aufzehren, wenn eine Werterhöhung erfolgt ist.[258]

In Zeiten stagnierender Grundstückspreise kann das Ergebnis der Anwendung des Niederstwertprinzips allerdings in hohem Maße zufällig sein.

Beispiel:
Der Wert des übertragenen Grundbesitzes beträgt zum Zeitpunkt der Übertragung 100.000 €; der kapitalisierte Wert eines vorbehaltenen Nießbrauchs 44.000 €. Steigt der Wert des Grundbesitzes bis zum Erbfall auf 110.000 €, dann ist der Nießbrauchswert abzuziehen, sodass der maßgebende Wert für die Pflichtteilsergänzung 56.000 € beträgt. Fällt der Wert des Grundbesitzes bis zum Erbfall hingegen auf 90.000 €, dann darf der Nießbrauchswert nicht abgezogen werden, so daß der maßgebende Wert für die Pflichtteilsergänzung 90.000 € beträgt.

Es existieren allerdings mehrere Entscheidungen von Oberlandesgerichten, die dieser Berechnungsmethode in offener Abweichung von der Rechtsprechung des BGH nicht folgen;[259] auch in der Literatur wird diese Rechtsprechung vielfach abgelehnt.[260]

---

[256] Vgl. zu dieser Umrechnung BGH, NJW 1994, 1791 (1792); OLG Schleswig, FamRZ 2009, 734; a. A. *Pentz*, FamRZ 1997, 724.

[257] BGH, 16. 7. 2003 – IV ZR 73/03, FamRZ 2003, 1552, und 8. 3. 2006 – IV ZR 263/04, NJW-RR 2006, 877; vgl. auch *Hohloch*, JuS 1993, 164.

[258] S. das Berechnungsbeispiel bei *Reimann/Bengel/J. Mayer*, Abschn. A Rdnr. 165 ff. Dabei dürfte es entgegen *J. Mayer*, Übergabevertrag, Rdnr. 435 nicht darauf ankommen, wann der Veräußerer stirbt, da der Wert des Nießbrauchs abstrakt nach der voraussichtlichen Lebensdauer zu berechnen ist; s. oben Rdnr. 30.

[259] Nachweise bei *Klingelhöffer*, Rdnr. 337 in Fn. 361.

[260] *Link*, ZEV 2005, 283; *Joachim*, ZEV 2006, 504.

Besondere Bedeutung hat die Zehnjahresfrist des § 2325 III BGB, nach deren Verstreichen Pflichtteilsergänzung wegen des weggegebenen Gegenstands bei Schenkungen an andere Personen als den Ehegatten des Schenkers[261] und damit bei den meisten Vorgängen im Wege der vorweggenommenen Erbfolge grundsätzlich nicht mehr verlangt werden kann. Sie rechtfertigt sich daraus, dass mit wachsendem zeitlichen Abstand zwischen Schenkung und Tod ein die Gleichbehandlung mit dem Erwerb durch Erbfall rechtfertigender Zusammenhang immer weniger und nach einem erheblichen Zeitraum – den der Gesetzgeber auf zehn Jahre bestimmt hat – überhaupt nicht mehr angenommen werden kann. **93**

Die Frist beginnt mit der „Leistung" des Zuwendungsgegenstands. Hierunter versteht die Rechtsprechung bei beweglichen Sachen den Eigentumsübergang, bei Grundbesitz die Umschreibung im Grundbuch,[262] also nicht die Beurkundung und auch nicht die Antragstellung beim Grundbuchamt. Aber es kommt noch schlimmer: Wegen dieses Zwecks der Zehnjahresfrist genügt es nach der neueren Rechtsprechung[263] nicht, dass der Schenker alles getan hat, was von seiner Seite für den Erwerb des Leistungsgegenstands durch den Beschenkten erforderlich ist.[264] Vielmehr bleibt es bei der Pflichtteilsergänzung, wenn der Schenker aufgrund vorbehaltener Rechte den weggegebenen Gegenstand im Wesentlichen weiter selbst nutzt, also die Folgen der Weggabe noch nicht selbst zu tragen hat.[265]

Dies ist sicherlich der Fall, wenn sich der Veräußerer den Nießbrauch an dem Vertragsgegenstand vorbehält;[266] in anderen Fällen kann man trefflich streiten, ob die nach dieser Rechtsprechung erforderliche „wirtschaftliche Ausgliederung" bereits stattgefunden hat. Die Entscheidung, welches Vermögensopfer als hinreichend spürbar anzuerkennen ist, ist eine reine Wertungsfrage.[267]

Zweifelhaft ist deshalb der Beginn der Zehnjahresfrist bei einem vom Veräußerer vorbehaltenen Wohnungsrecht, das nur einen Teil des Vertragsgegenstands umfasst, während dem Erwerber der restliche Teil zur Nutzung zugewiesen ist; die veröffentlichte Rechtsprechung geht hier davon aus, dass der **94**

---

[261] Auf voreheliche Schenkungen an den späteren Ehegatten ist die Zehnjahresfrist hingegen anwendbar (OLG Düsseldorf, NJW 1996, 3156), ebenso auf Schenkungen an den Partner einer nichtehelichen Lebensgemeinschaft (*Leipold*, ZEV 2001, 218).

[262] BGH, NJW 1988, 821; zustimmend *Butz-Petzoldt*, S.102; kritisch *Behmer*, Rpfleger 1986, 422.

[263] Eine Änderung wegen der gesetzlichen Neuregelung zum 1. 1. 2010 ist nicht zu erwarten; vgl. *J. Mayer*, ZEV 2010, 2 (7).

[264] So aber noch BGH, NJW 1970, 1638.

[265] BGH, NJW 1994, 1791; ebenso *Draschka*, Rpfleger 1992, 419; *Butz-Petzoldt*, S.104; ablehnend *Frank*, JR 1987, 243.

[266] So im Anschluss an BGH, NJW 1994, 1791 auch OLG Schleswig, SchlHAnz. 1997, 11; vgl. auch *Draschka*, Rpfleger 1995, 71.

[267] So mit Recht *Kollhosser*, AcP 1994 (1994), 231 (263).

Vorbehalt einzelner Zimmer oder einer von zwei übertragenen Wohnungen den Fristbeginn nicht hindere.[268] Wo die Grenze liegt und ob sie objektbezogen oder im Hinblick auf das Gesamtvermögen des Veräußerers zu bestimmen ist,[269] bleibt unentschieden, ebenso, ob die früher aus steuerlichen Gründen beliebte Konstruktion, statt vorbehaltenen Nießbrauchs einen Mietvertrag abzuschließen und gleichzeitig eine Geldforderung als dauernde Last zu begründen[270] (vgl. dazu o. Rdnr. 74) die Zehnjahresfrist in Lauf zu setzen vermag und wie beim fremdgenutzten Objekt die Übertragung gegen eine in ihrem Wert etwa dem Ertrag aus dem Nießbrauch entsprechende dauernde Last zu beurteilen ist.[271]

Zweifelhaft ist auch, ob Rückerwerbsrechte aus bestimmten, in der Urkunde bezeichneten Gründen oder gar ein freies Widerrufsrecht den Beginn des Fristlaufs hindern.[272] Wenig überzeugend ist es, hier darauf abzustellen, dass das Rückerwerbsrecht bis zu seiner Ausübung keinen unmittelbaren Vermögenswert habe.[273] Zumindest bei einem freien Rückerwerbsrecht hat der Schenker das Objekt weiterhin „in der Hand"; er kann sein Recht jederzeit aktualisieren.[274] Andererseits ist eine instanzgerichtliche Entscheidung, die bei einem Rückerwerbsrecht im Fall der Verfügung über den geschenkten Grundbesitz ohne Zustimmung des Schenkers den Beginn des Fristlaufs verneint hat,[275] in der Literatur einhellig kritisiert worden. Entscheidend muss stets eine wirtschaftliche Betrachtungsweise sein. Deshalb ist bei Vereinbarung eines umfassenden Rückerwerbsrechts *und* eines Wohnungsrechts für den Schenker mit Recht der Beginn des Fristablaufs verneint worden.[276]

4.2 Pflichtteilsverzicht

95 Sehr oft werden deshalb in Verträgen über die vorweggenommene Erbfolge Pflichtteilsverzichte von Geschwistern des Erwerbers im Hinblick auf Zahlungen vereinbart, die der Erwerber (oder auch der Veräußerer) aus diesem Anlass leistet.

---

[268] OLG Karlsruhe, NJW-RR 2008, 601; OLG Oldenburg, ZEV 2006, 60; OLG Düsseldorf, FamRZ 1997, 1114; s. aber auch OLG München, FamRZ 2008, 2311: kein Fristbeginn bei Nutzung „des gesamten Hauses mit Ausnahme der Souterrainwohnung". Im Hinblick darauf, dass niemand voraussagen kann, wo ein Gericht im Streitfall die Grenze ziehen wird, spricht *Butz-Petzoldt*, S. 113 treffend von einem Pokerspiel mit ungewissem Ausgang.

[269] Vgl. dazu *N. Mayer*, ZEV 1994, 325 (329); *Heinrich*, MittRhNotK 1995, 157 (163).

[270] Vgl. dazu *Butz-Petzoldt*, S. 114.

[271] Vgl. dazu *Lange/Kuchinke*, § 39 IX 4a und *Gehse*, RNotZ 2009, 361 (370 f.).

[272] Vgl. dazu *Gehse*, RNotZ 2009, 361 (368 ff.); *N. Mayer*, ZEV 1994, 325 (329 f.).

[273] So *Staudinger/Olshausen*, § 2325 Rdnr. 59.

[274] Zutreffend *Herrler*, notar 2010, 92 (100).

[275] OLG Düsseldorf, DNotZ 2009, 67 mit abl. Anm. von *Diehn*; a. A. *v. Hoyenberg*, Rdnr. I 90.

[276] OLG München, FamRZ 2008, 2311.

4.2.1 Umfang

Der Pflichtteilsverzicht kann das gesamte Vermögen des Veräußerers betreffen, aber auch einzelne Vermögensgegenstände; Geschwister des Erwerbers verzichten häufig auf ihr Pflichtteilsrecht gegenständlich beschränkt auf das übertragene Vermögen, was allgemein als zulässig angesehen wird.[277]

Bei der Formulierung sollte beachtet werden, dass der Begriff „Pflichtteilsanspruch" nicht notwendig auch den Pflichtteilsergänzungsanspruch erfasst. Dagegen erscheint es nicht notwendig, den sog. „Zusatzpflichtteil" (§ 2316 BGB) ausdrücklich zu erwähnen. Auch der sich aus § 2316 BGB ergebende Betrag ist „der Pflichtteil", sodass eine ausdrückliche Erwähnung dieser Vorschrift entbehrlich scheint.[278]

Sowohl mit einem umfassenden als auch mit einem beschränkten Pflichtteilsverzicht kombiniert werden kann die sog. „Gleichstellungserklärung" von Geschwistern. Der Sache nach handelt es sich dabei um einen Erbschaftsvertrag nach § 311b V BGB, der die Wirkung hat, dass nicht nur Pflichtteils- oder Pflichtteilsergänzungsansprüche, sondern auch Ausgleichungsansprüche (aus der gegenwärtigen als auch aus früheren Zuwendungen) ausgeschlossen sind.

Formulierungsbeispiele:

(1) Umfassender Pflichtteilsverzicht:
Im Hinblick auf die bisherigen Zuwendungen seitens der Eltern und die in diesem Vertrag vereinbarten Leistungen verzichtet N. N. für sich und seine Abkömmlinge auf sein gesetzliches Pflichtteilsrecht am Nachlass seiner Eltern. Die Eltern nehmen diesen Verzicht an. Der Verzicht umfasst auch die Pflichtteilsergänzungsansprüche.

(2) Gegenständlich beschränkter Pflichtteilsverzicht:
Im Hinblick auf die bisherigen Zuwendungen seitens der Eltern und die in diesem Vertrag vereinbarten Leistungen verzichtet N. N. für sich und seine Abkömmlinge auf sein gesetzliches Pflichtteilsrecht am Nachlass seiner Eltern beschränkt auf den heutigen Vertragsgegenstand, sodass dessen Wert bei der Berechnung solcher Ansprüche außer Betracht bleibt.
Die Eltern nehmen diesen Verzicht an. Der Verzicht umfasst auch die Pflichtteilsergänzungsansprüche. Für das übrige Vermögen der Eltern behält sich N. N. alle seine gesetzlichen Rechte und Ansprüche vor.

(3) Gleichstellungserklärung:
Der Erwerber und N.N. erklären, dass sie sich im Hinblick auf die bisherigen und die in diesem Vertrag enthaltenen Zuwendungen der Eltern völ-

---

[277] Für alle PWW/*Deppenkemper*, § 2346 Rdne. 7; *Fette*, NJW 1970, 743; a. A. zuletzt *Schopp*, Rpfleger 1984, 175.

[278] A. A. *J. Mayer*, Übergabevertrag, Rdnr. 288.

lig gleichstehen und aus heutiger Sicht beim Tod der Eltern keinerlei Ausgleichsansprüche gegeneinander bestehen würden.

96 Zweifelhaft ist, ob es auch erforderlich ist, dass der mit der Vermögensübertragung einverstandene Ehegatte des Veräußerers ausdrücklich auf sein Pflichtteilsrecht verzichtet und ob bei der Vermögensübertragung durch Ehegatten zusätzlich ein gegenständlich beschränkter Pflichtteilsverzicht des Längerlebenden am Nachlass des Erststerbenden erforderlich ist.

Beispiel:
Die Mutter M überträgt mit Zustimmung des Vaters V eine Immobilie an ihre Tochter T. M und V versterben kurz nacheinander. Der Sohn S macht nun gegen T den auf ihn durch Erbfolge übergangenen Pflichtteilsergänzungsanspruch des V am Nachlass der M geltend.

Richtigerweise wird man annehmen müssen, dass in der Zustimmung des V zugleich ein konkludenter Pflichtteilsverzicht liegt, der jedenfalls bei einer Immobilie wegen notarieller Beurkundung formgerecht ist (§ 2348 BGB), oder dass die Geltendmachung des Pflichtteilsergänzungsanspruchs durch den Erben des mit der Übertragung einverstanden gewesenen Ehegatten zumindest gegen Treu und Glauben verstößt (§ 242 BGB).[279] Da aber Rechtsprechung zu dieser Frage fehlt, stellt es in dieser Fallkonstellation den sichersten Weg dar, einen ausdrücklichen Pflichtteilsverzicht des anderen Ehegatten zu beurkunden.[280]

Da niemand voraussehen kann, ob nicht seine Ehe später scheitern wird, andererseits eine verbreitete Auffassung[281] in einem Pflichtteilsverzicht zugleich einen Verzicht auf den Unterhaltsanspruch nach §§ 1586 b, 1933 S. 3 BGB sieht, der hier meist nicht gewollt ist, ist es ratsam, diese Rechtsfolge ausdrücklich auszuschließen.[282]

Formulierungsbeispiel:
Mit dem Pflichtteilsverzicht des Ehegatten ist kein Verzicht auf die Unterhaltsansprüche nach §§ 1586 b, 1933 S. 3 BGB verbunden; diese bleiben vielmehr von dem Verzicht unberührt.

---

[279] *Klingelhöffer,* Rdnr. 357 a.

[280] Das empfiehlt auch *Keller,* MittBayNot 2003, 379.

[281] So etwa Palandt/*Brudermüller,* 69. Aufl., § 1586 b Rdnr. 8; *Dieckmann,* FamRZ 1999, 1029; sympatisierend OLG Karlsruhe, FamRZ 2010, 34 (Tz. 120); a. A. *Grziwotz,* FamRZ 1991, 1258; *Pentz,* FamRZ 1999, 488; zusammenfassend *Bergschneider,* FamRZ 2003, 1049 (1056 f.).

[282] Einer Klarstellung, dass für die Berechnung der Haftungsgrenze des § 1586 b BGB Pflichtteilsergänzungsansprüche einzubeziehen sind, bedarf es nicht mehr, weil BGH, 29. 11. 2000 – XII ZR 165/98, NJW 2001, 828 entschieden hat, dass § 1586 b I 3 BGB ohnehin so auszulegen ist.

Ratsam ist es in jedem Fall, auch beim (umfassenden) Pflichtteilsverzicht Dritter zu dokumentieren, dass der Erblasser auf die Wirkung in dem Fall hingewiesen wurde, dass er keine letztwillige Verfügung errichtet (vgl. dazu o. Rdnr. 83 mit Formulierungsvorschlag).

4.2.2 Form

Jeder Pflichtteilsverzicht muss notariell beurkundet werden (§§ 2348, **97** 2346 II). Ein häufiger Kunstfehler ist dabei, dass die persönliche Anwesenheit des Verzichtenden als das Entscheidende angesehen wird, während derjenige, hinsichtlich dessen Nachlass der Verzicht erklärt wird, möglicherweise nicht anwesend ist, sondern nachträglich genehmigen soll (vgl. dagegen § 2347 II 1 BGB und oben Rdnr. 83). Wird § 2347 II BGB übersehen, kann das die fatale Folge haben, daß nicht nur der Verzicht, sondern nach § 139 BGB die gesamte Vermögensübertragung unwirksam ist.

4.2.3 Gegenleistung und Sicherung

Erfolgt der Pflichtteilsverzicht gegen eine Abfindung, so ist es erforderlich, **98** den Verzichtenden zu sichern. Zum Standard gehört dabei, dass sich der Zahlungspflichtige wegen des Zahlbetrags der sofortigen Zwangsvollstreckung unterwirft (§ 794 I Nr. 5 ZPO). Bei länger hinausgeschobenen Fälligkeiten ist an eine Verzinsung oder sogar an eine Wertsicherung des gestundeten Betrags zu denken (zu den steuerlichen Auswirkungen einer Stundung s. unten Rdnr. 147). Bei größeren Beträgen kommt auch eine Sicherung durch Hypothek oder Grundschuld infrage, die allerdings zusätzliche Gerichts- und bei ihrer späteren Löschung zudem Notarkosten verursacht.

Ohne Kosten zu haben und in jedem Fall zusätzlich zu empfehlen ist die Sicherung dadurch, dass der Pflichtteilsverzicht nur wirksam wird, wenn die Zahlung des versprochenen Betrags erfolgt. Üblich und sinnvoll ist eine Sicherung durch die aufschiebende Bedingung, dass der Verzicht *erst* mit der Zahlung des versprochenen Betrags wirksam wird.[283] Eine noch bessere Gewähr pünktlicher Zahlung ist die Bestimmung, dass der Verzicht nur bei *fristgerechter* Zahlung des versprochenen Betrags wirksam wird; in diesem Fall muss der Verzicht aber bei verspäteter Zahlung nochmals beurkundet werden, um wirksam zu sein. Bei beiden Formulierungen kann der Fall eintreten, dass der Veräußerer überraschend vor dem Eintritt der Bedingung verstirbt. Gleichwohl dürfte das die Wirksamkeit des Verzichts nicht infrage stellen; mit dem Fall des bloßen Angebots auf Abschluss eines Pflichtteilsverzichtsvertrags, der nach Auffassung des BGH nach dem Tod des Erblassers nicht mehr

---

[283] *J. Mayer,* Übergabevertrag, Rdnr. 293; a. A. *Reimann/Bengel/J. Mayer,* Teil A Rdnr. 181, die eine auflösende Bedingung des Inhalts vorschlagen, der Pflichtteilsverzicht sei durch die nicht fristgerechte Erbringung der Abfindungsleistung auflösend bedingt.

angenommen werden kann,[284] ist der Bedingungseintritt nach dem Tod nicht zu vergleichen. Wer ganz sicher gehen will, dass ein Gericht dies später nicht anders sieht, mag zusätzlich einen Verzicht auf durch den Tod des Veräußerers vor Bedingungseintritt womöglich entstehende Pflichtteilsansprüche aufnehmen.[284a]

99   Gesichert werden muss aber auch der Erwerber vor der Gefahr, die vereinbarte Abfindung zu zahlen, gleichwohl aber den Pflichtteilsanspruch erfüllen zu müssen, weil Veräußerer und Verzichtender den Pflichtteilsverzicht – was grundsätzlich möglich ist – später nach § 2351 BGB wieder aufgehoben haben. Davor schützt den Zahlenden nur die Konstruktion als dreiseitiger Vertrag.

Formulierungsbeispiel:
Aufschiebende Bedingung des Verzichts ist die fristgerechte Zahlung des in dieser Urkunde versprochenen Abfindungsbetrags. Der Verzicht kann nicht ohne Zustimmung des Erwerbers aufgehoben oder abgeändert werden.

100   Ist die Gegenleistung in einem festen Geldbetrag bestimmt, kommt eine Anpassung nach den Grundsätzen über den Wegfall der Geschäftsgrundlage normalerweise nicht in Betracht: Es handelt sich beiderseits um ein Risikogeschäft; das Vermögen des Veräußerers oder, beim beschränkten Pflichtteilsverzicht, der Wert des Gegenstands des Verzichts, kann sich bis zum Ableben des Veräußerers ebenso vermindern wie erhöhen, was nach dem Willen der Beteiligten weder zu einer Rückzahlungs- noch zu einer Nachzahlungspflicht führen soll. Nur in ganz außergewöhnlichen Fällen kann eine Anpassung in Betracht kommen.[285]

Die Gegenleistung kann aber statt oder neben einer festen Geldleistung auch in einer durch den Eintritt bestimmter Umstände bedingten Forderung bestehen. Davon wird dann gerne Gebrauch gemacht, wenn Vermögen mit erheblichem Substanzwert, das aber nur geringen Ertrag bringt und schwer veräußerlich erscheint, „in der Familie" bleiben soll und im Interesse hieran Geschwister des Erwerbers mit einer Abfindung zufrieden sind, die im Verhältnis zum Substanzwert nicht vollwertig ist – freilich nur dann, wenn sich die Geschäftsgrundlage nicht ändert. In derartigen Fällen können anknüpfend an eine Veräußerung durch den Erwerber oder auch schon an eine Änderung der möglichen Nutzung (z. B. Einbeziehung von Grundstücken in einen Bebauungsplan) weitere Ansprüche von Geschwistern des Erwerbers bestimmt

---

[284] BGH, NJW 1997, 521.
[284a] Vorschlag von *J. Mayer*, MittBayNot 1997, 85.
[285] OLG Hamm, ZEV 2000, 507 mit Anm. von *Kuchinke*: Irrtum über die Wertlosigkeit von in der früheren DDR belegenem Grundbesitz.

werden. Wichtig ist hier zur Vermeidung späterer Meinungsverschiedenheiten eine präzise Formulierung von Voraussetzungen, Berechnung und Fälligkeit eines solchen bedingten Zahlungsanspruchs.

4.2.4 Pflichtteilsanrechnung

Kommt ein Pflichtteilsverzicht von Geschwistern nicht zu Stande, sollen *101* diese aber gleichwohl aus Anlass der vorweggenommenen Erbfolge Leistungen erhalten, so ist es in jedem Fall ratsam zu bestimmen, dass diese Zahlungen auf den Pflichtteil angerechnet werden (§ 2315 BGB), was beim Pflichtteilsverzicht entbehrlich ist.

4.3 Freistellungsverpflichtung

Ein Pflichtteilsverzicht von Geschwistern ist mitunter nur dann zu erreichen, *102* wenn sich der Erwerber verpflichtet, die Verzichtenden von der gesetzlichen Unterhaltspflicht gegenüber dem Veräußerer freizustellen.[286] Diese Freistellungsverpflichtung kann unbegrenzt erfolgen, aber auch auf den Wert des übernommenen Vermögens begrenzt werden.[287] Für den Erwerber stellt sie in jedem Fall ein schwer kalkulierbares Risiko dar, da die Freistellung sich nicht nur auf die vom Veräußerer selbst geltend gemachten Ansprüche bezieht, sondern auch auf solche, die der Sozialhilfeträger auf sich übergeleitet hat (§ 94 SGB XII). Den Geschwistern muss bewusst sein, dass sie aus der Freistellungsverpflichtung nur Ansprüche gegenüber dem Erwerber erhalten, sie diese aber dem Veräußerer oder dem Sozialhilfeträger nicht entgegenhalten können, wenn sie von diesen in Anspruch genommen werden, sodass sie wertlos ist, wenn der Erwerber die Ansprüche mangels finanzieller Leistungsfähigkeit nicht erfüllen kann.

---

[286] Vgl. dazu *Waldner/Ott*, MittBayNot 1988, 65 und *Jerschke*, in: Beck'sches Notar-Handbuch, Kap. A V. Rdnr. 223, der eine solche Regelung sogar empfiehlt.

[287] Dazu raten *Reithmann/Albrecht*, Rdnr. 714.

5 Rückgängigmachung der Übertragung und weitere Ansprüche gegen den Erwerber

5.1 Vertragliches Rückforderungsrecht

5.1.1 Motivation und rechtstechnische Ausgestaltung

Liegt einer der Hauptzwecke der vorweggenommenen Erbfolge darin, das 103 übertragene Vermögen der Familie des Veräußerers zu erhalten, liegt es nahe, dass der Veräußerer verhindert, dass das übertragene Vermögen ohne seine Zustimmung veräußert oder belastet, in unerwünschter Weise vererbt wird oder Gläubiger oder im Fall der Ehescheidung des Erwerbers dessen Ehegatte darauf Zugriff nehmen können.[288] In aller Regel soll dies für die Lebensdauer des Veräußerers, möglicherweise auch seines überlebenden Ehegatten gelten. Dieses Ziel kann durch ein vertragliches Rückforderungsrecht erreicht werden. Es kann alle vorgenannten Fälle, aber auch nur einen oder einzelne erfassen. Je umfassender das Recht ist, desto stärker ist die Stellung des Veräußerers und desto schwächer die Stellung des Erwerbers, sodass es bei Meinungsverschiedenheiten regelmäßig von der jeweiligen Verhandlungsstärke abhängt, ob und in welchem Umfang das Recht eingeräumt wird. Umfassende Rückforderungsrechte geben dem Erwerber das Gefühl, dass ihm das übertragene Vermögen doch „nicht richtig gehört", was auch seine Dispositionen über das Vermögen negativ beeinflussen kann. Dies steht in Gegensatz zu der geringen Zahl der Fälle, in denen ein solches Recht tatsächlich ausgeübt wird. Von einer routine- oder gar formularmäßigen Vereinbarung derartiger Rechte muss daher eher gewarnt werden; es besteht auch keine Pflicht des Notars, auf die Möglichkeit hinzuweisen, dass solche Rechte vereinbart werden können.[289] Umgekehrt ist die Vereinbarung derartiger Rechte für den Fall der Veräußerung zu Lebzeiten des Veräußerers dringend anzuraten, wenn es sich um eine Vermögensübergabe gegen Versorgungsleistungen im steuerlichen Sinn (vgl. dazu u. Rdnr. 149 ff.) handelt und durch die Veräußerung daraus eine entgeltliche Übertragung wird, die infolge der Realisierung stiller Reserven eine Steuerbelastung des Veräußerers hervorrufen könnte.[290]

Rückforderungsrechte werden allgemein als Befugnisse des Veräußerers ausgestaltet, deren Ausübung ihm freisteht. Den Eintritt einer Voraussetzung dieses Rechts zur auflösenden Bedingung des Vertrags zu machen, käme überhaupt nur bei zweifelsfrei objektiv feststellbaren Tatbeständen (z. B. Tod des Erwerbers) infrage und ist selbst da nicht zu empfehlen, da nie von vorn-

---

[288] *v. Hoyenberg,* Rdnr. III 155 spricht treffend von „Katastrophenfällen".
[289] OLG Bamberg, FamRZ 2004, 1872.
[290] Auf diese Gefahr weist *Hipler,* MittBayNot 2003, 112 (114) mit Recht hin.

herein gesagt werden kann, ob die Ausübung des Rechts auch im Interesse des Veräußerers sein wird.[291] Diesen Nachteil vermeidet die Ausgestaltung als vertragliches Rücktrittsrecht nach §§ 346 ff. BGB,[292] gegen die aber spricht, dass weder die Bestimmungen des BGB, wie sie bis zum 31.12.2001 galten, noch die seit dem Inkrafttreten des Schuldrechtsmodernisierungsgesetzes neu eingeführten Regelungen ohne weiteres für die Rückabwicklung eines möglicherweise bereits mehrere Jahre lang durchgeführten Vertrags mit gegenseitigen Leistungen passen und deshalb in jedem Fall modifiziert werden müssen, was die Gefahr birgt, dass notwendige Regelungen übersehen werden und dann unerwünschterweise doch teilweise das gesetzliche Rücktrittsrecht gilt.

Das spricht dafür, eine von gesetzlichen Rückforderungs- und Rücktrittsgründen gelöste Regelung durch Einräumung eines Rückforderungsrechts zu treffen, das mindestens einfach bedingt ist: Es entsteht nur, wenn einer der Rückforderungsgründe eingetreten ist. Richtigerweise sollte das Recht aber doppelt bedingt sein: Es sollte nur entstehen, wenn und ein Rückforderungsgrund vorliegt und der Berechtigte die Rückübertragung verlangt hat.[293] Ein automatischer dinglicher Rückerwerb des Veräußerers ist bei Immobilien wegen § 925 II BGB ausgeschlossen; bei Geldvermögen zwar möglich, aber – trotz des in diesem Fall entstehenden dinglichen Anwartschaftsrechts mit der Folge der Unwirksamkeit von Zwischenverfügungen (§ 161 BGB) selten interessengerecht.[294] Ob die Vereinbarung eines Rückforderungsrechts den Wert der Schenkung (insbesondere auch im Hinblick auf § 2325 BGB) mindert,[295] ist zweifelhaft.

104   Eine rechtliche Grenze für die Vereinbarung eines Rückforderungsrechts besteht nicht: Es könnte theoretisch vereinbart werden, dass der Veräußerer den übertragenen Gegenstand jederzeit nach seinem freien Ermessen zurückfordern kann;[296] auch schenkungssteuerliche Bedenken gegen diese Konstruktion bestehen nicht (s. unten Rdnr. 129). Mit dem Zweck der vorweggenommenen Erbfolge ist eine solche Regelung aber schlechterdings unvereinbar,[297] sodass sie praktische Bedeutung nur in dem Ausnahmefall hat, dass der

---

[291] So mit Recht *Jerschke*, in: Beck'sches Notar-Handbuch, Kap. A V. Rdnr. 225.

[292] Für diese namentlich *Spiegelberger*, MittBayNot 2000, 1 und in Beck'sches Notar-Handbuch, Kap. A V. Rdnr. 261.

[293] Teilweise wird dieses Verlangen auch als Gestaltungsrecht angesehen (vgl. *Ellenbeck*, MittRhNotK 1997, 41, 45; *Weser*, ZEV 1995, 353, 357); die Frage dürfte bei korrekter Formulierung des Rechtsinhalts nur akademische Bedeutung haben.

[294] *Spiegelberger*, MittBayNot 2000, 1 (5).

[295] OLG Koblenz, NJW-RR 2002, 512 (513) hält eine Minderung um bis zu 10 % für möglich.

[296] BayObLG, Rpfleger 1990, 61. Kaum anders liegt es bei einem Rückforderungsrecht „für den Fall der Unverträglichkeit, den der Veräußerer allein zu bestimmen hat" (so im Sachverhalt der Entscheidung des OLG Hamm, 8. 4. 2010 – 15 W 64/10).

[297] Insofern richtig *Olzen*, Vorweggenommene Erbfolge, S. 280.

Veräußerer mehrere rechtlich selbstständige Objekte an den Erwerber überträgt und sich hinsichtlich eines Objekts oder einzelner Objekte das freie Rückforderungsrecht vorbehält, um für den Fall eines unvorhergesehenen Geldbedarfs eine Sicherheit zu haben.

Schwieriger zu beantworten ist die Frage nach einer zeitlichen Grenze: In aller Regel wird das Rückforderungsrecht auf die Lebensdauer des Veräußerers beschränkt sein. Eine Vererblichkeit ist zwar nicht ausgeschlossen, wird aber nach dem Zweck der Vereinbarung normalerweise nicht gewünscht. Normalerweise ist es richtig, den Anspruch auch dann mit dem Tod des Veräußerers erlöschen zu lassen, wenn er bereits zu Lebzeiten geltend gemacht, der Anspruch aber noch nicht erfüllt wurde, denn der Veräußerer will regelmäßig sich, nicht seine Erben absichern.

Ob neben dem Tod des Veräußerers eine absolute zeitliche Grenze besteht, wird unterschiedlich beantwortet: Bei Anteilen an einer Gesellschaft soll eine Frist von etwa 15 Jahren die Obergrenze sein,[298] während bei Immobilien die Frage einer zeitlichen Grenze nicht diskutiert wird. In der Rechtsprechung scheint die Frage eines überlangen Rückforderungsrechts bisher keine Rolle gespielt zu haben.

Hat das übertragene Vermögen Ehegatten gehört und behalten sich diese *105* ein Rückforderungsrecht zu, dann wird regelmäßig gewünscht, dass ihnen der Anspruch in ihrem bisherigen Anteils- bzw. Berechtigungsverhältnis zusteht, solange sie beide am Leben sind, nach dem Tod eines Berechtigten aber dem Überlebenden allein. Sinnvoll ist es dann, den Anspruch beiden Veräußerern als Gesamtgläubigern nach § 428 BGB mit der Bestimmung einzuräumen, dass er dem überlebenden Teil allein zustehen soll.[299] Möglich,[300] aber weniger gebräuchlich ist die Vereinbarung einer Berechtigung entsprechend § 472 BGB. Zur Sicherung des Rückübertragungsanspruchs durch Vormerkung s. unten Rdnr. 111.

Auch wenn das übertragene Vermögen nur einem der Ehegatten gehört, dem nicht übertragenden Ehegatten aber nach dem Tod des übertragenden Ehegatten ein eigenes Rückforderungsrecht zustehen soll, ist die Begründung eines Übereignungsanspruchs für den Veräußerer und seinen Ehegatten als Gesamtgläubiger nach § 428 BGB möglich und sinnvoll. Nichts anderes gilt, wenn in diesem Fall – was freilich nur selten gewünscht wird – das Rückerwerbsrecht von Anfang an dem Veräußerer und seinem Ehegatten zustehen soll. Streng genommen handelt es sich hier freilich nicht um ein *Rück*erwerbsrecht.

---

[298] *K. Schmidt,* BB 1990, 1992 (1997).
[299] BayObLG, NJW-RR 1995, 1297; s. auch *Streuer,* Rpfleger 1994, 397.
[300] BayObLG, NJW-RR 1993, 472.

Formulierungsbeispiel:

Der Erwerber räumt dem Veräußerer und Frau N. N. als Gesamtgläubigern nach § 428 BGB das Recht ein, die Übertragung des Vertragsbesitzes auf den Veräußerer, nach dem Ableben des Veräußerers auf Frau N. N. zu verlangen, wenn der Erwerber vor dem Längerlebenden der beiden Berechtigten versterben sollte. Kein Berechtigter kann über den Anspruch des anderen Berechtigten verfügen.

Sind auf Erwerberseite mehrere Personen beteiligt und knüpfen die Rückforderungsgründe an persönliche Umstände (Tod, Scheidung, Vermögensverfall) an, dann darf nicht ungeklärt bleiben, ob die Verwirklichung des Rückforderungsgrundes durch einen Erwerber zur Rückforderung des gesamten Vertragsgegenstands berechtigt.

5.1.2   Einzelne Rückforderungsgründe

5.1.2.1 Tod des Erwerbers vor dem Veräußerer

106 Sehr häufig wird gewünscht, dass der Veräußerer das im Wege der vorweggenommenen Erbfolge übertragene Vermögen zurückfordern kann, wenn der Erwerber vor dem Veräußerer verstirbt. Diese Motivation erklärt sich aus dem Vergleich mit dem Rechtserwerb im Erbwege: Der vor dem Veräußerer verstorbene Erwerber würde diesen nicht beerben (§ 1923 I BGB) und soll deshalb das erworbene Vermögen jedenfalls dann nicht behalten dürfen, wenn der Veräußerer die Weitervererbung, wie sie nach dem Tod des Erwerbers stattfindet, nicht wünscht. Das Rückerwerbsrecht kann – wiederum wegen der Parallelität mit der Erbfolge – auf den Fall beschränkt werden, dass andere Personen als die Abkömmlinge des Erwerbers zu Erben berufen sind; auch ein Übergang auf den Ehegatten des Erwerbers im Wege der Erbfolge kann aus dem Kreis der Rückforderungsgründe ausgenommen werden. Eine solche Vereinbarung ist auch dann – und zwar nicht zuletzt wegen der Schenkungsteuer – empfehlenswert, wenn (wie bei einem kinderlosen, ledigen Einzelkind, das von seinen Eltern Vermögen übertragen erhält) der Veräußerer voraussichtlich ohnehin der Erbe des Erwerbers sein würde, weil dann anstelle von § 13 I Nr. 10 ErbStG der (manchmal günstigere) § 29 I Nr. 1 ErbStG anzuwenden ist (vgl. unten Rdnr. 142).[301]

---

[301] Sind beide Eltern beim Tod des Kindes noch am Leben, ist der Rückforderungsanspruch auch nicht durch Konfusion untergegangen, da er den Eltern – anders als das Rückforderungsrecht – in Erbengemeinschaft zusteht. Ob in den Fällen tatsächlich eingetretener Konfusion (z. B. Schenkung durch verwitweten Elternteil an Einzelkind) § 29 ErbStG gleichwohl angewendet werden kann, wird in der steuerrechtlichen Literatur nicht thematisiert.

5.1.2.2 Scheidung des Erwerbers zu Lebzeiten des Veräußerers

Wesentlich heikler sind Vereinbarungen, nach denen der Veräußerer das über-   *107*
tragene Vermögen zurückfordern kann, wenn die Ehe des Erwerbers geschie-
den wird. Der Wunsch nach einer solchen Vereinbarung beruht regelmäßig
auf der Vorstellung, der Erwerber müsse im Fall der Scheidung seiner Ehe die
Hälfte des übertragenen Vermögens an seinen Ehegatten weitergeben und damit auf einer Verkennung des gesetzlichen Güterstands, bei dem nur der
Mehrwert des übertragenen Vermögens zu einer Zugewinnausgleichsforde-
rung des Ehegatten führen kann (§ 1374 II BGB). Ein solcher Mehrwert entsteht allerdings auch durch die durch das fortschreitende Alter des Veräußerers hervorgerufene Reduzierung des Werts eines Nießbrauchs oder Wohnungsrechts.[302] Um eine solche auszuschließen, wäre die ehevertragliche
Vereinbarung einer Herausnahme dieses Vermögensgegenstands aus dem An-
fangs- und Endvermögen der Ehegatten ausreichend, sofern der Ehegatte des
Erwerbers damit einverstanden ist. Gleichwohl kommt es mitunter vor, dass
der Veräußerer die vorweggenommene Erbfolge unabhängig von den Abre-
den der Ehegatten von der Vereinbarung des genannten Rückforderungsrechts abhängig macht und der Erwerber darauf eingeht. Geschieht dies, kann
die Wirksamkeit der Vereinbarung nicht bezweifelt werden, auch wenn dabei
vereinbart wird, dass der Erwerber in diesem Fall keinen Ersatz für Aufwendungen erhält, die er auf das übertragene Vermögen gemacht hat.[303] Entsprechendes gilt für die Vereinbarung, dass das Rückerwerbsrecht ausgelöst wird,
wenn der Erwerber mit seinem Ehegatten Gütergemeinschaft vereinbart und
die Zuwendung nicht zum Vorbehaltsgut (§ 1418 II Nr. 2 BGB) erklärt wird.

5.1.2.3 Veräußerung oder Belastung des Vertragsbesitzes

Wird eine „Familienbindung" des übertragenen Vermögens gewünscht, muß   *108*
nicht nur der erbrechtliche Übergang auf unerwünschte Erwerber verhindert
werden, sondern auch die rechtsgeschäftliche Veräußerung und außerdem
eine Belastung, die zu einem solchen Eigentumswechsel führen kann, sofern
nicht der Veräußerer der Veräußerung oder Belastung zustimmt. Oft wird
klarstellend auch die Vereinbarung von Gütergemeinschaft einbezogen, sofern das übertragene Vermögen in das Gesamtgut fällt. Da ein Verbot der Veräußerung oder Belastung nicht mit dinglicher Wirkung vereinbart werden
kann (§ 137 S.1 BGB), lässt sich die gewünschte Rechtsfolge nur dadurch erzielen, dass der Erwerber für diesen Fall ein Rückforderungsrecht erhält. Dies
wird jedenfalls von der Rechtsprechung als zulässig angesehen.[304] Damit in

---

[302] BGH, NJW 2007, 2245.
[303] Allerdings kann – worauf *J. Mayer,* Übergabevertrag, Rdnr. 247, zutreffend hinweist –
hierin eine Schenkung an den Veräußerer liegen, die zu Ansprüchen des Ehegatten
gegen diesen führen kann (§§ 1375 II Nr. 1; 1389 BGB).
[304] BGH, NJW 1997, 861 (862); a. A. allerdings MünchKomm/*Mayer-Maly,* § 137
Rdnr. 33.

dem Fall, dass der Veräußerer eine erste Veräußerung gebilligt hat, eine weitere gleichwohl sicher verhindert werden kann, ist eine Formulierung empfehlenswert, die auch bei dieser zweiten Veräußerung ein Rückforderungsrecht auslöst.[305] Also nicht: „Der Veräußerer kann die Rückübertragung des Vertragsbesitzes verlangen, wenn der Erwerber diesen zu seinen Lebzeiten ohne seine Zustimmung veräußert oder belastet", sondern entsprechend dem folgenden

Formulierungsbeispiel:
Der Veräußerer kann die Rückübertragung des Vertragsbesitzes verlangen, wenn dieser zu seinen Lebzeiten ohne seine Zustimmung veräußert oder belastet wird.

5.1.2.4 Vermögensverfall des Erwerbers

109 Schließlich wird ein Rückforderungsrecht des Veräußerers häufig für den Fall gewünscht, dass der Erwerber in Vermögensverfall gerät, also über sein Vermögen das Insolvenzverfahren eröffnet, die Eröffnung mangels Masse abgelehnt oder die Zwangsvollstreckung in das übertragene Vermögen betrieben wird und vom Erwerber nicht abgewendet werden kann. Möglich ist es auch, das Rückforderungsrecht von einer „wesentlichen Verschlechterung der Vermögensverhältnisse des Beschenkten" abhängig zu machen,[306] nicht aber von der Unmöglichkeit, „den bisherigen Lebensstandard aufrechtzuerhalten".[307] Obwohl der Zweck einer solchen Vereinbarung lediglich die Verhinderung des Gläubigerzugriffs auf das übertragene Vermögen sein kann, wird dies mit der Begründung als zulässig angesehen, das übertragene Vermögen sei vom Erwerber nur mit dieser Beschränkung erworben worden und habe daher seinen Gläubigern zu keinem Zeitpunkt als Haftungsobjekt zur Verfügung gestanden;[308] das gilt auch nach neuem Insolvenzrecht (§ 103 InsO), da der Veräußerer mit der Übertragung seine Vertragspflichten vollständig erfüllt hat und ein Wahlrecht des Insolvenzverwalters deshalb auch dann nicht besteht, wenn man den Vermögensübertragungsvertrag als gegenseitigen Vertrag qualifizieren kann. Ob eine Anfechtung nach §§ 129 ff. InsO möglich ist, wenn der Erwerber durch die verlangte Rückforderung auf das übertragene Vermögen vorgenommene Aufwendungen verliert, ist noch nicht geklärt.

---

[305] *Amann*, DNotZ 1995, 252 (260).
[306] OLG München, Rpfleger 2007, 540 = MittBayNot 2008, 50 m. Anm. von *Wartenburger*.
[307] OLG Düsseldorf, Rpfleger 2008, 415 = DNotZ 2008, 618 mit Anm. von Volmer.
[308] BayObLG, NJW 1978, 700; vgl. auch BGH, NJW 1983, 1738 (1739).

5.1.2.5 Vertragsverletzung des Erwerbers

Da das gesetzliche Rücktrittsrecht des Veräußerers bei Vertragsverletzungen   *110*
des Erwerbers bei Leibgedingsverträgen nach Landesrecht meist ausgeschlossen und bei anderen Verträgen zweifelhaft ist, empfiehlt es sich in den Fällen,
in denen eine abweichende Regelung gewünscht wird, (näher zu bezeich-
nende) Vertragsverletzungen des Erwerbers als Umstände zu benennen, die
einen Rückforderungsanspruch auslösen. Damit ist klargestellt, dass die Beteiligten keinen Ausschluss des Rückforderungsanspruchs wünschen. Allerdings ist die Frage, ob die Voraussetzungen eingetreten sind, hier ebenso
streitanfällig wie auch sonst bei Leistungsstörungen.

5.1.3 Sicherung des Rückforderungsrechts bei Immobilien

Der durch den Ausübungsgrund und die Geltendmachung mehrfach bedingte   *111*
Rückübertragungsanspruch ist bei Grundbesitz einer Sicherung durch Vormerkung zugänglich;[309] das gilt auch für ein freies Rückforderungsrecht[310]
und die Rückforderung aus den gesetzlichen Rückforderungsgründen grober
Undank und Verarmung des Schenkers.[311] Rückerwerbsrechte, wenn der Erwerber den Grundbesitz nicht im „ordnungsgemäßen Zustand" erhält,[312]
oder „Sympathisant einer im Sektenbericht der Bundesregierung aufgeführten
Sekte oder einer unter Beobachtung des Verfassungsschutzes stehenden Ver-
einigung" wird,[313] zu beurkunden, ist schon materiellrechtlich unsinnig, jedenfalls aber wegen Unbestimmtheit nicht vormerkungsfähig. Als vormerkungsfähig (und damit auch materiellrechtlich als ausreichend bestimmt) sind
dagegen Rückerwerbsrechte für den Fall angesehen worden, dass der Erwerber „seine in der Urkunde übernommenen Betreuungspflichten beharrlich
nicht erfüllt"[314] und für den Fall, dass „die Zwangsvollstreckung in den Vertragsbesitz droht."[315] Notariellem Standard entspricht die Vereinbarung von
Voraussetzungen, deren Vorliegen derart streitanfällig sind, allerdings nicht.
Ist eine Vormerkung zur Sicherung eines Rückerwerbsrechts eingetragen,
kann sie auf weitere Rückerwerbsrechte erstreckt werden; eine (weitere)
Grundbucheintragung ist nicht erforderlich,[316] sodass man aus der Eintragungsbewilligung allein nicht ersehen kann, unter welchen Voraussetzungen
der Eigentümer zur Rückübertragung verpflichtet ist.

---

[309] BGH, DNotZ 1997, 155.

[310] BGH, 20. 2. 2003 – IX ZR 102/02, Rpfleger 2003, 372.

[311] BGH, 13. 6. 2002 – V ZB 30/01, NJW 2002, 2461; *Wacke,* JZ 2003, 179; a. A. OLG
Hamm, Rpfleger 2000, 449.

[312] OLG Zweibrücken, NJW-RR 2005, 101.

[313] OLG Düsseldorf, Rpfleger 2006, 649.

[314] OLG Düsseldorf, ZfIR 2010, 113.

[315] OLG München, NJW-RR 2009, 950.

[316] BGH, 7. 12. 2007 – V ZR 21/07, Rpfleger 2008, 187.

Es genügt bei mehreren Berechtigten und auch bei der Sicherung mehrerer, von verschiedenen Voraussetzungen abhängiger Rückforderungsgründe die Eintragung einer einzigen Vormerkung,[317] und zwar auch dann, wenn – z. B. bei schenkenden Ehegatten – der Anspruch zunächst den Ehegatten je zur Hälfte, nach dem Ableben eines von ihnen dem Überlebenden ungeschmälert für den gesamten Grundbesitz zustehen soll;[318] die Bestellung von zwei oder gar drei Vormerkungen ist überflüssig.

Im Hinblick auf die Rückerwerbsgründe der Veräußerung und Belastung des Vertragsbesitzes und des Vermögensverfalls des Erwerbers macht die Vereinbarung eines Rückerwerbsrechts nur dann Sinn, wenn es durch Auflassungsvormerkung im Grundbuch gesichert ist. Zwar hindert die Auflassungsvormerkung weder die Eintragung eines anderen Eigentümers noch den Zuschlag in der Zwangsversteigerung;[319] dem neuen Eigentümer nutzt diese Rechtsstellung aber nichts, da er der Auflassung an den Vormerkungsberechtigten zustimmen muss und den Grundbesitz auf diesem Weg wieder verliert (§ 888 I BGB).

Ob es dann, wenn nur andere Rückforderungsgründe bestehen, ratsam ist, die Vormerkung nur bewilligen zu lassen, von ihrer Eintragung in das Grundbuch aber abzusehen, wird unterschiedlich beurteilt.[320] Das entscheidende Argument für die Eintragung ist, dass sie für Gläubiger des Erwerbers publik macht, dass die übertragene Immobilie noch nicht endgültig zum Vermögen des Erwerbers gehört. Gegen die Sicherung durch Vormerkung spricht lediglich, dass die Ansprüche des Veräußerers damit auch für die Gläubiger des Veräußerers[321] öffentlich gemacht wären, während sie ihnen andernfalls häufig unbekannt bleiben werden und schon aus diesem Grund nicht auf sie zugegriffen wird.

112 Da eine eingetragene Vormerkung, auch wenn sie nichts mehr sichert, faktisch eine Verfügung über die Immobilie verhindert, muss auch an ihre Löschung gedacht werden. Dabei genügt es jedenfalls nach der Instanzrechtsprechung nicht, dass nach der Bewilligung das Recht des Veräußerers mit seinem Tod unter allen Umständen erlischt: Da eine Vormerkung außerhalb des Grundbuchs mit einem neuen Anspruch unterlegt werden kann,[322] ist auch dann durch den Tod die Unrichtigkeit des Grundbuchs (§ 22 GBO) nicht nachgewiesen;[323] da auch eine Löschungserleichterung nach § 23 II GBO

---

[317] *Schöner/Stöber*, Rdnr. 1499.

[318] LG Bayreuth, MittBayNot 2006, 147.

[319] Hinsichtlich des Zuschlags a. A. *Streuer*, Rpfleger 2000, 357 (361).

[320] Für die Eintragung *J. Mayer*, Übergabevertrag, Rdnr. 262; dagegen halten *Reithmann/ Albrecht*, Rdnr. 672 und *Jerschke*, in: Beck'sches Notar-Handbuch, Kap. A V. Rdnr. 236 eine Eintragung im Regelfall nicht für erforderlich.

[321] Dazu, inwieweit solche Ansprüche bestehen, s. unten Rdnr. 117.

[322] BGH, NJW 2000, 805.

[323] OLG Köln, FGPrax 2010, 14.

nach Meinung des BGH nicht möglich ist,[324] muss in diesem Fall die Vormerkung selbst durch das Ableben des Schenkers befristet werden. Sollen auch die Erben des Veräußerers den Anspruch noch – stets oder unter bestimmten Voraussetzungen – geltend machen können, dann ist nach Meinung des BGH ebenfalls keine Löschungserleichterung eintragungsfähig, denn es handelt sich dann nach dem Tod des Veräußerers nicht um einen „Rückstand", sondern um das gesicherte Recht selbst.[325] Die Instanzgerichte haben eine Löschungserleichterung auch in den beiden genannten Fällen vielfach eingetragen;[326] in der Praxis geschieht dies teilweise auch heute noch. Der sicherste Weg, eine Löschung ohne Bewilligung der Erben des Veräußerers durchführen zu können, ist auch in diesem Fall die Vereinbarung des Erlöschens der Vormerkung (bei fortbestehendem Anspruch!) mit dem Tod des Veräußerers oder nach einer mit diesem Tag beginnenden Frist oder die Erteilung einer postmortalen Vollmacht zur Löschung an den Erwerber.

Zu beachten sind auch die Auswirkungen der zur Sicherung des Rückerwerbsrechts einzutragenden Vormerkung auf eine beabsichtigte Belastung des Vertragsgegenstands mit Grundschulden für Kredite des Erwerbers: Da der Gläubiger keinerlei Einfluss darauf nehmen kann, ob das Rückforderungsrecht entsteht oder nicht, sind Grundpfandrechte, die im Rang nach der Vormerkung eingetragen sind, für den Gläubiger als Sicherheit praktisch wertlos. Umgekehrt stellt die Vormerkung keine vollständige Sicherung des Rückerwerbsrechts dar, wenn ihr vom Erwerber übernommene Grundpfandrechte im Rang vorgehen: Sind oder werden sie valutiert, kann aus ihnen die Zwangsversteigerung ohne Rücksicht auf die Auflassungsvormerkung betrieben werden; sind sie es nicht, kann ein Gläubiger des Erwerbers die gegen die Bank bestehenden Rückgewähransprüche pfänden.

5.1.4 Schicksal von Gegenleistungen und Aufwendungen des Erwerbers

Bei der Einräumung eines Rückforderungsrechts darf das Schicksal der vom Erwerber bereits erbrachten oder noch zu erbringenden Gegenleistungen ebenso wenig offenbleiben wie das der Aufwendungen, die der Erwerber – insbesondere bei Immobilien – auf das übertragene Vermögen gemacht hat. Da das Rückforderungsrecht nicht an das gesetzliche Rücktrittsrecht anknüpft, können dessen Regeln auch nicht zur Lückenfüllung angewendet werden. Die Vertragsteile können hier eine Regelung nach ihrer freien Einigung treffen, die von einem völligen Ausschluss jeder Erstattung bis zum Ersatz aller derartigen Aufwendungen gehen kann. Es ist auch nicht Sache des Beraters, sich in die Entscheidung der Beteiligten einzumischen;[327] er muss

113

---

[324] BGH, NJW 1992, 1683.
[325] BGH, NJW 1996, 59.
[326] OLG Köln, Rpfleger 1985, 290 und 1994, 345; BayObLG, Rpfleger 1990, 504.
[327] Dagegen erwecken *Langenfeld/Günther*, Rdnr. 317 ff. den Eindruck, als könne es für die einzelnen Rückforderungsgründe jeweils nur eine richtige Lösung geben.

(nur) auf die einzelnen infrage kommenden Positionen hinweisen und die Einigung der Vertragsteile seiner Formulierung zu Grunde legen. Allerdings liegt dann, wenn die Rückforderung Strafcharakter hat, der Ausschluss von Ersatzansprüchen nahe, während beim Rücktrittsgrund Vorversterben normalerweise zumindest der Ersatz der Aufwendungen vorgesehen wird, um den der Wert des Vertragsgegenstands zu dem Zeitpunkt erhöht ist, zu dem der Veräußerer ihn zurückerlangt. Nicht sinnvoll ist es, derartige Ansprüche nur in dem Fall auszuschließen, dass der Erwerber in Vermögensverfall geraten ist; das dürfte zur Anfechtbarkeit des Rückforderungsrechts wegen Gläubigerbenachteilung führen.[328]

In Betracht kommen:

- einmalige Leistungen, die der Erwerber an den Veräußerer erbracht hat,
- die laufenden, dem Veräußerer vom Erwerber zugesagten Versorgungsleistungen,
- der Pflichtteilsverzicht des Erwerbers,
- an Dritte, insbesondere die Geschwister des Erwerbers gezahlte Beträge,
- Tilgungsleistungen auf Kredite, die entweder bei der Übertragung übernommen oder für Aufwendungen auf den Grundbesitz aufgenommen wurden,
- gezahlte Zinsen auf derartige Kredite,
- Aufwendungen des Erwerbers auf das übertragene Vermögen, wobei Aufwendungen, die zu einer bei Rückforderung noch vorhandenen Wertsteigerung geführt haben, von solchen unterschieden werden können, bei denen dies nicht der Fall ist, und diese wiederum von den gewöhnlichen Unterhaltungskosten.

114 Selbstverständlich kann auch nach den Gründen der Rückforderung differenziert werden und beispielsweise der Fall, dass der Erwerber verbotswidrig das übertragene Vermögen veräußert, anders behandelt werden als der Fall, dass der Erwerber vor dem Veräußerer verstirbt. Wird der Ersatz von Aufwendungen ausgeschlossen, sollte dies durch eine negative Formulierung dokumentiert werden, um die Berufung auf eine Regelungslücke auszuschließen.

Formulierungsbeispiel:
Im Fall der Ausübung des Rückerwerbsrechts hat der Berechtigte die in diesem Vertrag eingeräumten Versorgungsleistungen für die Zukunft aufzugeben, die im Rang vor seiner Auflassungsvormerkung oder mit seiner Zustimmung eingetragenen Grundpfandrechte samt den zu Grunde liegenden Verbindlichkeiten nach dem Stand vom Tag der Ausübung des Rückerwerbsrechts zu übernehmen, die von dem Erwerber an seine Geschwister vertragsgemäß erbrachten Zahlungen ohne Beilage von Zinsen zu erstatten

---

[328] *Kesseler*, ZNotP 2007, 303 (304).

und die anfallenden Kosten und Steuern zu tragen; weitere Gegenleistungen hat er nicht zu erbringen, insbesondere auch nicht für Aufwendungen des Erwerbers auf den Vertragsgegenstand, gleichviel, ob es sich um notwendige oder nützliche handelt und ob sie den Wert des Vertragsgegenstands zum Zeitpunkt der Ausübung des Rückerwerbsrechts erhöhen oder nicht.

5.1.5 Ausübung des Rückforderungsrechts

Die Ausübung des Rückforderungsrechts unterliegt auch bei Immobilien *115* ebenso wenig einer besonderen Form wie der Rücktritt vom Grundstücksveräußerungsvertrag oder die Ausübung eines Vorkaufs- oder Wiederkaufsrechts. Es ist – außer dem Gebühreninteresse des die Ausübung beurkundenden Notars – auch kein rechtes Interesse an der Anordnung der Form der notariellen Beurkundung zu sehen.[329] Über die bei der Vermögensübertragung bereits erkennbaren Folgen werden die Vertragsteile bereits bei Beurkundung der vorweggenommenen Erbfolge informiert; der Veräußerer, der die Ausübung des Rechts erwägt, aber über die rechtlichen oder wirtschaftlichen Folgen im Unklaren ist, wird von sich aus fachkundigen Rat einholen.

In aller Regel will der Schenker die Entscheidung, ob er das Rückforderungsrecht ausübt, persönlich treffen. Ein Bevollmächtigter oder gar ein gerichtlich bestellter Betreuer soll dazu nach dem Willen der Beteiligten normalerweise nicht befugt sein. Um zu vermeiden, dass dies im Weg der Vertragsauslegung festgestellt werden muss[330] (und dann womöglich gegenteilig entschieden wird!), empfiehlt sich ausdrückliche Festlegung in der betreffenden Vertragsbestimmung.[331]

Formulierungsbeispiel:
Das Recht ist höchstpersönlich, kann also nicht durch einen rechtsgeschäftlichen oder gesetzlichen Vertreter ausgeübt werden; es ist nicht übertragbar und nicht vererblich.

Zur Durchführung der Rückforderung ist die Rückübertragung des Vermögens unter Mitwirkung des Erwerbers oder seiner Erben erforderlich. Während dies für die meisten Rückforderungsgründe interessengerecht ist, kann für den Fall des Vorversterbens des Erwerbers erwogen werden, dem Veräußerer von Grundbesitz eine Vollmacht zur Rückauflassung zu erteilen, von der nur gegen Vorlage der Sterbeurkunde des Erwerbers Gebrauch gemacht werden kann.

---

[329] Sie wird insbesondere von *J. Mayer,* Übergabevertrag, Rdnr. 251 und *v. Hoyenberg,* Rdnr. III 178 empfohlen.

[330] OLG Hamm, DNotZ 2007, 122 mit Anm. von *Fembacher.*

[331] A. A. *Krauß,* Überlassungsverträge, Rdnr. 1534.

116 Sehr zweifelhaft ist, ob es zweckmäßig ist, das Rückforderungsrecht einer (kürzeren oder längeren) Ausübungsfrist zu unterwerfen. Das wird in der kautelarjuristischen Literatur meist empfohlen.[332] Die besseren Gründe sprechen allerdings gegen eine solche Festlegung, und dies bei allen genannten Rückforderungsgründen: Erfolgt sie zur Abwehr des Eintritts unerwünschter Erben oder von Zugewinnausgleichsforderungen, ist es unsinnig, den Veräußerer durch Fristsetzung zu einer alsbaldigen Entscheidung zu zwingen, ob er dem Erben den Vertragsgegenstand belässt. Dies wird aus der Sicht des Veräußerers meist davon abhängen, wie der Erbe mit dem Vertragsgegenstand weiter verfährt. Bei Rückforderungsrechten im Fall verbotener Veräußerung oder Belastung oder Zwangsvollstreckungsmaßnahmen wird im Ernstfall oft streitig sein, wann die Frist für den Veräußerer begonnen hat; und selbst wenn dies nicht der Fall sein sollte: Worauf sollte sich hier das schützenswerte Interesse des Erwerbers gründen, alsbald Klarheit über die Ausübung des Rechts zu haben?

5.1.6 Pfändung des Rückforderungsanspruchs

117 Wenn auch in der Beratungssituation der vorweggenommenen Erbfolge meist die Vorstellung im Vordergrund steht, den Vertragsbesitz im Fall einer Insolvenz des Erwerbers zu „retten", darf nicht übersehen werden, dass durch die Vereinbarung von Rückforderungsansprüchen möglicherweise Gläubigern des Veräußerers Pfändungsmöglichkeiten eröffnet werden. Da der Rückübereignungsanspruch nicht kraft Gesetzes unübertragbar ist, kann er grundsätzlich gepfändet werden.[333]

Ob die häufige Vereinbarung, es handle sich um einen „höchstpersönlichen" Anspruch und die Tatsache, dass beim doppelt bedingten Rückerwerbsrecht der Anspruch erst mit der Ausübungserklärung durch den Berechtigten entsteht, daran etwas ändern kann, ist zumindest sehr zweifelhaft.[334] Sicher soll diese Ausgestaltung erreichen, dass dem Berechtigten die Entschließungsfreiheit zusteht, ob er den Rückforderungsanspruch wirklich geltend machen will. Allerdings spricht die Tatsache, dass § 852 ZPO (nur) den Pflichtteilsanspruch, den Anspruch aus § 528 BGB und den Zugewinnausgleichsanspruch als beschränkt pfändbar erklärt, dagegen, dass andere Ansprüche durch Vereinbarung so ausgestaltet werden können. Auch die Tatsache, dass es sich bei dem durch Ausübung des Rückforderungsrechts entstehenden Anspruch um einen bedingten Anspruch handelt, steht der Pfändung nicht entgegen.[335] Schließlich dürfte es auch nicht möglich sein, die Pfändung

---

[332] Vgl. etwa *Langenfeld/Günther,* Rdnr. 311; *Reithmann/Albrecht,* Rdnr. 724; *Jerschke,* in: Beck'sches Notar-Handbuch, Kap. A V., Rdnr. 225; *v. Hoyenberg,* Rdnr. III 178.

[333] BGH, NJW 2003, 1858 (20. 2. 2003 – IX ZR 102/02).

[334] Vgl. dazu ausführlich *J. Mayer,* Übergabevertrag, Rdnr. 271 ff.; s. auch FG Nürnberg, EFG 1987, 597; *Zeranski,* NotBZ 2001, 19; *Spiegelberger,* MittBayNot 2000, 1 (6).

dadurch zu verhindern, dass als auflösende Bedingung des Rückforderungsanspruchs vereinbart wird, dass der Anspruch erlischt, wenn er gepfändet
wird,[336] und ebenso wenig, den Gläubigerzugriff dadurch zu verhindern, dass
dem Erwerber das Recht eingeräumt wird, nach seiner Wahl an den Veräußerer oder eine andere Person (z. B. Bruder oder Schwester des Erwerbers) zu
leisten.[337] Nur wenn das Rückforderungsrecht seiner Natur nach (also nicht
nur kraft Vereinbarung!) höchstpersönlich ist („familiäre Zweckbindung"),
kommt eine Unpfändbarkeit entsprechend § 852 II ZPO in Betracht.[338] Auch
eine Vereinbarung, wonach das Rückforderungsrecht erlischt, wenn es nach
entsprechender Aufforderung durch den Erwerber vom Veräußerer nicht innerhalb gesetzter Frist bestätigt wird, ist zur Verhinderung einer Pfändung
denkbar.[339]

Ob der Pfändungsgläubiger mit dem gepfändeten Anspruch glücklich
wird, ist eine andere Frage. Die Pfändung stellt nämlich dann keinen für den
Gläubiger realisierbaren Wert dar, wenn er – wie etwa beim Rückforderungsrecht wegen verbotener Veräußerung oder Belastung – von einer Bedingung
abhängig ist, deren Eintritt im freien Belieben des Erwerbers steht. Ebenso
wenig kann der Erwerber – wenn ein derartiges Rückforderungsrecht vereinbart wurde – gezwungen werden, sich scheiden zu lassen, nur um ein gepfän-
detes Rückerwerbsrecht verwertbar zu machen. Wenn dagegen ein freies
Rückerwerbsrecht vereinbart oder die vereinbarte Bedingung eingetreten ist,
müssen sowohl das Recht, die Übertragung verlangen zu können als auch der
Rückübertragungsanspruch gepfändet werden. Der Pfändungspfandgläubiger
kann die Pfändung im Grundbuch vermerken lassen, wenn dort für den Veräußerer eine Vormerkung eingetragen ist und damit Verfügungen über das
Grundstück, insbesondere auch Belastungen im Rang nach der Vormerkung,
faktisch unmöglich machen.

5.2 Anspruch auf Herausgabe wegen Verarmung des Schenkers

Ist kein freies Rückerwerbsrecht vereinbart, kann die Zuwendung im Weg der   *118*
vorweggenommenen Erbfolge nur ausnahmsweise zurückgefordert werden,
nämlich wegen der Nichtvollziehung einer Auflage (§ 527 BGB), wegen groben Undanks (§ 530 BGB) oder wegen Verarmung des Schenkers (§ 528
BGB).

---

[335] BGH, NJW 1995, 2846; s. auch BGH NJW 1993, 2876; 1997, 2384; 2003, 1858; OLG
Brandenburg, FamRZ 1999, 1436; OLG Düsseldorf, FamRZ 2000, 367 für den Pflichtteilsanspruch.

[336] *Stein/Jonas/Brehm,* § 851 Rdnr. 29.

[337] Das schlägt *Wegmann,* Rdnr. 186 vor; zu den hiergegen bestehenden Bedenken vgl.
J. Mayer, Übergabevertrag, Rdnr. 280 ff.

[338] *v. Hoyenberg,* Rdnr. III 175 m. w. N.

[339] *Koch/Mayer,* ZEV 2007, 55.

Die größte praktische Bedeutung hat das Recht des Veräußerers, wenn er innerhalb von zehn Jahren außer Stande gerät, seinen angemessenen Unterhalt zu bestreiten, bei Schenkungen von dem Erwerber die Herausgabe des geschenkten Gegenstands zu verlangen (§§ 528 I 1; 529 BGB). Ob für den Beginn der Zehnjahresfrist der Schenkungsvertrag, die Antragstellung beim Grundbuchamt oder der Vollzug im Grundbuch maßgeblich ist, hat der BGH für § 529 BGB bisher nicht entschieden; geht man davon aus, dass die „Bewirkung" der Leistung i. S. des § 518 Abs. 2 BGB maßgeblich ist, würde genügen, dass der Schenker alles getan hat, was von seiner Seite zum Erwerb des Schenkungsgegenstands durch den Beschenkten erforderlich ist.[340] Da § 528 BGB den Schenker in die Lage versetzen soll, seinen Unterhalt wieder *selbst* zu bestreiten, kann ihn der Beschenkte nicht auf dessen gesetzliche Unterhaltsansprüche verweisen; der Anspruch aus § 528 BGB geht vor.[341] Der Unterhalt muss aber nicht dem bisherigen individuellen Lebensstil des Schenkers entsprechen, sondern objektiv seiner Lebensstellung nach der Schenkung angemessen sein.[342] Hinsichtlich der Rechtsfolgen verweist § 528 BGB auf das Bereicherungsrecht, sodass auch § 818 II und III BGB anwendbar sind.[343] Der Erwerber kann sich gegenüber einem Verlangen des Veräußerers nicht auf sozialhilferechtliche Schutzvorschriften wie z. B. § 90 II Nr. 8 SGB XII berufen; auch ein vom Erwerber selbst genutztes angemessenes Hausgrundstück kann also zurückgefordert werden.[344] Die Bedürftigkeit muss nicht infolge der Schenkung[344a] und kann sogar vor Vollziehung der Schenkung[344b] eingetreten sein.

119   Sehr häufig macht hier der Erwerber von seinem Recht Gebrauch, die Herausgabe durch Zahlung des jeweils zum Unterhalt fehlenden Betrags abzuwenden (§ 528 I 2 BGB). Dadurch wird dem Beschenkten ermöglicht, ein Geschenk zu behalten, an dem ihm besonders gelegen ist, insbesondere dann, wenn er erwartet, dass die Summe der Unterhaltsleistungen den Wert des Geschenks nicht ausschöpfen wird. Die Zahlungspflicht endet, wenn die geleisteten Zahlungen die Bereicherung aufgezehrt haben.[345]

Von besonderer Bedeutung ist, dass dieses Recht unabhängig vom Willen des Schenkers und daher auch nach seinem Tod nach § 93 SGB XII auf den Sozialhilfeträger übergeleitet werden kann; nahezu alle Entscheidungen in der Rechtsprechung betreffen solche übergeleiteten Ansprüche.

---

[340] BGH, NJW-RR 1989, 1282.
[341] BGH, NJW 1991, 1824.
[342] BGH, 5. 11. 2002 – X ZR 140/01, FamRZ 2003, 224.
[343] BGH, 19. 12. 2000 – X ZR 146/99, NJW 2001, 1207 (1208).
[344] OVG Münster, NJW 1996, 738.
[344a] BGH, 19. 10. 2004 – X ZR 2/03, NJW 2005, 670.
[344b] BGH, 7. 11. 2006 – X ZR 184/04, NJW 2007, 60.
[345] BGH, NJW 1996, 987.

Der Anspruch besteht nicht nur bei reinen Schenkungen, sondern auch dann, wenn die vorweggenommene Erbfolge durch gemischte Schenkung oder durch Schenkung unter Auflage erfolgte, bei der gemischten Schenkung allerdings nur, wenn der unentgeltliche Teil überwiegt.[346]

Überwiegt der entgeltliche Teil, so wird lediglich eine Pflicht zur Erstattung des die Gegenleistung übersteigenden Wertes erwogen. Ob bei einem Hofübergabevertrag, der ein Leibgeding enthält,[347] oder auch bei der vertraglichen Zusage von Pflegeleistungen an eine schwer pflegebedürftige Person[348] als Gegenleistung zivilrechtlich überhaupt eine Schenkung vorliegt, muss unter Berücksichtigung des von den Vertragsparteien erstrebten Vertragszwecks sorgfältig ermittelt werden; oft fehlt es hier bürgerlichrechtlich überhaupt an einer gemischten Schenkung. Allerdings mindert die Übernahme von Grundschulden nur dann den Wert der Leistung, wenn diese auch valutiert sind und nicht der Empfänger bereits alleiniger persönlicher Schuldner der zu Grunde liegenden Verbindlichkeiten ist.[349] Der Anspruch richtet sich gegen den Beschenkten und geht auch dann auf seine Erben über, wenn der Schenker erst nach dem Tod des Beschenkten bedürftig wird.[350]

Der Anspruch besteht nur, soweit dies zur Deckung des angemessenen *120* Unterhalts des Schenkers erforderlich ist. Bei einem teilbaren Geschenk, etwa der Übertragung eines Wertpapierdepots, bedeutet das, dass nur der erforderliche Teil des Geschenks herausverlangt werden kann. Ist dagegen Grundbesitz im Weg der vorweggenommenen Erbfolge übertragen worden und das Vertragsobjekt deshalb nicht teilbar, ist die Herausgabe des geschuldeten Teils aus diesem Grund unmöglich; der Beschenkte muss dann Wertersatz für den Teil der Schenkung leisten, der wertmäßig zur Bestreitung des Unterhalts erforderlich ist.[351] Damit richtet sich der Anspruch in diesen Fällen der Sache nach auf wiederkehrende Zahlungen des Betrags, der dem Schenker jeweils an seinem angemessenen Unterhalt fehlt, und zwar so lange, bis die Zahlungen in ihrer Gesamtheit den Wert des Geschenks erreicht haben. Der Beschenkte kann die Zahlungspflicht durch Rückgabe des Geschenks abwenden;[352] er kann aber das Geschenk nicht an den Schenker zurückgeben, wenn ein Zahlungsanspruch auf den Sozialhilfeträger übergeleitet wurde.[353] Für die Frage, wann der Wert des Geschenks erschöpft ist, kommt es in jedem Fall auf eine wirtschaftliche Betrachtung an; es spielt keine Rolle, ob von einer gemischten

---

[346] BGHZ 30, 120; BayObLG, DNotZ 1996, 647 (651).

[347] BayObLGZ 1996, 20.

[348] OLG Oldenburg, MDR 1998, 111.

[349] OLG Düsseldorf, MDR 2001, 21.

[350] BGH, NJW 1991, 2558.

[351] BGH, NJW 1996, 987.

[352] MünchKomm/*Kollhosser*, § 528 Rdnr. 5 und jetzt ausdrücklich BGH, 17.12.2009 – Xa ZR 6/09, NJW 2010, 2655 = NotBZ 2010, 141 mit Anm. von *Krauß*.

[353] BGH, NJW 1994, 1655.

Schenkung oder von einer Schenkung unter Auflage auszugehen ist.[354] Je höher der wirtschaftliche Wert der Gegenleistung ist, desto eher ist also der Wert des Geschenks erschöpft.

121   Werden mehrere nacheinander beschenkt, gilt die Regelung des § 528 II BGB, der allerdings nicht schon dann anwendbar ist, wenn mehrere Vorgänge in einer notariellen Urkunde zu verschiedenen Zeitpunkten vollzogen werden; hier ist vielmehr von gleichzeitigen Schenkungen auszugehen.[355] Diese Entscheidung kann dahin verallgemeinert werden, dass es für § 528 II BGB stets auf den Zeitpunkt des Vertragsschlusses ankommt.[356] Mehrere gleichzeitig Beschenkte haften nicht anteilig, sondern jeder auf den vollen Wert seines Geschenks.[357] Wird nur einer vom Schenker in Anspruch genommen, erwirbt er einen Ausgleichsanspruch nach § 426 I BGB gegen die anderen Beschenkten,[358] es sei denn, der andere Beschenkte kann sich auf Wegfall der Bereicherung (§ 818 III BGB) berufen.[359]

Dem Beschenkten steht jedoch die Einrede[360] des § 529 BGB zu. Nach der neuen Rechtsprechung des BGH zum angemessenen Selbstbehalt bei Unterhaltsansprüchen von Eltern gegen ihre erwachsenen Kinder[361] braucht der Unterhaltsverpflichtete eine spürbare und dauerhafte Senkung seines berufs- und einkommenstypischen Unterhaltsniveaus jedenfalls dann nicht hinzunehmen, wenn er nicht unangemessenen Aufwand betreibt oder ein „Leben im Luxus" führt. Den Stamm seines Vermögens braucht der Beschenkte jedenfalls dann nicht zu verwerten, wenn dies wirtschaftlich für ihn mit einem nicht mehr vertretbaren Nachteil verbunden wäre.[362] Praktische Bedeutung hat vor allem die Zehnjahresfrist des § 529 I Alt. 3 BGB. Wann sie beginnt, wird bisher nur wenig diskutiert. Angesichts der Ähnlichkeit der Vorschrift mit § 2325 BGB liegt es nahe, die dafür entwickelten Grundsätze hierher zu übertragen, also auf den Vollzug der Schenkung abzustellen.[363] Bei § 2325 BGB kommt es hierfür bei Grundstücken nicht auf den Vertragsschluss, sondern auf die Eintragung im Grundbuch an, und die Frist beginnt überhaupt nicht, solange der bisherige Eigentümer aufgrund eines Nutzungsrechts das Objekt weiterhin im bisherigen Umfang nutzt (s. oben Rdnr. 93). Bei § 529

---

[354] BGH, NJW-RR 1996, 754.

[355] BGH, MittBayNot 1998, 89 (90).

[356] Ebenso *Heiter*, JR 1995, 313 (315); *Rundel*, MittBayNot 2003, 177 (180).

[357] BGH, DNotZ 1992, 102; a.A. *Heiter*, JR 1995, 313 (316).

[358] BGH, MittBayNot 1998, 89.

[359] So überzeugend *Rundel*, MittBayNot 2003, 177 (182).

[360] BGH, 19.12.2000 – X ZR 146/99, NJW 2001, 1207.

[361] BGH, 23.12.2002 – XII ZR 266/99, NJW 2003, 128.

[362] BGH, 15.1.2002 – X ZR 77/00, BGHR 2002, 861.

[363] So auch OLG Köln, FamRZ 1986, 985 (986).

BGB wird zum Fristbeginn indessen die gegenteilige Meinung vertreten,[364] und auch die Überlegung, die bei § 2325 BGB dazu führt, den Fristbeginn hinauszuschieben (Fehlen eines „echten" Vermögensopfers des Schenkers) passt nicht zum Zweck des § 529 BGB,[365] sodass hier in jedem Fall der Fristbeginn mit dem durch den Schenker nicht mehr einseitig zurücknehmbaren Eintragungsantrag beim Grundbuchamt anzunehmen ist. Innerhalb der Frist muss der Bedarf konkret eingetreten sein; dass die Umstände, die ihn in der Zukunft wahrscheinlich machen, innerhalb der Zehnjahresfrist eingetreten sind, reicht nicht aus.[366]

5.3 Ansprüche nach Schenkungswiderruf wegen groben Undanks

Für den Widerruf einer Schenkung wegen groben Undanks (§ 530 BGB) ist 122 bei gemischten Schenkungen Voraussetzung, dass der unentgeltliche Teil überwiegt. Er wird vor allem bei solchen Vermögensübertragungen im Weg der vorweggenommenen Erbfolge erklärt, bei denen wegen Anwendbarkeit der landesrechtlichen Vorschriften über den Leibgedingsvertrag (s. oben Rdnr. 64) ein Rücktritt wegen Pflichtverletzungen des Erwerbers ausgeschlossen ist.[367] Ein solcher Widerruf hat allerdings nur selten Erfolg, da die Rechtsprechung kumulativ das Vorliegen des objektiven Kriteriums einer schweren Verfehlung und subjektiv eine tadelnswerte Gesinnung, die „in erheblichem Maß die Dankbarkeit vermissen lässt, die der Schenker erwarten kann", verlangt.[368] Deshalb reichen Meinungsverschiedenheiten über den Umfang geschuldeter Versorgungsleistungen allein nicht, wenn sie nicht zu einer unmittelbaren Konfrontation der Vertragsparteien geführt haben,[369] wohl aber die ausdrückliche und beharrliche Weigerung, die eingegangenen Verpflichtungen zu erfüllen.[370] Auch die Bezeichnung der Eltern als „asoziale Asis", verbunden mit der Ankündigung, sie „unter die Erde zu bringen" und die Drohung mit der Zwangsversteigerung des geschenkten Grundbesitzes (wodurch das vorbehaltene Wohnungsrecht untergehen konnte!), sind als ausreichend angesehen worden.[371] Allerdings ist stets das Verhalten beider

---

[364] Krauß, MittBayNot 1992, 77 (82) und das Berufungsgericht in der Entscheidung BGH, NJW 2000, 728 (Fristbeginn bei Grundstücken mit Eingang des Umschreibungsantrags beim Grundbuchamt); der BGH hat hinsichtlich § 529 BGB noch nicht Stellung genommen.

[365] So mit Recht *Rundel*, MittBayNot 2003, 177 (180). Dagegen erwartet *J. Mayer*, Übergabevertrag, Rdnr. 44, der BGH werde seine Rechtsprechung zu § 2325 BGB hierher übertragen.

[366] BGH, NJW 2000, 728.

[367] Kritisch dazu *J. Mayer*, Übergabevertrag, Rdnr. 502.

[368] BGH, 5. 10. 2004 – X ZR 25/02, FamRZ 2005, 337.

[369] OLG Hamm, AgrarR 1997, 441.

[370] Aus der Rechtsprechung z. B. BGH, NJW 1992, 183 (Verweigerung der Gartennutzung) und NJW 1993, 1577 (Verweigerung einer Grundschuldeintragung).

[371] OLG Köln, NJW-RR 2002, 1595.

Seiten zu würdigen: Verfehlungen des Beschenkten erscheinen in einem milderen Licht, wenn der Schenker seinerseits vom Beschenkten behauptet, er sei „ein Teufel, der mit Menschenhaut überzogen" sei.[372] Bei der Nichterfüllung einer Zahlungspflicht kann aber wegen des erforderlichen subjektiven Elements grober Undank nicht bejaht werden, bevor die tatsächlichen wirtschaftlichen Verhältnisse des Beschenkten aufgeklärt sind.[373] Bei der Schenkung an ein Schwiegerkind soll auch ein Fehlverhalten gegenüber dem Ehegatten grober Undank gegenüber dem Schenker (!) sein können;[374] Untreue gegenüber dem eigenen Kind reicht aber ohne das Hinzutreten weiterer belastender Umstände nicht.[375]

5.4 Rücktritt vom Vertrag

123 Die Frage, ob bei einer Vermögensübertragung im Weg der vorweggenommenen Erbfolge der Veräußerer wegen Pflichtverletzungen des Erwerbers vom Vertrag zurücktreten kann, ist nur für die reine Schenkung einfach zu beantworten: Da hier der Erwerber keine Verpflichtungen hat, die von der Leistung des Schenkers rechtlich abhängig waren, kann er auch keine verletzen; ein Rücktritt nach §§ 323, 326 V BGB kommt schon aus diesem Grund nicht infrage. Hat sich der Erwerber jedoch zu Gegenleistungen verpflichtet, muss zwischen solchen Verträgen, die unter landesrechtliche Vorschriften über den Leibgedingsvertrag fallen (hierzu Rdnr. 64), und solchen, bei denen dies nicht der Fall ist, unterschieden werden.

Bei Leibgedingsverträgen steht kraft gesetzlicher Anordnung fest, dass ein Rücktritt des Veräußerers wegen Verzugs des Erwerbers ausgeschlossen ist. Sehr zweifelhaft ist dagegen, ob bei sonstigen Verträgen, für die eine ausdrückliche gesetzliche Regelung fehlt, etwas anderes gilt.[376] Nach dem Wortlaut des Gesetzes ist hier zwischen einer Schenkung unter Auflage – für die § 527 BGB eine Sondervorschrift darstellt, die nicht zum Rücktritt, sondern zur Rückforderung nach Bereicherungsrecht berechtigt – und einer gemischten Schenkung, für die der Gesetzgeber keine Regelung geschaffen hat, zu unterscheiden. Bei der gemischten Schenkung besteht das Problem darin, dass es sich um einen einheitlichen, teils entgeltlichen, teils unentgeltlichen Vertrag handelt, ein Rücktritt nach §§ 323, 326 V BGB aber nur bei entgeltlichen Verträgen in Betracht kommt.

Allerdings dürfte nicht zweifelhaft sein, dass bei einer Vermögensübertragung im Rahmen der gemischten Schenkung – mag sie nun ein Leibgedings-

---

[372] OLG Frankfurt, OLGR 2005, 611.
[373] BGH, 11. 7. 2000 – X ZR 89/98, NJW 2000, 3201.
[374] BGH, NJW 1999, 1623 (bei Vorliegen „besonderer Umstände").
[375] OLG Düsseldorf, NJW-RR 2005, 300.
[376] Vgl. dazu ausführlich *Olzen*, Vorweggenommene Erbfolge, S. 246 ff.

vertrag sein oder nicht – ein gegenseitiger Vertrag vorliegt.[377] Indessen hat die Überlegung Gewicht, dass es sich jedenfalls bei einer Verpflichtung des Erwerbers zu laufenden Leistungen, die womöglich – wie Pflegeleistungen – nicht in Natur zurückgegeben werden, um ein in Vollzug gesetztes Dauerschuldverhältnis handelt, das einem Rücktritt grundsätzlich nicht zugänglich ist, weil die Rückabwicklung einer Vielzahl erbrachter Einzelleistungen schwierig ist und normalerweise dem Interesse der Vertragsparteien widerspricht,[378] sodass der Vertrag nur durch außerordentliche Kündigung beendet werden kann. Auch wenn man dem folgt, bleibt aber die entscheidende (und durch die Einordnung nicht beantwortete) Frage offen, ob die Rückabwicklung die Rückgabe des übertragenen Gegenstands an den Veräußerer beinhaltet. Eine weitere Schwierigkeit besteht darin, dass schon die Einordnung eines Vertrags als Schenkung unter Auflage oder als gemischte Schenkung zweifelhaft sein kann (vgl. oben Rdnr. 9), hiervon aber abhängt, ob (nur) § 527 BGB oder das allgemeine Leistungsstörungsrecht anwendbar ist.

Die Zweifelhaftigkeit der Rechtslage muss für den Vertragsgestalter Anlass *124* sein, die Frage des Rechts zum Rücktritt ausdrücklich zu regeln. Das empfiehlt sich auch dann, wenn nach Auffassung der Vertragsteile von einem Leibgedingsvertrag auszugehen ist, weil ja nicht die Bezeichnung, sondern objektive Kriterien die Rechtsfolgen bestimmen (vgl. oben Rdnr. 60). Wird das Rücktrittsrecht ausgeschlossen, darf dies freilich nicht als Freibrief für Pflichtverletzungen des Erwerbers angesehen werden. Deshalb sollten dem Veräußerer seine übrigen Rechte und Ansprüche vorbehalten werden.

Formulierungsbeispiel:
Unabhängig davon, ob gegenwärtiger Vertrag als Leibgedingsvertrag im Sinne der landesrechtlichen Vorschriften anzusehen ist, wird das Recht des Veräußerers, nach § 323 BGB von diesem Vertrag zurückzutreten, weil der Erwerber die von ihm geschuldeten Leistungen nicht oder nicht vertragsgemäß erbracht hat, ausgeschlossen. Das Recht des Veräußerers, wegen der Pflichtverletzung des Erwerbers Erfüllung oder Schadensersatz zu verlangen oder andere Rechte geltendzumachen, die an eine Pflichtverletzung des Erwerbers anknüpfen, bleibt unberührt.

Soll das Recht des Veräußerers, bei Pflichtverletzungen des Veräußerers vom Vertrag zurückzutreten, nicht ausgeschlossen sein, bietet es sich an, die Zweifelsfragen zum Rücktritt dadurch gegenstandslos zu machen, dass für

---

[377] Ebenso BGH, WM 2000, 586; OLG Hamm, MDR 1979, 401; a. A. *J. Mayer,* Übergabevertrag, Rdnr. 510. Die Unterscheidung zwischen genetischem und konditionellem Synallagma erscheint aber reichlich rabulistisch.

[378] Vgl. aber BGH, NJW 1987, 2004 (2006): Rücktrittsrecht bleibt bestehen, wenn ein Rückabwicklungsinteresse der Vertragsteile gegeben ist.

diesen Fall ein vertragliches Rückforderungsrecht (s. oben Rdnr. 110) vereinbart wird.

5.5 Wegfall der Geschäftsgrundlage

125 Auch für die Frage, ob auf eine Vermögensübertragung im Weg der vorweggenommenen Erbfolge die Regeln über den Wegfall der Geschäftsgrundlage (§ 313 BGB) anwendbar sind, muss zwischen den Verträgen, die den landesrechtlichen Vorschriften über den Leibgedingsvertrag unterliegen, und sonstigen Verträgen unterschieden werden: Beim Leibgedingsvertrag stellen die Regelungen über die Rechtsfolgen von Leistungsstörungen Spezialvorschriften dar, die auch die Anwendung der allgemeinen Regeln über den Wegfall der Geschäftsgrundlage ausschließen; bei den sonstigen Verträgen sind diese Regeln uneingeschränkt anzuwenden, soweit der Sachverhalt außerhalb des Anwendungsbereichs der §§ 527, 528, 530 BGB liegt.[379] Ein solcher Fall liegt etwa vor, wenn die Erbringung oder Annahme vereinbarter Leistungen einem Vertragsteil unzumutbar geworden ist.[380] Rechtsfolge eines Wegfalls der Geschäftsgrundlage ist in erster Linie die Anpassung des Vertrags (§ 313 I BGB), falls diese nicht möglich oder nicht zumutbar ist, das Recht zum Rücktritt (§ 313 III 1 BGB) oder zur Kündigung (§ 313 III 2 BGB).

Für eine erforderlich werdende Anpassung können auch bei sonstigen Verträgen die spezialgesetzlichen Vorschriften über den Leibgedingsvertrag nutzbar gemacht werden.[381] Diese stellen – mit Unterschieden im Einzelnen – regelmäßig auf die Veranlassung der Störungen ab, die die Leistungserbringung als unzumutbar erscheinen lassen.[382] Eine Anpassung ist sowohl zu Gunsten als auch zulasten des Berechtigten möglich. Umwandlung in eine Geldleistung nach den Regeln über den Wegfall der Geschäftsgrundlage kommt auch infrage, wenn die Erbringung von Pflegeleistungen durch den Erwerber unmöglich wird;[383] allerdings ist hier das Risiko der Unterbringung in einem Pflegeheim durch ausdrückliche Vereinbarung regelmäßig auf den Veräußerer abgewälzt. Trat die Unmöglichkeit einer Leistung aufgrund von Umständen ein, die keiner der Vertragsteile zu vertreten hat, ist für die Höhe der Geldleistung auf den Wert der Befreiung des Verpflichteten, nicht der erforderlich gewordenen Aufwendungen des Berechtigten abzustellen.[384]

---

[379] BGH, NJW-RR 1989, 451; BGH, NJW-RR 1995, 77.

[380] In der zuletzt genannten Entscheidung des BGH war es wegen eines tief greifenden Zerwürfnisses der Vertragsteile dem Veräußerer unzumutbar geworden, sich vom Erwerber versorgen zu lassen.

[381] A. A. aber OLG Hamm, NJW-RR 1996, 1360, das annimmt, dass bei einem Vertrag, der kein Leibgedingsvertrag ist, im Fall der Unmöglichkeit der Erfüllung einer Pflegeverpflichtung trotz Art. 15 § 9 preuß. AGBGB vom Erwerber keine Geldzahlungen zu erbringen sind.

[382] Vgl. etwa Art. 18–20 bayer. AGBGB und die Kommentare zu Art. 96 EGBGB.

[383] OLG Düsseldorf, MDR 2001, 1287.

[384] OLG Düsseldorf, NJW-RR 1988, 326; LG Amberg, FamRZ 1982, 1286.

Neben den Regeln über den Wegfall der Geschäftsgrundlage haben die vor allem früher in der Rechtsliteratur vielfach erwogenen Ansprüche aus ungerechtfertigter Bereicherung wegen Zweckverfehlung (§ 812 I 2, Alt. 2 BGB) heute keine Bedeutung mehr.[385]

5.6 Ansprüche eines Vertragserben oder Vermächtnisnehmers

Ist der Veräußerer durch Erbvertrag oder nach dem Tod des Erstversterben-   *126* den bindend gewordenes Gemeinschaftliches Testament gebunden und wählt er den „Ausweg", das Vermögen, über das er von Todes wegen nicht mehr verfügen kann, im Weg der vorweggenommenen Erbfolge an eine andere Person als den erbrechtlich Bedachten zu übertragen, kann der Erwerber Ansprüchen des Vertragserben oder Schlusserben[386] nach § 2287 BGB oder eines erbvertraglich oder testamentarisch gesicherten Vermächtnisnehmers nach § 2288 II 2 BGB ausgesetzt sein.

In der Praxis werden diese Ansprüche nicht sehr häufig geltend gemacht und haben noch seltener Erfolg. Sie kommen zwar bei Schenkungen aller Art, auch bei ehebezogenen Zuwendungen,[387] in Betracht, setzen aber kumulativ eine objektive Beeinträchtigung des Bedachten und subjektiv die Absicht voraus, eine der genannten Personen zu beeinträchtigen, was nach der Rechtsprechung dann ausgeschlossen ist, wenn der Veräußerer an der Schenkung ein lebzeitiges Eigeninteresse hatte,[388] das beim typischen Fall der vorweggenommenen Erbfolge selten fehlt, reicht doch das Bemühen des Veräußerers, seine Altersversorgung zu verbessern,[389] ja sogar das Bedürfnis, die jüngere Ehefrau zwecks Betreuung und Pflege im Alter an sich zu binden.[390] Nicht ausreichend ist allerdings der Wunsch, vermeintliche Ungerechtigkeiten bei der Vermögensverteilung unter den Abkömmlingen zu beseitigen.[391]

Die Schenkung zulasten eines bindend eingesetzten Vermächtnisnehmers kann nicht nach § 2288 II BGB angegriffen werden, wenn der vom Erblasser erstrebte Zweck nur durch Veräußerung des Vermächtnisgegenstands zu erreichen war und hierfür das genannte lebzeitige Eigeninteresse angenommen

---

[385] *Kollhosser,* AcP 194 (1994), 231 (250 ff.); a. A. aber BGH, 5. 10. 2004 – X ZR 25/02, FamRZ 2005, 337, der Ansprüche wegen Zweckverfehlung sogar vorrangig vor solchen wegen Wegfalls der Geschäftsgrundlage prüft.

[386] § 2287 I BGB ist auf bindend gewordene Verfügungen in einem gemeinschaftlichen Testament entsprechend anzuwenden; vgl. für alle MünchKomm/*Musielak,* § 2287 Rdnr. 2.

[387] BGH, NJW 1992, 564.

[388] BGH, NJW 1992, 564 (566).

[389] OLG Düsseldorf, NJW-RR 1986, 806; OLG München, NJW-RR 1987, 1484.

[390] BGH, NJW 1992, 2630.

[391] BGH, 25. 1. 2006 – IV ZR 153/04, FamRZ 2006, 473.

werden kann.[392] Da es stets erst nach dem Tod des Veräußerers zum Streit kommen kann, ist es für den Erwerber ratsam, den Veräußerer sein lebzeitiges Eigeninteresse in der Übertragungsurkunde im Einzelnen darlegen zu lassen.

---

[392] BGH, DNotZ 1998, 834.

6 Hinweise zum Steuerrecht

Im Steuerrecht folgt die vorweggenommene Erbfolge in mancherlei Hinsicht *127*
besonderen Regeln, die – wenn sie eingreifen – typischerweise für die Beteiligten vorteilhaft sind (vgl. § 13 a ErbStG, R 56 II ErbStR, § 6 III EStG,
§ 11 d I EStDV). Es ist deshalb vom Standpunkt des Steuerrechts aus grundsätzlich richtig, einen entsprechenden Hinweis in den Vertrag aufzunehmen.

6.1 Schenkungsteuer

Glückliches England: Wird in Großbritannien Vermögen im Weg der vorweg- *128*
genommenen Erbfolge auf die nächste Generation übertragen, dann unterliegt
dieser Vorgang zunächst keiner Steuer – und dabei hat es sein Bewenden,
wenn nur der Veräußerer die Schenkung um mindestens sieben Jahre über-
lebt. In Deutschland ist dagegen der Anfall von Schenkungsteuer ein wichtiger Gesichtspunkt, den es bei mittleren und größeren Vermögen oder ent-
fernterem Verwandtschaftsgrad des Veräußerers zum Erwerber stets zu beachten gilt.

Zuwendungen im Weg der vorweggenommenen Erbfolge unterliegen der
Schenkungsteuer, soweit sie unentgeltlich erfolgen. Was als Schenkung im
Sinne des Schenkungsteuerrechts anzusehen ist, bestimmt § 7 ErbStG. Ob eine
(teilweise) unentgeltliche Zuwendung vorliegt, entscheidet dabei die objektive
Sachlage. Anders als im Zivilrecht (vgl. o. Rdnr. 27) ist es steuerlich also unbeachtlich, dass die Vertragsteile Leistung und Gegenleistung als gleichwertig
ansehen, wenn in Wahrheit ein Missverhältnis besteht.[393]

6.1.1 Ausführung der Schenkung

Die Schenkungsteuer entsteht mit der „Ausführung der Zuwendung" (§ 9 I *129*
Nr. 2 ErbStG). Bei Immobilien ist die Schenkung ausgeführt, wenn der
Schenker und der Beschenkte die für die Eintragung im Grundbuch erforderlichen Erklärungen wirksam abgegeben haben und deshalb der Erwerber
beim Grundbuchamt den Eintragungsantrag stellen *kann;* ob dies bereits geschehen ist, spielt keine Rolle.[394] Ebenso wenig hindern Vorbehaltsrechte des
Schenkers den Vollzug der Schenkung im schenkungssteuerlichen Sinn ohne
Rücksicht darauf, welchen Umfang sie haben. Selbst ein Totalnießbrauch verbunden mit umfassenden Rückerwerbsrechten, sodass der Schenker wirtschaftlicher Eigentümer (§ 39 II AO) bleibt, hindert einen Vollzug der Schen-

---

[393] BFH, BStBl. 1994 II 366.
[394] BFH, NJW 1991, 2591.

kung nicht,[395] und nicht einmal ein freier Widerrufsvorbehalt, wenn die Schenkung nur ernstlich gewollt war.[396]

6.1.2 Bewertung

130 Soweit der Erwerber keine Gegenleistung zu erbringen hat, stellt sich lediglich die Frage der Bewertung der Leistung des Veräußerers. Diese erfolgt nach dem BewG. Geldvermögen wird dabei grundsätzlich mit seinem Nominalwert, bewegliche Sachen werden mit ihrem Verkehrswert bewertet. Privilegiert ist Betriebsvermögen; Immobilien sind es seit der Erbschaftssteuerreform 2009 nur noch ausnahmsweise und in weitaus geringerem Umfang als früher.

6.1.2.1 Bewertung von Grundbesitz

Allerdings knüpfte die Schenkungsteuer schon seit 1. 1. 1996 auch bei Immobilien nicht mehr an den Einheitswert an. Aber auch die von 1996 bis 2008 geltende Bewertung mit einem besonderen Wert, dem „Grundbesitzwert" ist abgeschafft, da sie vom BVerfG als gleichheitswidrig angesehen wurde.[397] Seit 1. 1. 2009 gilt Folgendes: Unbebaute Grundstücke werden mit dem von den Gutachterausschüssen ermittelten Bodenrichtwerten (ohne Sicherheitsabschlag!) bewertet (§ 179 BewG). Ein- und Zweifamilienhäuser und Eigentumswohnungen werden im Vergleichswertverfahren bewertet; es werden also die Kaufpreise vergleichbarer Grundstücke herangezogen (§ 182 II BewG).

Mietwohngrundstücke, Geschäftsgrundstücke und gemischt genutzte Grundstücke werden dagegen nach dem Ertragswertverfahren (§ 182 III BewG) bewertet. Dabei müssen der Grund und Boden (fiktiv als unbebaut angenommen) und das Gebäude separat bewertet werden. Das Gebäude wird dabei nach dem Gebäudeertrag bewertet. Hierzu ist zunächst der Rohertrag des Grundstücks, also die vereinbarte oder übliche Miete zu ermitteln; hiervon sind die Bewirtschaftungskosten und die Bodenwertverzinsung abzuziehen.[398] Der sich daraus ergebende Gebäudereinertrag ist wiederum zu kapitalisieren, wobei die Restnutzungsdauer des Gebäudes zu berücksichtigen ist.

Beispiel:[399]
Auf einem Grundstück mit einer Fläche von 800 qm (Grundstückswert: 205 €/qm) steht ein 1955 errichtetes Mietshaus, das eine Jahresmiete von 24.600 € abwirft.

---

[395] BFH, NJW 1983, 904.
[396] BFH, NJW 1990, 1750.
[397] BVerfG, NJW 2007, 573.
[398] Zur Berechnung vgl. gleich lautender Erlass, BStBl. 2009 I 590.
[399] Nach *Drosdzol,* ZEV 2008, 177 (179).

Bodenwert: 205 x 800 = 164.000 €
Gebäudeertragswert:
Jahresmiete: 24.600 €
– Bewirtschaftungskosten (Anl. 23 BewG: 27%): 6.642 €
– Bodenwertverzinsung (5 % von 164.000 €): 8.200 €
= Gebäudereinertrag: 9.758 €
Vervielfältiger (Anl. 21 BewG: Restnutzungsdauer 27 Jahre,
Liegenschaftszinssatz 5 %) = 14,64
Gebäudeertragswert: 142.857 €
Grundstückswert: 306.857 €

Das Sachwertverfahren (§ 182 IV BewG) wird nur angewendet, wenn bei Ein- und Zweifamilienhäusern oder Eigentumswohnungen Vergleichswerte fehlen.

Der für bebaute Grundstücke anzusetzende Wert darf dabei den Wert des unbebauten Grundstücks nicht unterschreiten (Mindestwert, § 146 VI BewG). Die Möglichkeit, einen geringeren „gemeinen Wert", also einen geringeren Verkehrswert nachzuweisen, hat der Steuerpflichtige bei jedem Bewertungsverfahren (§ 198 BewG).[399a] Eine echte Privilegierung besteht nur noch für zu Wohnzwecken vermietete Immobilien (§ 13 c ErbStG); bei diesen wird der ermittelte Wert um 10 % gekürzt; allerdings können auch eingetragene Belastungen nur zu 90 % abgezogen werden. Wie hoch der Grundbesitzwert im konkreten Fall ist, wissen die Beteiligten allerdings erst, wenn sie den Vertrag abgeschlossen haben; die Bewertung erfolgt nämlich nur dann, wenn sie erforderlich ist (sog. *Bedarfsbewertung*). Verbindliche Auskünfte des Finanzamts sind jedenfalls in der Praxis kaum jemals zu erhalten. Allgemein lässt sich sagen, dass die gesetzlichen Bewertungsverfahren typischerweise zu einer (geringen) Unterbewertung führen.[400] Das steuerliche Bewertungsverfahren entspricht jetzt dem für die Ermittlung der Verkehrswerte durch die Gutachterausschüsse nach dem BauGB.[401]

In der Land- und Forstwirtschaft bestehen Sonderregeln, die zu einer niedrigeren Bewertung führen, z. B. bei der Wohnung des Betriebsinhabers durch einen besonderen Abschlag von 15 % (§ 143 III BewG) und die Begrenzung des Mindestwerts des § 146 VI BewG auf das Fünffache der bebauten Fläche (§ 143 II BewG). In den allermeisten Fällen führen die Bewertungsvorschriften zur Steuerfreiheit.[402]

[399a] Vgl. dazu BFH, ZEV 2010, 489.
[400] Vgl. die Beispiele bei *Drosdzol*, ZEV 2008, 177 (179, 180).
[401] Immobilienwertermittlungsverordnung vom 19. 5. 2010, BGBl. I S. 639.
[402] *Geck*, ZEV 2008, 557 (562).

131   Die früheren Empfehlungen, statt Geld eine Immobilie zu schenken und sogar dann, wenn keine solche vorhanden ist, sondern „eigentlich" eine Geldschenkung Gegenstand der vorweggenommenen Erbfolge sein soll, eine leicht verkehrsfähige Immobilie zu erwerben und diese zu verschenken, selbst wenn vorgesehen ist, dass der Erwerber sie alsbald wieder verkauft, sind deshalb heute überholt; auch die Rechtsprechung zur „mittelbaren Geldschenkung"[403] dürfte keine Bedeutung mehr haben.

Ein solcher Immobilienerwerb kann sogar kontraproduktiv sein, nämlich dann, wenn der Verkaufserlös die Anschaffungskonten übersteigt. Bei Immobilien, die der Veräußerer vor weniger als zehn Jahren erworben hat, ist nämlich an die Spekulationssteuer aus § 23 EStG (s. unten Rdnr. 148) zu denken. Auch die Schenkung von Grundbesitz aus einem Betriebsvermögen kann einkommensteuerlich ungünstige Folgen haben.

6.1.2.2 Mittelbare Grundstücksschenkung

132   Entsprechendes gilt für den „umgekehrten" Fall, die Schenkung von Geld zum Immobilienerwerb. Als zwischen dem Verkehrswert und dem Steuerwert von Immobilien noch erhebliche Unterschiede bestanden, wurde als Mittel der Steuerersparnis die mittelbare Grundstücksschenkung empfohlen, wenn der Erwerber die Anschaffung einer Immobilie beabsichtigte: Wurde Geld zur Anschaffung eines genau bestimmten Grundstücks geschenkt, nahm die Finanzverwaltung keine Geld-, sondern eine Grundstücksschenkung an (R 16 ErbStR 2003). Dieselbe Empfehlung galt auch, wenn – wie insbesondere im Verhältnis von Eltern und Kindern häufig – nicht die gesamte Immobilie, deren Erwerb beabsichtigt war, geschenkt werden sollte, sondern nur ein Teil, während der andere Teil vom Beschenkten finanziert wird. Eine solche Schenkung galt steuerlich als „mittelbare Grundstücksschenkung"; es war dann die Immobilie als zugewendet anzusehen, sodass Schenkungsteuer nur nach dem Grundbesitzwert erhoben wurde.[404] Wurde weniger als der erforderliche Geldbetrag zugewendet, galt der Teil der Immobilie als zugewendet, der dem Verhältnis des Geldbetrags zum Gesamtkaufpreis entsprach. Dieses Gestaltungsmittel versagte, wenn ein „unbedeutender Teil" (in der Praxis: weniger als 10 %) des Kaufpreises geschenkt wurde, weil dann nicht von der (teilweisen) Schenkung der Immobilie, sondern von einer reinen Geldschenkung ausgegangen wurde. Heute hat dieses Rechtsinstitut nur noch in den seltenen Fällen Bedeutung, in denen ein nennenswerter Unterschied zwischen Verkehrswert und Steuerwert besteht (z. B. in den Fällen des § 13 c ErbStG).

---

[403] Vgl. FG Kassel, NotBZ 2003, 319: Geldschenkung, nicht Grundstücksschenkung, wenn der Beschenkte ein Grundstück sofort weiterverkauft, ohne dass seine Eintragung in das Grundbuch wenigstens bewilligt war.

[404] Vgl. BFH, DStR 2005, 151 mit Anm. von *van de Loo*; BFH, ZEV 2006, 516 mit Anm. von *Götz*.

Bei zur Vermietung vorgesehenen Immobilien ergaben sich aus einer mittelbaren Grundstücksschenkung keine einkommensteuerlichen Nachteile, da für die Abschreibung die Anschaffungskosten des Schenkers maßgebend sind (§ 11 d EStDV).

Wenn eine mittelbare Grundstücksschenkung heute noch ins Auge gefasst 133 wird, ist zu beachten, dass nur die Schenkung zum Erwerb einer genau bezeichneten Immobilie die genannte günstige Steuerfolge hat. Empfehlungen oder Wünsche, mit dem geschenkten Geld in bestimmter Weise zu verfahren, sind ebenso ohne Bedeutung wie eine Auflage, mit dem zugewendeten Geld irgendein Grundstück zu erwerben; selbst die Bestimmung des Schenkers, „eine 3-Zimmer-Eigentumswohnung in München zu erwerben", ist nicht ausreichend. Die Anerkennung der mittelbaren Grundstücksschenkung durch die Finanzverwaltung ist teilweise sehr restriktiv. Insbesondere dann, wenn zwischen der Geldschenkung und dem Erwerb der Immobilie ein längerer Zeitraum liegt, wird oft unterstellt, der erforderliche konkrete Verwendungszweck habe zum Zeitpunkt der Schenkung noch nicht vorgelegen. Auch wenn eine sofort ausgeführte Geldschenkung zivilrechtlich keiner Form bedarf, kann es deshalb zweckmäßig sein, die Vereinbarung einer mittelbaren Grundstücksschenkung schriftlich niederzulegen und von einem Notar eine Feststellung über das Datum, an dem es ihm vorgelegt wurde, auf das Schriftstück setzen zu lassen.[405]

6.1.3 Steuerbefreiungen, Freibeträge und Steuersätze

Bei der Schenkungsteuer gibt es eine Reihe von Steuerbefreiungen (§ 13 134 ErbStG), von denen die meisten allerdings im Rahmen der vorweggenommenen Erbfolge nur geringe Bedeutung haben. So sind beispielsweise „übliche Gelegenheitsgeschenke" in § 13 I Nr. 14 ErbStG steuerfrei; der Erwerb von Grundbesitz fällt aber generell nicht unter diesen Begriff. Schenkungsteuerlich nutzbar zu machen ist oft die Steuerfreiheit der Abgeltung für Pflegeleistungen (§ 13 Abs. 1 Nr. 9 ErbStG: bis zu 20.000 €).

Steuerfrei ist auch die Übertragung des Familienheims unter Ehegatten (§ 13 Abs. 1 Nr. 4 a ErbStG); diese Befreiung ist vom Wert der Immobilie unabhängig (ErbStErl 2009 Abschn. 3 [5] Satz 2). Es muss sich dabei um den Mittelpunkt des familiären Lebens handeln; Ferien- oder Wochenendhäuser sind nicht begünstigt. Für Kinder und Enkelkinder gibt es eine vergleichbare Befreiung nur beim Erwerb im Todesfall und nur, soweit die Wohnfläche 200 qm nicht übersteigt (§ 13 Abs. 1 Nr. 4 c ErbStG).

---

[405] Dafür fällt erstaunlicherweise ohne Rücksicht auf den Gegenstand der Urkunde und die Höhe des zugewendeten Geldbetrags nur die sehr mäßige Gebühr von 13 € an (§ 56 KostO).

Die Höhe der Freibeträge und der Steuersatz bei der Schenkungsteuer hängen dabei entscheidend von dem Verwandtschaftsgrad ab, der zwischen Veräußerer und Erwerber besteht, da hiernach eine Einordnung in die Steuerklassen I (Ehegatte, Kinder, Enkel), II (Geschwister, Neffen, Nichten, Eltern, Großeltern, Schwiegerkinder, früherer Ehegatte) und III (Onkel, Tanten, Cousins, Großneffen und -nichten, nicht verwandte Personen) erfolgt. Zur ungünstigen Steuerklasse III gehören also auch Verlobte und der Partner einer nichtehelichen Lebensgemeinschaft, auch wenn diese womöglich schon Jahre oder Jahrzehnte besteht. Auch der gleichgeschlechtliche eingetragene Lebenspartner, der sonst in vielfacher Hinsicht dem Ehegatten gleichgestellt ist, hat zwar den Freibetrag für Ehegatten, genießt aber bei der Steuerklasse kein Privileg, sondern gehört zur ungünstigen Steuerklasse III. Allerdings hat das BVerfG[405a] die bis zum 31. 12. 2008 geltende Regelung für verfassungswidrig erklärt, so dass auch für das neue Recht von einer Gleichstellung mit Ehegatten auszugehen ist.

Beispiel:
Wird ein Hausgrundstück im Steuerwert von 600.000 € von einem Elternteil an ein Kind übertragen, so hat dieses 22.000 € Schenkungsteuer zu zahlen; ein nicht mit dem Veräußerer verwandter Erwerber zahlt hingegen nicht weniger als 174.000 € Schenkungsteuer.

Bei Zuwendungen einer Immobilie mit der Verpflichtung des Erwerbers, an weichende Erben, insbesondere seine Geschwister, Geldbeträge zu zahlen, ist zu beachten, dass es sich gegenüber den weichenden Erben um eine Forderungsschenkung des Veräußerers handelt. Freibetrag und Steuerklasse bestimmen sich deshalb nicht nach dem Verhältnis der weichenden Erben zum Erwerber, sondern zum Veräußerer.[406]

135   Der Steueranspruch entsteht mit der Ausführung der Zuwendung (§ 9 I 2 ErbStG). Bei der Grundstücksschenkung ist dies nicht die Umschreibung im Grundbuch, sondern die Erklärung der Auflassung, vorausgesetzt, dass die Umschreibung später tatsächlich erfolgt.[407] Für die Zuwendung einer noch nicht vermessenen (und deshalb meist auch nicht sofort aufgelassenen) Teilfläche gibt es bisher, soweit ich sehe, keine Rechtsprechung des BFH. Sind behördliche Genehmigungen erforderlich, ist die Schenkung ausgeführt, wenn die Beteiligten alles getan haben, um die Genehmigung herbeizuführen (R 23 III ErbStR).

[405a] BverfG, ZEV 2010, 482.

[406] BFH, NJW 2003, 1207.

[407] BFH, BStBl. 2002 II 781; BFH, ZEV 2005, 530 mit Anm. von *Everts*. Bis zur Umschreibung kann die Schenkung auch mit steuerlicher Wirkung noch rückgängig gemacht werden (s. unten Rdnr. 142).

Mehrere Vermögenserwerbe innerhalb von zehn Jahren von derselben Person werden für die Ermittlung der Erbschaft- und Schenkungsteuer zusammengerechnet (§ 14 ErbStG). Das bedingt, dass bei der Steuerplanung der vorweggenommenen Erbfolge nicht früh genug begonnen werden kann. Ist eine Zuwendung nämlich teilbar (was z. B. bei der Zuwendung von Geldvermögen die Regel ist), sollten die Freibeträge in möglichst jungen Jahren ausgeschöpft werden, sodass sie nach Ablauf der Zehnjahresfrist noch einmal zur Verfügung stehen, wenn der Zuwendende dann noch am Leben ist. Selbst bei größeren Zuwendungen, die die Freibeträge übersteigen, kann dies vorteilhaft sein, weil der Steuersatz progressiv ist und deshalb bei einer Teilung der Zuwendung möglicherweise eine niedrigere Tarifstufe maßgebend ist.

Beispiel:
Der Onkel O schenkte seinem Neffen N am 1. 2. 2008 Wertpapiere im Kurswert von 70.000 €. Schenkt er ihm am 1. 2. 2016 erneut Wertpapiere im Kurswert von 70.000 €, dann werden die beiden Zuwendungen zusammengerechnet; der Freibetrag von 20.000 € kann nur einmal in Anspruch genommen werden, sodass insgesamt 120.000 € mit 20 % zu versteuern, also 24.000 € Schenkungsteuer zu zahlen sind. Wartet O mit der Zuwendung bis zum 1. 2. 2018, dann muss der Neffe – einen unveränderten Steuertarif unterstellt – lediglich zweimal 15 % Schenkungsteuer auf je (70.000 – 20 000 =) 50.000 €, insgesamt also 15.000 € Schenkungsteuer bezahlen.

Schuldner der Schenkungsteuer ist grundsätzlich der Erwerber (§ 20 I *136* ErbStG). Übernimmt der Schenker die Schenkungsteuer, dann gilt derjenige Betrag als zugewendet, der sich bei einer Zusammenrechnung des eigentlichen Erwerbs mit der sich aus diesem Erwerb errechnenden Steuer ergibt (§ 10 II ErbStG). Vor allem bei großen Zuwendungen und hohen Steuersätzen ist es daher steuerlich sinnvoll, eine Schenkung in der Höhe vorzunehmen, wie sie dem Erwerber „netto" verbleiben soll und zusätzlich die Schenkungsteuer aus diesem Betrag zu übernehmen. Wird stattdessen der um die Schenkungsteuer erhöhte Betrag zugewendet und soll der Erwerber die Schenkungsteuer tragen, bleibt nach Abzug der Schenkungsteuer ein geringerer Betrag übrig. Hat sich der Schenker zur Zahlung verpflichtet, dann muss das Finanzamt zunächst diesen in Anspruch nehmen; eine Zahlungsaufforderung an den Beschenkten muss besonders begründet werden.[408]

Die steuerlichen Freibeträge im Verhältnis zwischen Eltern und Kindern *137* gelten pro Kind und pro Elternteil, sodass Eltern, die vier Kinder (und beide entsprechendes Vermögen!) haben, diesen bis zu 3.200.000 € schenken können. Die Freibeträge gelten für leibliche Kinder ebenso wie für adoptierte Kinder; dies gilt auch bei der Annahme einer volljährigen Person als Kind.

---

[408] BFH, ZEV 2008, 554.

Wenn Veräußerer und Erwerber daher nicht verwandt sind, der Veräußerer aber zu dem in Aussicht genommenen Erwerber ein Verhältnis wie zu einem leiblichen Kind hat, sollte er deshalb erwägen, ob er diesen nicht als Kind annimmt. Die Adoption erfolgt auf Antrag durch Beschluss des zuständigen Vormundschaftsgerichts (§ 1741 BGB). Grundsätzlich spricht nichts gegen die steuerliche Motivation einer Adoption;[409] die Anforderungen, die seitens der Vormundschaftsgerichte an das erforderliche „Eltern-Kind-Verhältnis" (§ 1767 I BGB) gestellt werden,[410] sind aber örtlich sehr unterschiedlich.

Nicht unbedingt „erforderlich" ist die Adoption bei Betriebsvermögen, land- und forstwirtschaftlichem Vermögen und wesentlichen Beteiligungen an Kapitalgesellschaften. Land- und forstwirtschaftliches Vermögen wird immer noch sehr „günstig" bewertet (§§ 140–144, 158 ff. BewG); bei wesentlichen Beteiligungen an Kapitalgesellschaften kann der Steuerpflichtige zwischen einer „normalen" Bewertung und der Anwendung des vereinfachten Ertragswertverfahrens nach §§ 199 bis 203 BewG wählen.

138   Die je nach Empfänger unterschiedlichen Freibeträge und Steuersätze können auch durch sog. „Kettenschenkungen" ausgenutzt werden. So ist es – von der zivilrechtlichen Seite einmal ganz abgesehen – unvernünftig, Vermögen im Weg der vorweggenommenen Erbfolge auf ein Kind und ein Schwiegerkind als Berechtigte zu gleichen Teilen zu übertragen. Richtig ist vielmehr die Schenkung an ein Kind, dem es dann überlassen bleibt, einen halben Anteil an seinen Ehegatten weiterzuübertragen; ist dies dem freien Ermessen des Empfängers überlassen, liegt hierin kein Gestaltungsmissbrauch (§ 42 AO).[411] Soll Kindern von einem Elternteil ein Vermögenswert übertragen werden, dessen Wert den Freibetrag übersteigt, so kann es in gleicher Weise sinnvoll sein, zunächst die Hälfte an den Ehegatten zu übertragen, woraufhin dann beide Eltern den Vermögenswert an das Kind übertragen, wodurch der Freibetrag doppelt ausgenutzt werden kann. Unproblematisch ist das allerdings nur dann, wenn der andere Elternteil ebenfalls über Vermögen verfügt. Ist dieser dagegen vermögenslos, liegt es nahe, dass die Finanzverwaltung hier Gestaltungsmissbrauch annehmen könnte. Es ist in einem solchen Fall daher ratsam, zwischen beiden Schenkungen eine ausreichende „Schamfrist" einzuhalten, um plausibel zu machen, dass es die freie Entscheidung des beschenkten Elternteils war, den Vermögenswert wie später geschehen weiterzugeben. Ein enger zeitlicher Zusammenhang ist dagegen ein Indiz für die Abhängigkeit beider Zuwendungen.[412]

---

[409] OLG Karlsruhe, NJW-RR 2006, 364; *Becker*, ZEV 2009, 25.

[410] Vgl. OLG Hamm, FGPrax 2003, 124.

[411] FG Rheinland-Pfalz, ZEV 1999, 243; vgl. auch BFH, NJW 2005, 2176 und *Geck/Messner*, ZEV 2008, 235.

[412] BFH, BStBl. 2001 II 393.

Einzelheiten regeln die Erbschaftsteuer-Durchführungsverordnung (BGBl. 1998 I 2658), die Erbschaftsteuer-Richtlinien (BStBl. 2003 I Sondernummer 1) und die gleich lautenden Ländererlasse vom 25. 6. 2009 (BStBl. 2009 I 713).

6.1.4 Behandlung von Gegenleistungen

Erbringt der Erwerber Gegenleistungen, dann ist zu unterscheiden, ob es *139* sich handelt um

– Leistungsauflagen,
– Nutzungs- oder Duldungsauflagen (R 17 IV ErbStR 2003).

„Auflage" ist hierbei nicht im zivilrechtlichen Sinn zu verstehen, sondern bedeutet jede Gegenleistung des Erwerbers, mag es sich dabei um eine Schenkung unter Auflage oder um eine gemischte Schenkung handeln. Leistungsauflagen verpflichten den Erwerber zu einer Geldleistung, die er auch aus seinem persönlichen Vermögen erbringen kann; hierunter fällt auch die Verpflichtung zu Zahlungen an weichende Erben.[413] Nutzungs- und Duldungsauflagen beschränken die Möglichkeit des Erwerbers, den geschenkten Gegenstand sofort selbst zu nutzen.[414]

6.1.4.1 Leistungsauflagen

Bei Leistungsauflagen wird die Schenkung in einen entgeltlichen und einen unentgeltlichen Teil aufgespalten; die Leistung des Erwerbers ist nur anteilig, nämlich im Verhältnis des Steuerwerts zum Verkehrswert des übertragenen Vermögens abziehbar (R 17 Abs. 2 ErbStR 1998). Diese Regel hatte erhebliche Bedeutung, als Steuerwert und Verkehrswert oft noch erheblich voneinander abwichen. Sind Steuerwert und Verkehrswert identisch, spielt sie keine Rolle, sodass sie heute nur noch dann anzuwenden ist, wenn die beiden Werte ausnahmsweise unterschiedlich sind.[415] Erwirbt beispielsweise die Tochter T von ihrem Vater V ein Wohnhaus mit einem Verkehrswert von 300.000 € und einem Steuerwert von 270.000 € und übernimmt sie dabei eine Grundschuld, die mit noch 50.000 € valutiert, dann ist der Steuerwert der Zuwendung 270.000 € - (270.000 € x 50.000 € : 300.000 €) = 225.000 €.

Problematisch ist vor allem die Bewertung zugesagter Pflegeleistungen; wenn der Veräußerer bei Vertragsschluss noch nicht pflegebedürftig ist, werden sie zunächst nicht berücksichtigt, sondern die Schenkungsteuer erst berichtigt, wenn der Pflegefall eingetreten ist. Die Finanzverwaltung setzt dann mangels anderer Anhaltspunkte die monatliche Pauschalvergütung in der

---

[413] BFH, NJW 2003, 1207.
[414] Grundlegend BFH, BStBl. 1989 II 524.
[415] *Jerschke, in:* Besck'sches Notar-Handbuch, Kap. A V. Rdnr. 17 meint sogar, diese Verhältnisrechnung sei mit der Erbschaftssteuerreform 2009 entfallen; anders aber ErbStErl 2009, Abschn. 1 (1).

häuslichen Pflege nach § 36 III SGB XI an; maßgeblich ist der gesetzliche Betrag bei Eintritt des Pflegefalls; spätere Änderungen bleiben außer Betracht.[416]

Leistungsauflagen können naturgemäß nur dann abgezogen werden, wenn sie dem Erwerber tatsächlich zur Last fallen. Übernimmt der Erwerber beispielsweise Schulden des Veräußerers, behält sich dieser aber den Nießbrauch vor und verpflichtet sich dabei, weiterhin Zins- und Tilgungsleistungen für die vom Erwerber übernommenen Kredite zu zahlen, dann bleiben solche Schulden unberücksichtigt.[417]

Bei der Vermögensnachfolge im Todesfall können Verbindlichkeiten in jedem Fall in voller Höhe abgezogen werden; soweit Steuerwert und Verkehrswert ausnahmsweise voneinander abweichen, ist die vorweggenommene Erbfolge also steuerlich ungünstiger als der Erwerb von Todes wegen.

6.1.4.2 Nutzungs- und Duldungsauflagen

140 Bei Nutzungs- oder Duldungsauflagen kann deren Kapitalwert vom Steuerwert der Zuwendung in jedem Fall ungekürzt abgezogen werden; die frühere Ausnahme bei Nutzungs- oder Duldungsauflagen zu Gunsten des Schenkers oder seines Ehegatten nach dem früheren § 25 ErbStG ist durch das ErbStG 2009 beseitigt worden. Behält sich der Schenker also den Nießbrauch vor, so wird dessen Kapitalwert auf der Grundlage der neuesten vom Statistischen Bundesamt herausgegebenen Sterbetafel[418] kapitalisiert – wobei nach § 16 BewG ein Kapitalisierungsfaktor von 18,6 nicht überschritten werden darf – und vom Steuerwert der Zuwendung abgezogen.

Beispiel:
Ein Mietshaus mit einem Verkehrswert von 600.000 € erbringt eine Nettomiete von 33.000 €. Die Schenkerin ist 61 Jahre alt und behält sich den Nießbrauch vor.

Steuerwert der Schenkung (600.000 € ./. 10%)   540.000 €

Jahreswert des Nießbrauchs: 33.000 €,
maximal aber 540.000 : 18,6 = 29.032 €

Steuerwert des Nießbrauchs: 29.032 x 13,033 = 378.374 €

Steuerwert der Zuwendung: 540.000 – 378.374 = 161.600 €
(§ 10 Abs. 1 S. 6 ErbStG).

Die Verminderung der Steuerlast ist also selbst bei einem vorgerückten Alter des Nießbrauchers erheblich; zu beachten ist allerdings, dass ein vorzeiti-

---

[416] Finanzministerium Baden-Württemberg, Erlaß vom 9. 9. 2008, ZEV 2008, 503.

[417] FG Münster, EFG 1999, 482.

[418] Für Bewertungsstichtage ab 1. 1. 2010 gilt die Sterbetafel 2006/2008; BMF-Schreiben vom 1. 10. 2009, BStBl. 2009 I 1168.

ger Verzicht des Nießbrauchers auf sein Recht seinerseits eine steuerpflichtige Zuwendung darstellt (R 85 Abs. 4 ErbStR).[419] Soweit trotz der Nutzungs- und Duldungsauflage eine Überschreitung der erbschaftsteuerlichen Freibeträge droht, muss überlegt werden, ob Gegenleistungen vereinbart werden können, die den Steuerwert der Zuwendung weiter mindern.

Schenkungsteuerpflichtige Zuwendung ist möglicherweise auch eine von   *141*
der gesetzlichen Lastentragungsregelung zu Gunsten des Eigentümers abweichende Vereinbarung über die Lastentragung.[420]

Zu beachten ist zudem, dass für die Beurteilung der Frage, ob überhaupt eine unentgeltliche Zuwendung vorliegt, der Nießbrauch mit seinem „wirklichen" Wert zu berücksichtigen ist; eine Vermögensübertragung gegen Nießbrauch und weitere Leistungen kann deshalb schenkungsteuerlich als entgeltliches und daher überhaupt nicht schenkungsteuerpflichtiges Geschäft anzusehen sein.

6.1.5 Rückerwerb des Schenkers

Erwirbt der Veräußerer den geschenkten Gegenstand wegen Vorversterbens   *142*
des Erwerbers im Erbwege zurück, dann bleibt dieser Rückerwerb steuerfrei (§ 13 I Nr. 10 ErbStG); eine Wertsteigerung, die ausschließlich auf der wirtschaftlichen Entwicklung beruht, bleibt ebenfalls steuerfrei; nur inzwischen angefallene Erträge, insbesondere „stehen gelassene" Gewinne oder durch Aufwendungen von Geld und Arbeit bedingte Wertsteigerungen des Gegenstands sind zu versteuern.[421] Noch günstiger ist der Rückerwerb aufgrund eines vorbehaltenen Rückforderungsrechts: Die Steuer für den Erwerb durch den Erwerber erlischt (§ 29 I Nr. 1 ErbStG; siehe aber § 29 II ErbStG: der Nutzungsvorteil muss versteuert werden); der Rückerwerb selbst ist überhaupt nicht steuerpflichtig.

Machen die Beteiligten dagegen eine Vermögensübertragung aus freien Stücken wieder rückgängig, dann liegt darin grundsätzlich eine Rückschenkung, die Schenkungsteuer auslöst. Da in diesem Fall eine andere Steuerklasse und andere Freibeträge gelten können, kann durchaus auch für den Rückerwerb Steuer anfallen, obwohl die ursprüngliche Zuwendung steuerfrei war. Allerdings liegt keine Rückschenkung vor, wenn die Aufhebung erfolgt, bevor die Umschreibung im Grundbuch erfolgt ist und diese infolge Rücknahme des Umschreibungsantrags unterbleibt.[422]

---

[419] BFH, BStBl. 2004 II 429.
[420] Vgl. *Jülicher*, ZEV 2000, 183.
[421] *Meincke*, § 13 Rdnr. 35.
[422] BFH, DStRE 2002, 1397.

6.2 Einkommensteuer

143 Neben der schenkungsteuerlichen Seite muss dabei aber die einkommensteuerliche Situation im Blick behalten werden. Die einkommensteuerliche Beurteilung deckt sich dabei nicht mit der schenkungsteuerlichen.

Unproblematisch sind nur Schenkungen, bei denen der Erwerber keine Gegenleistungen erbringen muss. Bei ihnen fehlt es zwangsläufig an einer Abzugsmöglichkeit des Erwerbers, aber auch an der Gefahr, dass der Veräußerer ein Entgelt zu versteuern hat. Auch in diesem Fall besteht allerdings die Gefahr, dass eine spätere Veräußerung durch den Erwerber zur „Spekulationssteuer" (§ 23 EStG) führt. Für die Frage, ob innerhalb der Frist von zehn Jahren eine Veräußerung erfolgt ist, ist beim unentgeltlichen Erwerb nämlich die Anschaffung durch den Rechtsvorgänger maßgeblich (§ 23 I 3 EStG). In der Schenkung von Gegenständen aus einem Betriebsvermögen kann eine steuerpflichtige Entnahme nach § 4 I 2 EStG liegen, die zur Aufdeckung stiller Reserven führt.[423]

An die Spekulationssteuer muss insbesondere dann gedacht werden, wenn die Überlassung teilentgeltlich erfolgt. Die Finanzverwaltung spaltet die Überlassung dann in einen (voll) entgeltlichen und einen (voll) unentgeltlichen Teil auf, wobei der Prozentsatz des entgeltlich erworbenen Teils nach dem Verhältnis von Gegenleistung und Verkehrswert des ganzen geschenkten Gegenstands bestimmt wird (s. unten Rdnr. 146). Ist dieser Verkehrswert gegenüber den Anschaffungs- oder Herstellungskosten erhöht und liegen zwischen Anschaffung und Schenkung weniger als zehn Jahre, dann entsteht in Höhe dieses Anteils steuerpflichtiger Veräußerungsgewinn. Anders ist es nur bei der teilentgeltlichen Übertragung von Betriebsvermögen; hier entsteht ein steuerpflichtiger Veräußerungsgewinn nur, wenn die Gegenleistung den Buchwert übersteigt.[424]

Einkommensteuerlich ist schließlich daran zu denken, dass der Verlustabzug nach § 10 d EStG nicht übertragbar ist.[425] Deshalb ist es bei einer reparaturbedürftigen Immobilie zweckmäßig, sie *vor* der Durchführung von Renovierungsmaßnahmen zu übertragen, damit die Verluste unmittelbar beim Erwerber entstehen.

144 Einkommensteuerlich kann einer der drei folgenden Fälle vorliegen:

(1) Entgeltliche Übertragung, die beim Erwerber zu Anschaffungskosten führt, beim Veräußerer dagegen zu einer Spekulationssteuerpflicht nach § 23 EStG und im Fall der Übertragung von Betriebsvermögen zur Aufdeckung stiller Reserven führen kann,

---

[423] *Schmidt/Heinicke,* § 4 EStG Rdnr. 119, 125.
[424] BMF-Schreiben vom 13. 1.1993, DStR 1993, 93.
[425] Vgl. hierzu und zu den deshalb zu empfehlenden Gestaltungen *Piltz,* ZEV 2008, 366 (377).

(2) Vermögensübertragung gegen Versorgungsleistungen (in den Fällen, die in Rdnr. 149 genannt sind), die vom Erwerber als Sonderausgaben nach § 10 I Nr. 1a EStG geltend gemacht werden können und vom Berechtigten als wiederkehrende Bezüge nach § 22 EStG versteuert werden müssen,

(3) Vermögensübertragung in anderen („privaten") Fällen, in denen die erbrachten Versorgungsleistungen ohne steuerliche Auswirkung sind.

6.2.1 (Teil)entgeltliche Übertragung

6.2.1.1 Qualifikation

Eine entgeltliche Vermögensübertragung kann auch bei vorweggenommener 145 Erbfolge vorliegen. Dabei ist nicht entscheidend, ob die Leistungen des Erwerbers den Wert des übertragenen Vermögens erreichen oder gar übersteigen (*vollentgeltliche Übertragung*) oder geringer sind (*teilentgeltliche Übertragung*). Die Obergrenze der Anschaffungskosten ist jedoch der angemessene Kaufpreis des erworbenen Vermögens. Wiederkehrende Leistungen, die zusammen mit anderen Anschaffungskosten diesen übersteigen, sind insoweit nach § 12 Nr. 2 EStG in keinem Fall abziehbar.[425a]

Ob es sich bei den Leistungen des Erwerbers um Anschaffungskosten handelt, ist je nach der Art der erbrachten Leistungen zu beurteilen. In jedem Fall gehören einmalige bare Zahlungen an den Veräußerer oder Dritte (insbesondere Geschwister des Erwerbers, sog. „Gleichstellungsgelder") zu den Anschaffungskosten, ebenso Notar- und Grundbuchkosten (auch beim teilentgeltlichen Erwerb in voller Höhe[426]), aber auch (bei der Übertragung von Privatvermögen) die Übernahme von Verbindlichkeiten des Veräußerers (insbesondere durch Grundschulden auf der übertragenen Immobilie abgesicherte Kredite). Wiederkehrende Leistungen an den Veräußerer sind insoweit Anschaffungskosten, als sie Tilgungscharakter haben; dagegen kann der in ihnen liegende Zinsanteil nicht abgezogen werden. Ebenso führen vom Veräußerer vorbehaltene Nutzungsrechte (sowohl dingliche als auch obligatorische, sowohl Nießbrauch als auch Wohnungsrecht) nicht zu Anschaffungskosten und ebenso wenig die Verpflichtung, Teile des übernommenen Vermögens weiterzuübertragen.

6.2.1.2 Besonderheiten des teilentgeltlichen Erwerbs

Beim teilentgeltlichen Erwerb wird der Vorgang von der Finanzverwaltung in 146 einen entgeltlichen Teil und in einen unentgeltlichen Teil aufgeteilt, wobei ein zusätzlich zu dem Entgelt vorbehaltenes Nutzungsrecht vorab mit seinem Kapitalwert vom Wert des übertragenen Vermögens abgezogen wird.[427] Hin-

---

[425a] BMF-Schreiben vom 11. 3. 2010, BStBl. 2010 I, 227, Tz. 76.
[426] BFH, BStBl. 1992 II 239.
[427] BFH, BStBl. 1991 II 793.

sichtlich des entgeltlich erworbenen Teils hat der Erwerber Anschaffungskosten, von denen er die „normalen" Abschreibungen vornehmen kann; hinsichtlich des unentgeltlichen Teils führt er die Abschreibungen des Veräußerers fort (§ 11d I EStDV). Erwirbt der Erwerber mehrere Steuerobjekte, so kann er nach neuerer Rechtsprechung die Anschaffungskosten nach seinem Belieben den einzelnen Objekten zuordnen;[428] wird also beispielsweise ein Zweifamilienhaus mit einer vermieteten und einer selbst genutzten Wohnung übertragen, muss keine Aufteilung in zwei Eigentumswohnungen (mehr) erfolgen.

6.2.1.3 Zerlegung in Zinsanteil und Kapitalanteil

147 Bei wiederkehrenden Leistungen, aber auch bei einmaligen Zahlungen, die erst mehr als ein Jahr nach der Vermögensübertragung fällig werden, ist zu beachten, dass die Zahlung von der Finanzverwaltung in jedem Fall in einen Zinsanteil und einen Kapitalanteil zerlegt wird, also auch dann, wenn die Beteiligten die Forderung als unverzinslich ansehen und bezeichnet haben. Der Zinsanteil kann vom Erwerber steuerlich nur nutzbar gemacht werden, wenn er mit dem übertragenen Vermögen Einkünfte erzielt (Abzug als Werbungskosten nach § 9 I Nr. 1 EStG); er ist aber in jedem Fall vom Empfänger als Einnahme aus Kapitalvermögen zu versteuern – auch wenn die Beteiligten gar keine Zinsen vereinbaren wollten. Die Auswirkung ist – da die Finanzverwaltung noch immer mit dem aus heutiger Sicht illusorisch hohen Zinssatz von 5,5 % rechnet – erheblich. Das ist vor allem bei größeren Beträgen und dann zu beachten, wenn die Zahlung längere Zeit hinausgeschoben wird.

Beispiel:
Sohn S verpflichtet sich, für die am 1. 3. 2010 erfolgte Übertragung einer Immobilie an den Veräußerer V am 1. 3. 2016 einen Betrag von 150.000 € zu zahlen, der bis dahin unverzinslich sein soll. Das Finanzamt sieht nur einen Betrag von 108.787 € als Anschaffungskosten an, dagegen 41.213 € als Zinsanteil, die V im Jahr 2016 auf einmal als Einnahmen aus Kapitalvermögen zu versteuern hat.

Wenn der Sparer-Pauschbetrag ausgenutzt werden soll und/oder ein Anstieg der Steuerprogression vermieden werden soll, kann es deshalb bei hinausgeschobenen einmaligen Zahlungen sinnvoll sein, von vorneherein Zinsen zu vereinbaren und diese jährlich fällig werden zu lassen.

Im Beispielsfall hätte V dann, wenn er insgesamt wieder 150.000 € erhalten soll, statt der 41.213 € in einem Jahr je 6.203 € (als Zinsen auf ein Kapital von 112.782 €) in sechs aufeinander folgenden Jahren zu versteuern.

---

[428] BFH, NJW 2009, 2703; s. auch schon BMF, ZEV 2007, 190 m. Anm. von *Geck*.

6.2.1.4 Gefahr der Spekulationssteuer

Sowohl für den Veräußerer als auch für den Erwerber, der den (teil)entgeltlich   *148*
erworbenen Besitz weiterveräußern möchte, ergeben sich Gefahren aus der
Besteuerung sog. „Spekulationsgeschäfte" nach § 23 EStG. Die Spekulations-
frist beträgt zehn Jahre; maßgeblich bei einer Veräußerung durch den Erwerber ist der Zeitpunkt der Anschaffung durch den Veräußerer (§ 23 I 3 EStG);
zu Grunde gelegt werden die Anschaffungskosten des Veräußerers.

Will der Erwerber das erworbene Objekt demnächst weiterveräußern,
muss er hiernach beachten, dass auch hinsichtlich des unentgeltlich erworbenen Teils Spekulationssteuer anfallen kann, nämlich dann, wenn bei Veräußerung die Anschaffung durch den Veräußerer noch keine zehn Jahre zurückliegt, wenn das Objekt nicht zu eigenen Wohnzwecken oder in den beiden
Jahren vor der Veräußerung ausschließlich zu eigenen Wohnzwecken genutzt
wurde. Hinsichtlich des entgeltlich erworbenen Teils kann sowohl beim Veräußerer Spekulationssteuer anlässlich der Übertragung (s. oben Rdnr. 143) als
auch beim Erwerber anläßlich der Weiterveräußerung ausgelöst werden. Die
Anschaffungskosten werden dabei um etwa vorgenommene Sonderabschrei-
bungen (z. B. in den neuen Bundesländern nach dem Fördergebietsgesetz) ge-
mindert (§ 23 III 3 EStG). Im Einzelnen ist hier vieles – einschließlich der
Verfassungsmäßigkeit der Regelung[429] – umstritten, und es fehlt auch nicht an
phantasievollen Vorschlägen, die aufgezeigten Gefahren zu umgehen;[430] deren
Anerkennung durch die Finanzgerichte, insbesondere sub specie § 42 AO,
steht allerdings dahin.

6.2.2 *Vermögensübertragung gegen Versorgungsleistungen*

Grundsätzlich anders stellt sich die steuerliche Beurteilung dar, wenn es sich   *149*
um Gegenleistungen handelt, die steuerlich als Versorgungsleistungen für den
Veräußerer qualifiziert werden. Da die Grenze zum (teil)entgeltlichen Erwerb
fließend ist, müssen die Voraussetzungen, die die Finanzverwaltung an das
Vorliegen der einen oder der anderen Fallgruppe stellt, genau beachtet werden, wenn die Steuerfolgen einer der beiden Fallgruppen ausdrücklich angestrebt werden. Zweifelsfragen beantwortet jetzt der „4. Rentenerlass".[430a]

Im Vergleich zum früheren Recht hat die Übertragung gegen Versorgungs-   *150*
leistungen heute aber nur noch geringe Bedeutung, weil seit 2008 nur noch
die Übertragung eines Mitunternehmeranteils an einer Personengesellschaft,
eines Betriebs oder Teilbetriebs oder die Übertragung eines Anteils von mindestens 50 % einer GmbH, bei der der Schenker als Geschäftsführer tätig war
und der Beschenkte als solcher tätig ist oder wird, als solche gilt. Bei der

---

[429] BFH, BStBl. 2001 II 405.
[430a] BMF-Schreiben vom 11. 3. 2010, BStBl. 2010 I 227.
[430] Vgl. etwa *Tiedtke/Wälzholz*, ZEV 2000, 293 (297 f.); *Reich*, ZNotP 2000, 416 (418 f.).

Übertragung eines Mitunternehmeranteils muss auch das wesentliche Sonderbetriebsvermögen mit übertragen werden. Dagegen werden Versorgungsleistungen bei der Übertragung von Immobilien, Minderheitsbeteiligungen an GmbHs und Beteiligungen an Aktiengesellschaften nicht mehr berücksichtigt.[431] Andererseits sind die (früheren) Fragen der Abgrenzung zur entgeltlichen Übertragung bedeutungslos geworden.

151   Liegt ausnahmsweise (Fälle der Rdnr. 149) eine Vermögensübergabe gegen Versorgungsleistungen in diesem Sinn vor, dann muss der Empfänger die Versorgungsleistungen als sonstige Einnahmen (§ 22 Nr. 1b EStG) versteuern, während sie der Zahlungspflichtige als Sonderausgaben (§ 10 I Nr. 1a EStG) abziehen kann.

Bis zum 1. 1. 2008 kam es für die steuerliche Behandlung entscheidend darauf an, ob es sich um Leibrenten oder um dauernde Lasten handelte. Leibrenten mussten nur mit ihrem Ertragsanteil (§ 22 Nr. 1 S. 3 EStG) versteuert und konnten auch nur in diesem Umfang vom Zahlungspflichtigen als Sonderausgaben abgezogen werden. Dauernde Lasten mussten vom Empfänger in voller Höhe versteuert und konnten vom Zahlenden in voller Höhe abgezogen werden. Seit 1. 1. 2008 ist diese Unterscheidung entfallen; alle Versorgungsleistungen können vom Erwerber in voller Höhe als Sonderausgaben abgezogen werden und müssen vom Veräußerer in voller Höhe versteuert werden.

Versorgungsleistungen führen in aller Regel nicht zu Anschaffungskosten, da sie als vorbehaltene Vermögenserträge angesehen werden;[432] trotz der Versorgungsleistungen handelt es sich nicht um einen teilentgeltlichen, sondern um einen voll unentgeltlichen Vorgang.[433] Zu beachten bist bei derartigen Vereinbarungen auch, dass sie – soweit sie zwischen nahen Angehörigen abgeschlossen werden – zivilrechtlich wirksam, klar und eindeutig sein müssen, ihre Gestaltung dem zwischen Fremden Üblichen entsprechen muss und sie zu Beginn des dadurch begründeten Rechtsverhältnisses getroffen werden und auch tatsächlich durchgeführt werden müssen;[434] spätere Änderungen sind nur für die Zukunft möglich.

152   Handelt es sich dagegen um eine Vermögensübergabe, die nicht unter die Tatbestände der Rdnr. 149 fällt, so sind die Versorgungsleistungen ohne steuerliche Relevanz: Weder kann sie der Erwerber als Sonderausgaben abziehen noch muss sie der Empfänger versteuern. Wird eine Verlagerung der Steuer-

---

[431] Vgl. dazu *Wälzholz*, DStR 2008, 273.

[432] S. aber auch *Wälzholz*, MittBayNot 2008, 93 (97).

[433] *Schmidt/Kulosa*, § 7 EStG Rdnr. 69.

[434] Ständige Rechtsprechung des BFH, zuletzt DStR 2004, 854; vgl. dazu auch BMF-Schreiben vom 11. 3. 2010, BStBl. 2010 I 227 und *Tiedtke/Möllmann*, DStR 2007, 1940.

last vom Erwerber auf den Veräußerer angestrebt, bleibt nur das „Ausweichen" auf einen Nießbrauch, ggf. in der Form des Quotennießbrauchs.[435]

6.2.3 Vereinbarung von Rückforderungsrechten

Wird dem Veräußerer für bestimmte, in dem Übertragungsvertrag im Einzelnen bezeichnete Fälle das Recht eingeräumt, das übertragene Vermögen zurückzufordern, so hindert dies grundsätzlich nicht den Übergang des wirtschaftlichen Eigentums auf den Erwerber;[436] das gilt auch dann, wenn sich der Veräußerer zusätzlich den Nießbrauch an dem Vertragsgegenstand vorbehält.[437] Dagegen kann ein freies Widerrufsrecht dazu führen, dass das wirtschaftliche Eigentum beim Veräußerer verbleibt und daher keine Einkunftsquelle auf den Erwerber übergeht.[438]   *153*

6.2.4 Besonderheiten beim Nießbrauch

Für die steuerliche Behandlung des Nießbrauchs gelten besondere, früher in einem (inzwischen teilweise überholten) BMF-Schreiben, dem sog. „III. Nießbrauchserlass"[439] geregelte Besonderheiten. Dabei geht es jeweils nur um einen tatsächlich ausgeübten Nießbrauch. Ein Sicherungsnießbrauch hat, soweit er nicht ausgeübt wird, keine einkommensteuerliche Bedeutung. Bei Übertragungen im Weg der vorweggenommenen Erbfolge handelt es sich regelmäßig um einen Nießbrauch zu Gunsten des bisherigen Eigentümers (sog. „Vorbehaltsnießbrauch"). Sollte die Gegenleistung dagegen ausnahmsweise in der Einräumung des Nießbrauchs an einen Dritten bestehen, so gelten für diesen „Zuwendungsnießbrauch" andere steuerliche Grundsätze. Der Nießbrauchsvorbehalt selbst ist keine Gegenleistung des Erwerbers, die bei diesem zu Anschaffungskosten führen würde. Hingegen führt die Ablösung des zunächst bestellten Nießbrauchs gegen eine Einmalzahlung zu Anschaffungskosten des Eigentümers, während der Nießbrauchsberechtigte dadurch keinen steuerlichen Nachteil hat; die Schenkungsteuer für die seinerzeitige Grundstücksübertragung ändert sich nicht.[440] Die unentgeltliche Aufgabe des Nießbrauchs ist hingegen Schenkung,[441] deren Wert entscheidend davon ab-   *154*

---

[435] *Jerschke*, in: Beck'sches Notar-Handbuch, Kap. A V. Rdnr. 151 a; *Reimann*, FamRZ 2008, 19.

[436] BFH, BStBl. 1994 II 635 (Rückforderungsrecht für den Fall des Versterbens des Erwerbers vor dem Veräußerer); BFH, BStBl. 1998 II 542 (Rückforderungsrecht für den Fall der Scheidung des Erwerbers); BFH, BFH/NV 1999, 9 (Rückforderungsrecht für den Fall der Aufgabe des Betriebs zu Lebzeiten des Veräußerers).

[437] BFH, BStBl. 1999 II 263.

[438] BFH, BFH/NV 1999, 9.

[439] Vom 24. 7. 1998, BStBl. 1998 I 914.

[440] BFH, ZEV 2008, 210.

[441] BFH, BStBl. 2004 II 429; 2006 II 785.

hängt, ob der Nießbrauch ursprünglich nach § 25 ErbStG abzugsfähig war (also vor oder nach dem 1. 1. 2009 eingeräumt wurde).

6.2.4.1 Einnahmen

155 Einnahmen durch Vermietung des übertragenen Gegenstandes werden dem Nießbrauchsberechtigten zugerechnet, wenn dieser Vermieter bleibt oder gesetzlich (nämlich im Fall des § 567 BGB) oder durch Vertragsübernahme[442] wird und die Mietzahlungen direkt an den Nießbraucher geleistet werden. Dies rechtfertigt sich daraus, dass der Nießbrauchsberechtigte selbst den Tatbestand der Einkunftsart „Vermietung und Verpachtung" erfüllen muss, was seine Rechtsstellung als Vermieter nach bürgerlichem Recht voraussetzt.

6.2.4.2 Aufwendungen

156 Laufende Aufwendungen, die mit dem übertragenen Gegenstand verbunden sind (z. B. Instandhaltungskosten, Grundsteuer) kann (nur) derjenige steuerlich geltend machen, der aus dem Gegenstand Einkünfte erzielt, also der Nießbrauchsberechtigte; der Eigentümer kann, so weit der Nießbrauch reicht, keine Aufwendungen absetzen. Für die Abzugsmöglichkeit beim Nießbraucher ist entscheidend, dass er entweder aufgrund der im Rahmen der Nießbrauchsbestellung getroffenen Lastenverteilung oder, wenn keine vertragliche Regelung erfolgt, auf Grund der gesetzlichen Lastenverteilung dazu verpflichtet ist, die betreffenden Aufwendungen zu tragen. Macht der Nießbraucher dagegen Aufwendungen, zu denen er nicht verpflichtet ist, erwirbt er einen Ersatzanspruch gegen den Eigentümer (§ 1049 BGB), sodass solche Aufwendungen normalerweise nicht zu einer dauerhaften Steuerminderung führen. Will der Nießbrauchsberechtigte von vornherein den Ersatzanspruch gegen den Eigentümer nicht geltend machen oder steht fest, dass dieser nicht zu realisieren ist, unterliegt die Aufwendung nach der Rechtsprechung dem Abzugsverbot nach § 12 Nr. 2 EStG.[443] Deshalb muss schon bei der Vereinbarung des Nießbrauchs darauf geachtet werden, dass kein unerwünschter „Werbungskostenleerlauf" eintritt.

6.2.4.3 Abschreibung

157 Zur Vornahme der AfA ist grundsätzlich nur derjenige befugt, der die Anschaffungs- oder Herstellungskosten getragen hat und mit dem Wirtschaftsgut steuerpflichtige Einkünfte erzielt (sog. „Verbot der Geltendmachung des Drittaufwands").[444] Deshalb kann beim Vorbehaltsnießbrauch der Berechtigte die AfA in der gleichen Weise wie vor der Übertragung in Anspruch

---

[442] Vgl. dazu BFH, NJW 1987, 343.

[443] BFH, NJW-RR 1990, 1034; BFH, BStBl. 1992 II 192 (193 f.).

[444] *Schmidt/Heinicke*, § 4 EStG Rdnr. 500.

nehmen; beim Zuwendungsnießbrauch hingegen geht sie verloren, da der Eigentümer keine Einkünfte erzielt und der Nießbrauchsberechtigte keine Anschaffungs- oder Herstellungskosten getragen hat.

Diesen Unterschied zwischen Vorbehalts- und Zuwendungsnießbrauch gilt es zu beachten, wenn bei Ehegatten oder Lebensgefährten nur einer Inhaber des übertragenen Vermögens war, der Nießbrauch aber für beiden zustehen soll; dies führt zu hälftigem AfA-Verlust.[445] Ein Ausweg besteht darin, statt der gemeinschaftlichen Berechtigung für den bisherigen Nichtinhaber des Vermögens ein mit dem Tod des anderen aufschiebend bedingtes Nießbrauchsrecht zu bestellen. Ist der nicht besitzende Ehegatte wesentlich jünger, wirkt seine hohe Lebenserwartung allerdings bereicherungsmindernd für den Beschenkten; dieser Vorteil kann den Nachteil des Afa-Verlusts mitunter kompensieren.

6.3 Frühere Eigenheimzulage

Die Eigenheimzulage wird seit 1.1.2006 nicht mehr neu gewährt, hat aber *158* auch heute noch Bedeutung für das Verständnis unter der Geltung des Eigenheimzulagegesetzes (und seiner Vorgängerregelungen im EStG) getroffener Vereinbarungen. Vor dem 1.1.2006 war es bei der vorweggenommenen Erbfolge oft das wichtigste Anliegen der Beteiligten, dem Erwerber die Möglichkeit zu geben, die Eigenheimzulage in Anspruch zu nehmen. Viele vorgeblich teilentgeltliche Grundstücksübertragungen aus dieser Zeit erklären sich ausschließlich aus dieser Zielsetzung.

Auch die zahlreichen Fälle von davor und danach kaum vorkommenden Beurkundungen von Dauerwohnrechten erklären sich ausschließlich daraus, dass die Eigenheimzulage auch für ein Dauerwohnrecht gewährt wurde, wenn es eigentumsähnlich ausgestaltet war und die steuerlichen Erfordernisse einer Wohnung vorhanden waren. Durch die Abschaffung der Eigenheimzulage zum 1.1.2006 haben diese Gesichtspunkte jegliche Bedeutung verloren.

6.4 Grunderwerbsteuer

Bei gemischter Schenkung oder Schenkung unter Auflage machen die Gegen- *159* leistungen des Erwerbers den Erwerb in diesem Umfang grunderwerbsteuerpflichtig, es sei denn, dass einer der Befreiungstatbestände des § 3 GrEStG (insbesondere: Verwandtschaft in gerader Linie, Ehegatte [nicht: eingetragener Lebenspartner!], Schwieger- und Stiefkinder) vorliegt. Grunderwerbsteuerfrei ist in diesem Fall auch die Übertragung von Anteilen an einer grundbesitzenden Personengesellschaft,[446] nicht aber an einer Kapitalgesellschaft.

---

[445] BFH, BStBl.1986 II 12.
[446] BFH, BStBl. 2007 II 409.

Grunderwerbsteuerpflichtig ist der Betrag, der bei der Schenkungsteuer abziehbar ist, also bei Nießbrauchsvorbehalt der Kapitalwert des Nießbrauchs:[447] ob es sich um eine Duldungs- oder eine Leistungsauflage handelt, spielt seit der Abschaffung des § 25 ErbStG keine Rolle mehr.[448]

Allerdings kann in diesen Fällen die Schenkungsteuer wegen des höheren Steuersatzes weit höher sein als die Grunderwerbsteuer von lediglich 3,5 % (4,5 % in Berlin, Hamburg und Sachsen-Anhalt) der Bemessungsgrundlage, sodass der Anfall eines möglichst hohen Grunderwerbsteuerbetrags für die Beteiligten günstig ist.

Je nach Bundesland unterschiedlich zu beantworten ist die Frage, ob in den grunderwerbsteuerfreien Fällen gleichwohl eine Unbedenklichkeitsbescheinigung des Finanzamts für den Grundbuchvollzug erforderlich ist.[449]

6.5 Umsatzsteuer

160 Umsatzsteuerliche Fragen kommen bei der vorweggenommenen Erbfolge nur bei der teilentgeltlichen Übertragung von Betrieben oder Betriebsteilen in Betracht. Diese fallen unter § 1 I Nr. 1 UStG, soweit Leistung und Gegenleistung miteinander verknüpft sind, also eine gemischte Schenkung vorliegt. Die Vermögensübertragung verknüpft hier eine Vielzahl von Lieferungen und Leistungen in einem Akt. Da bei der vorweggenommenen Erbfolge aber das übertragene Unternehmen fortgeführt wird, handelt es sich um Leistungen an einen anderen Unternehmer für dessen Unternehmen, sodass der Umsatz nicht steuerbar ist (§ 1 I a UStG).[450]

---

[447] *Geck*, DStR 2009, 1005 (1008 f.).
[448] Finanzministerium Baden-Württemberg, ZEV 2009, 264; gleich lautende Erlasse vom 25. 6. 2009, BStBl. I 713.
[449] Übersicht im Beck'schen Notar-Handbuch, Anhang 7.
[450] Zu Einzelheiten vgl. die Monographie von *Mensching*.

7 Hinweise zum Sozialrecht

7.1 Auswirkung der Vereinbarung von Gegenleistungen

Bezieht der Veräußerer staatliche Leistungen oder solche der Sozialversiche- *161* rung, so können die vereinbarten Gegenleistungen zu einer Schmälerung solcher Ansprüche führen, insbesondere bei Privilegien in der gesetzlichen Krankenversicherung (unentgeltliche Mitversicherung des Ehegatten, Rezeptgebühr), beim Bezug von Arbeitslosengeld II, von Kriegsopferversorgung und von Hilfe zur Pflege nach §§ 61 ff. SGB XII, da diese Leistungen meist einkommensabhängig und/oder nachrangig gegenüber vertraglichen Ansprüchen sind und die bei der vorweggenommenen Erbfolge vereinbarten Gegenleistungen als Einnahmen berücksichtigt werden. Auch bei der bedarfsorientierten Grundsicherung wirken Versorgungsrechte bedarfsmindernd und können daher zur Kürzung oder zum Ausschluss der Grundsicherung führen.[451] Besonders einschneidend ist die Auswirkung auf die Ausgleichsrente nach § 32 BVG: Bei dieser wird sogar eine fiktive Anrechnung vorgenommen; sie ist also nicht nur dann betroffen, wenn der Veräußerer Gegenleistungen erhält, sondern schon dann, wenn er sich ohne verständigen Grund keine Gegenleistungen hat einräumen lassen.[452]

Dagegen werden die Leistungen nach dem PflegeVG (Pflegegeld und Sach- *162* leistungen) ohne Rücksicht auf das Bestehen vertraglicher Ansprüche gewährt, da diese Ansprüche durch Beitragszahlung erworben sind. Das bedeutet freilich nicht, dass in diesem Bereich vertraglich begründete Ansprüche ohne Bedeutung sind:[453] So kann ein Hilfsbedürftiger, dessen Pflegebedürftigkeit die der Pflegestufe 1 nach dem PflegeVG nicht erreicht (scherzhaft „Pflegestufe 0" genannt), gleichwohl Ansprüche auf sozialhilferechtliche Pflegeleistungen nach § 65 SGB XII haben, die er nicht erhält, wenn ein vertraglicher Anspruch besteht. Auch kann ein Pflegebedürftiger höhere Aufwendungen haben, als er durch sein eigenes Einkommen (insbesondere Rente) und die Leistungen der Pflegeversicherung decken kann. Er kann dann für den Fehlbetrag Sozialhilfe erhalten, die ihm aber verweigert wird, soweit er vertragliche Ansprüche hat.

7.2 Überleitung von Ansprüchen

Sozialhilfe wird immer nur nachrangig gewährt (§ 2 I SGB XII). Wer, und sei *163* es durch Geltendmachung von Ansprüchen, selbst für seinen Unterhalt sor-

---

[451] Vgl. dazu *J. Mayer*, ZEV 2003, 173 (179).

[452] Vgl. zu Leistungen nach dem BVG im Einzelnen *Wahl*, S. 112 ff., 246 f.

[453] So mit Recht *J. Mayer*, Übergabevertrag, Rdnr. 191 mit weiteren Einzelheiten.

gen kann, benötigt keine staatlichen Leistungen. Da aber, gerade im Familienkreis, Ansprüche wegen der persönlichen Beziehungen oft nicht, nicht rechtzeitig oder nicht in vollem Umfang geltend gemacht werden, der Hilfsbedürftige aber von Hilfen zum Lebensunterhalt nicht ausgeschlossen werden kann, sorgt § 93 SGB XII dafür, dass der Sozialhilfeträger Ansprüche des Hilfeempfängers gegen Dritte auf sich überleiten kann. Der übergeleitete Anspruch bleibt inhaltlich unverändert und ist vom Sozialhilfeträger erforderlichenfalls im Zivilrechtsweg durchzusetzen; der Sozialhilfeträger hat auch die gleichen Darlegungs- und Beweispflichten wie der ursprüngliche Gläubiger.[454] Da es sich um den ursprünglichen Anspruch des Schenkers handelt, spielt es auch keine Rolle, ob es sich – wenn es beim Schenker verblieben wäre – um sozialhilferechtliches Schonvermögen gehandelt hätte.[455]

Zu den überleitbaren Ansprüchen gehört zunächst der Rückforderungsanspruch des Veräußerers nach § 528 BGB (s. dazu o. Rdnr. 118 ff.), der infolge der Überleitung zu einer Art sozialrechtlichem Erstattungsanspruch wird.[456] Die Überleitung kann auch nach dem Tod des Veräußerers erfolgen.[457] Der Anspruch des Schenkers entsteht mit seinem Notbedarf, nicht etwa mit der Inanspruchnahme des Beschenkten. Deshalb kommt es auch nicht auf Einkommen und Vermögen des Veräußerers zum Zeitpunkt der Geltendmachung des übergeleiteten Anspruchs, sondern auf die Verhältnisse zum Zeitpunkt der Bewilligung an.[458] Hat der Schenker also Hilfe in Anspruch genommen, deren Kosten er nicht tragen konnte, ist damit der Rückgewähranspruch entstanden, und dies auch für Sozialhilfeleistungen, die vor der Überleitung erbracht worden sind, und auch dann, wenn der Beschenkte Alleinerbe des Schenkers wird; es tritt also keine Konfusion ein. Bei mehreren Verpflichteten hat der Sozialhilfeträger die freie Wahl, welchen Anspruch er überleitet.[459]

164   Aber auch Ansprüche auf laufende Leistungen, die dem Veräußerer vertraglich zustehen, können übergeleitet werden. Unproblematisch ist das dann, wenn es sich um Geldleistungen handelt. In allen anderen Fällen (also insbesondere bei Wohnungs- und Nutzungsrechten, Pflege- und anderen Dienstleistungsverpflichtungen), die der Veräußerer nicht (mehr) in Anspruch nehmen kann, stellt sich die Frage, ob diese sich in einen Geldanspruch verwandeln und dann übergeleitet werden können. Einfach ist diese Frage zu beantworten, wenn der Anspruch Teil eines landesrechtlich geregelten Leibgedings (vgl. dazu o. Rdnr. 64) ist und das Landesrecht eine solche Umwandlung vorsieht, wie etwa Art. 18 bayer. AGBGB, der im Fall des Wegzugs des

---

[454] OLG Köln, ZEV 2007, 489.
[455] BGH, 19.10.2004 – X ZR 2/03, NJW 2005, 670; OLG Celle, OLGR 2003, 111.
[456] Franzen, FamRZ 1997, 528 (533 f.).
[457] BVerwG, NJW 1990, 3288; BGH, NJW 1995, 2287 (2288).
[458] BGH, 20.5.2003 – X ZR 246/02, NJW 2003, 2449 gegen die früher h.M.
[459] BGH, NJW 1998, 537.

Veräußerers aus Gründen, die der Veräußerer nicht zu vertreten hat, einen Geldanspruch in Höhe der vom Erwerber ersparten Leistungen entstehen lässt, oder §§ 16, 15 II niedersächs. AGBGB, der eine ähnliche Regelung trifft, aber den Wert nach dem Vorteil des Erwerbers aus dem Wegfall der Verpflichtung bemisst. Auf den durch den Wegzug entstehenden Bedarf des Berechtigten kommt es dagegen in keinem Fall an.[460]

Handelt es sich nicht um den Teil eines Leibgedings oder trifft das Landesrecht keine Bestimmung, kommt eine Überleitung des Betrags infrage, den der Berechtigte stattdessen nach den Regeln über den Wegfall der Geschäftsgrundlage (§ 313 BGB) verlangen kann (Einzelheiten dazu o. Rdnr. 43), sodass der Sozialhilfeträger den Betrag überleiten kann, um den der Erwerber dadurch bereichert ist, dass der Veräußerer eine versprochene Leistung nicht in Anspruch nehmen kann.

165

Sehr umstritten ist, ob die Ansprüche aus einem Wohnungsrecht, das vertragsgemäß Dritten nicht zur Ausübung überlassen werden kann, übergeleitet werden können.[461] Dies wird teilweise bejaht, entweder mit der Begründung, das Entstehen der Pflegeheimkosten habe die Geschäftsgrundlage der Beschränkung auf persönliche Nutzung wegfallen lassen,[462] oder weil dies eine ergänzende Vertragsauslegung ergebe,[463] teilweise verneint.[464] Der BGH hat zunächst nur entschieden, dass jedenfalls die ersparten Aufwendungen (vom Eigentümer zu tragende Neben- und Unterhaltungskosten) überleitungsfähig seien.[465] Die Begründung mit dem Wegfall der Geschäftsgrundlage[466] sieht der BGH kritisch, weil das Risiko eintretender Pflegebedürftigkeit beim Vertragsschluss regelmäßig bedacht werde;[467] Ansprüche im Wege ergänzender Vertragsauslegung hält der BGH allerdings für denkbar, und zweifelsfrei dürfte eine Überleitung möglich sein, wenn der Schenker und der Beschenkte nach dem Auszug des Berechtigten die Vermietung ausdrücklich vereinbart haben.[468] Allerdings kann nicht ohne weiteres unterstellt werden, dass die Vertragsteile eine solche Vereinbarung getroffen hätten; naheliegend ist vielmehr, dass in diesem Fall ein Erlöschen des Wohnungsrechts vereinbart worden wäre;[469] auch Ansprüche aus § 816 BGB bestehen nicht. Für nicht sitten-

---

[460] *Schwarz,* ZEV 1997, 309 (315).

[461] Vgl. *Rosendorfer,* MittBayNot 2005, 1; *Everts,* ZEV 2004, 495, beide naturgemäß ohne Berücksichtigung der nachgenannten Entscheidungen des BGH.

[462] OLG Köln, NJW 1995, 1358.

[463] OLG Hamm, NJW-RR 1996, 130.

[464] OLG Koblenz, RNotZ 2007, 36.

[465] BGH, NJW-RR 2003, 577.

[466] So zuletzt OLG Brandenburg, 9. 12. 2008 – 9 UF 116/08, insoweit nicht in FamRZ 2010, 991 abgedruckt.

[467] BGH, 6. 2. 2009 – V ZR 130/08, NJW 2009, 1348.

[468] BGH, 19. 1. 2007 – V ZR 163/06, NJW 2007, 1848: kritisch *J. Mayer,* DNotZ 2008, 672 (680 ff.).

[469] OLG Hamm, DNotZ 2010, 128.

widrig und auch sonst wirksam hat es der BGH auch angesehen, ein Ruhen der Ansprüche aus dem Wohnungsrecht während der Dauer eines Heimaufenthalts zu vereinbaren.[470]

Besonders schwierig ist die Bewertung übernommener Pflegeleistungen. In der Praxis pflegen die Sozialhilfeträger hier den Betrag des Pflegegelds nach den Bestimmungen des PflegeVG überzuleiten; da dies für den Schuldner jedenfalls nicht ungünstiger ist als eine Berechnung, die sich an der Pflegesachleistung nach § 36 III Nr. 1 SGB XI oder gar an den Kosten einer bezahlten Pflegekraft orientiert,[471] wird dies vom Zahlungspflichtigen normalerweise hingenommen, sodass – soweit mir bekannt – zu dieser Frage keine veröffentlichte Rechtsprechung vorhanden ist.

Soweit ein Wohnrecht (samt den dazugehörenden Verpflichtungen des Erwerbers, Nebenkosten zu tragen) nicht in Anspruch genommen werden kann, verbietet der außerordentlich große Unterschied des Werts solcher Rechte im Einzelfall die Bemessung nach typisierten Werten, etwa nach der Sachbezugsverordnung. Es muss vielmehr ermittelt werden, welche Kosten der Erwerber tatsächlich erspart, hinsichtlich der „Kaltmiete" insbesondere, ob die frei werdenden Räume überhaupt (sei es vom Erwerber, sei es von einem Dritten) genutzt werden können oder (insbesondere, wenn Kernräume wie Küche oder Bad/WC von Veräußerer und Erwerber gemeinschaftlich genutzt wurden), eine Überlassung an Dritte überhaupt ausscheidet.

---

[470] BGH, 6. 2. 2009 – V ZR 130/08, NJW 2009, 1346; s. auch *J. Mayer*, DNotZ 2008, 672. Anders noch *Wahl*, S. 291.

[471] OLG Frankfurt, OLGR 2005, 611 rechnet mit 10 € pro Stunde.

8 Hinweise zum Kostenrecht

8.1 Höhe der Kosten beim Notar

Alle Verträge im Weg der vorweggenommenen Erbfolge, die Grundbesitz 166
(Grundstücke, Erbbaurechte, Eigentumswohnungen) zum Gegenstand haben,
müssen notariell beurkundet werden (§ 311b I BGB); es kommt nicht darauf
an, ob eine Gegenleistung vereinbart wird oder ob eine reine Schenkung vorliegt. Dasselbe gilt für die Übertragung von Geschäftsanteilen an GmbHs
(§ 15 GmbHG). Dagegen gibt es keine Vorschrift, die die Übertragung von
Gesellschaftsanteilen an einer Personengesellschaft (GbR, OHG, KG) oder
von Aktien einer Aktiengesellschaft für beurkundungspflichtig erklären
würde. Allerdings kann sich hier die Pflicht zur Beurkundung aus § 518 BGB
(Beurkundungspflicht für Schenkungen) ergeben, wenn die Verpflichtung des
Veräußerers nicht sofort erfüllt wird.

Die beim Notar für die Beurkundung eines Vertrags über eine Zuwendung
im Weg der vorweggenommenen Erbfolge zu zahlenden Kosten richten sich
nach der Kostenordnung. Der Notar darf weder höhere noch niedrigere Gebühren berechnen, als sie in diesem Gesetz vorgesehen sind (§ 140 KostO).
Die Beurkundungskosten sind deshalb bei allen Notaren prinzipiell gleich.
Allerdings ist der Maßstab der Beurkundungskosten der sog. Geschäftswert
des Vertrags. Da sich dieser – anders als bei einem Grundstückskaufvertrag –
meist nicht ziffernmäßig aus der Urkunde ergibt, ist der Notar zum einen auf
die Angaben der Beteiligten, zum anderen sehr oft auf eine Schätzung angewiesen. Da diese Schätzung mehr oder weniger wohlwollend erfolgen kann,
gibt es also doch „billige" und „teure" Notare.

8.1.1 *Ermittlung des Geschäftswerts*

Die Übertragung von Vermögen im Weg der vorweggenommenen Erbfolge 167
erfolgt regelmäßig durch einen Austauschvertrag, durch die dem Veräußerer
eine – wirtschaftlich betrachtet – nicht vollwertige Gegenleistung zugesagt
wird; es kann natürlich auch vereinbart sein, dass die Überlassung ganz unentgeltlich im Wege der Schenkung erfolgt. Im letzteren Fall ist Geschäftswert
der Wert des überlassenen Besitzes; wird dagegen eine Austauschleistung vereinbart, dann ist der Wert der Leistung des einen Teils mit dem Wert der Leistung des anderen Teils zu vergleichen; der höhere dieser beiden Werte ist der
Geschäftswert (§ 39 II KostO). Einer Vergleichsberechnung bedarf es natürlich nur, wenn es ernsthaft in Betracht kommt, dass der Wert der Gegenleistung höher ist als der Wert der Leistung des Veräußerers. Bei „normalen"
Verträgen im Rahmen der vorweggenommenen Erbfolge ist das regelmäßig
nicht der Fall. Dort haben Überlegungen, wie ein eingeräumtes Wohnungs-

recht, der Anspruch auf Wart und Pflege, auf Tischkost und auf Übernahme der Beerdigungskosten, Grabpflege sowie das Lesen einer Anzahl von heiligen Messen auf viele Jahre hinaus bewertet werden sollen, keine praktische Bedeutung – die Leistung des Veräußerers ist allemal höher.

168   Anders ist es dagegen bei solchen Vermögensübertragungen, die der Fortführung eines land- oder forstwirtschaftlichen Betriebs dienen. Hier erklärt § 19 IV KostO statt des Verkehrswerts für die Leistung des Veräußerers den vierfachen Einheitswert für maßgeblich. Das führt dazu, dass die Leistung des Veräußerers oft völlig unrealistisch niedrig bewertet wird und deshalb die wirtschaftlich unterwertige Leistung des Erwerbers kostenrechtlich die höherwertige und deshalb zu ermitteln ist. Da die Auswirkung auf die Höhe der Kosten oft recht erheblich ist, gibt es zu der Frage, wann ein landwirtschaftlicher Betrieb vorliegt, eine umfangreiche, teils wenig überzeugende Rechtsprechung, in der alles Mögliche problematisiert wird.[472] Wichtig ist vor allem Folgendes: Für die Anwendung des § 19 IV KostO gibt es keine Obergrenze der Betriebsgröße, wohl aber eine Mindestgröße; § 19 IV KostO ist jedenfalls anwendbar, wenn die Mindestgröße für die Beitragspflicht nach dem ALG erreicht ist.[473] Kleinere Betriebe können unter die Begünstigung fallen, wenn der Erwerber zumindest einen nicht unerheblichen Teil seines Familieneinkommens aus dem Betrieb erzielen kann. Dabei kommt es nicht auf die konkreten Verhältnisse des Einzelfalls, sondern auf die typischen Verhältnisse einer bäuerlichen Familie an.[474] Begünstigt ist zudem nur die Übergabe einer Landwirtschaft mit Hofstelle, in der sich eine für die bäuerliche Familie geeignete Wohnung befindet, wobei die Bewirtschaftung auch von der Hofstelle aus erfolgen muss.[475] Die Übergabe zahlreicher landwirtschaftlicher Grundstücke ohne ein Wohnhaus ist nicht privilegiert. Der landwirtschaftliche Betrieb muss auch vom Erwerber fortgeführt werden; ist dies im Augenblick der Übergabe wegen Betriebsverpachtung nicht möglich, kommt es darauf an, ob eine konkrete Aussicht auf Fortführung besteht.[475a]

169   In allen anderen Fällen ist bei der Bewertung der Übergeberleistungen nicht der Einheitswert, sondern der Verkehrswert des Anwesens in Ansatz zu bringen; die Zugrundelegung des vierfachen Einheitswerts wäre hier regelmäßig unzulässige Gebührenvereinbarung. Ein Abzug der auf dem überlassenen Gegenstand ruhenden Verbindlichkeiten kommt nicht in Betracht (§ 18 III KostO). Das hat insbesondere dann Bedeutung, wenn ein Gewerbebetrieb, oder ein Handelsgeschäft Vertragsgegenstand ist. Hier ist die Aktivseite der Bilanz (oder ein entsprechender Teil) unter Abzug echter Wertberichtigungen

---

[472] Erschöpfende Darstellung der mittlerweile uferlosen Kasuistik und Rabulistik bei *Rohs/Wedewer*, § 19 KostO Rdnr. 55a–55k.
[473] OLG München, RNotZ 2005, 622.
[474] BayObLG, FGPrax 2003, 97.
[475] BayObLG, MittBayNot 2002, 127; OLG München, 28. 1. 2010 – 31 Wx 59/09.
[475a] OLG München, MittBayNot 2006, 353.

anzusetzen, nicht der Betriebseinheitswert;[476] bei Grundvermögen ist der Buchwert durch den Verkehrswert zu ersetzen.[477] Bei Unternehmen mit hohem Fremdkapitalanteil kann das zu im Verhältnis zum tatsächlichen Wert der übergebenen Vermögensmasse erheblichen Kosten führen. Bei Personengesellschaften ist zu unterscheiden: Wird lediglich eine Gesellschaftsbeteiligung übertragen (z. B. ein Kommanditanteil), so ist (nur) dessen Wert maßgeblich; das Schuldenabzugsverbot gilt hier nicht.[478] Wird hingegen mit dem Erwerber ein Nachtrag zum Gesellschaftsvertrag geschlossen, kommt es auf den Anteil des Eintretenden an der Aktivseite der Bilanz an.

Wenn die Gegenleistung des Erwerbers (auch) in einem Erb- oder Pflichtteilsverzicht am Nachlass des Veräußerers besteht, ist der dafür anzusetzende Wert die Beteiligung des Verzichtenden am Reinnachlass (also Bruttovermögen nach Abzug der Verbindlichkeiten) unter der Annahme, dass der Erblasser sogleich versterben werde.[479]

Anders ist es, wenn in einem Vertrag über die vorweggenommene Erbfolge *170* Erb- oder Pflichtteilsverzichte von Geschwistern des Erwerbers mitbeurkundet werden. Diese haben einen anderen Gegenstand als der Vermögensübertragungsvertrag und müssen bei gleichzeitiger Beurkundung mit ihrem Wert dem Geschäftswert des Übertragungsvertrags zugerechnet werden. Das gilt auch für gegenständlich beschränkte Pflichtteilsverzichte und für die „Gleichstellungserklärung", wonach Erwerber und Geschwister erklären, unter Berücksichtigung der jetzigen und früherer Zuwendungen einander gleichzustehen. Der Geschäftswert umfassender Pflichtteilsverzichte wird wie der von Erbverzichten bestimmt. Dagegen können gegenständlich beschränkte Pflichtteilsverzichte und Gleichstellungserklärungen nur nach § 30 I KostO bewertet werden. Anhaltspunkte für eine Schätzung können dabei sein: die Höhe des Pflichtteilsanspruchs, der bestanden hätte, wenn die Vermögensübertragung nicht erfolgt wäre, das Alter des Veräußerers und damit die „Gefahr" des Entstehens von Pflichtteilsergänzungsansprüchen (wegen § 2325 III BGB). Umstritten ist dagegen, ob die Hinauszahlung, die der weichende Erbe erhält, Austauschleistung und deshalb nach § 39 II KostO maßgeblich ist, wenn sie höher ist als der Wert des Verzichts. Nach richtiger Auffassung[480] handelt es sich dabei um eine Leistung des Erwerbers, die Gegenleistung für

---

[476] OLG Zweibrücken, Rpfleger 2002, 99 (101).

[477] LG Neubrandenburg, NotBZ 2009, 236.

[478] BGH, NZG 2010, 154.

[479] *Korintenberg/Lappe/Bengel/Reimann,* § 39 Rdnr. 30; a. A. *Rohs/Wedewer,* § 39 Rdnr. 14: Bewertung nach § 30 KostO unter Berücksichtigung des Grads der Wahrscheinlichkeit des Überlebens des Verzichtenden und der möglichen Veränderung des Vermögens des Erblassers bis zu seinem Tod.

[480] OLG Frankfurt, Büro 1998, 430; a. A. BayObLG, Büro 1998, 206: der Veräußerer zahle die Beträge „durch die Leistung des Übernehmers", was nicht gerade sehr lebensnah ist.

die Vermögensübertragung ist, sodass es sich nicht um eine Austauschleistung für den Verzicht handelt.

Ist die Austauschleistung eine Leibrente, eine dauernde Last oder sonst eine wiederkehrende Leistung gilt § 24 KostO: Bei Rechten von bestimmter Dauer ist der Wert die Summe der einzelnen Jahreswerte, höchstens jedoch der 25-fache Jahresbetrag; bei Rechten von unbestimmter Dauer – wenn also der Wegfall des Rechts gewiss, der Zeitpunkt aber ungewiss ist, ist vom 12,5-fachen des Jahreswerts auszugehen. Ist die Leistung auf die Lebensdauer einer Person beschränkt, dann kommt es nach § 24 II KostO auf deren Lebensalter an; die Lebenserwartung nach der Sterbetafel spielt für die Notarkosten keine Rolle. Unter engen Verwandten gilt § 24 III KostO, wonach der fünffache Jahreswert nicht überschritten werden darf.[481]

171   Werden wiederkehrende Leistungen für einen längeren Zeitraum, insbesondere auf die Lebensdauer einer Person versprochen, will sich der Berechtigte nicht selten gegen Geldwertveränderungen absichern. Ob dazu dienende Wertsicherungsklauseln den Geschäftswert erhöhen, ist umstritten. Bei der „unechten" Wertsicherungsklausel geht die überwiegende Meinung dahin, dass sie den Geschäftswert unverändert lässt; bei der „echten" Wertsicherungsklausel, also der automatischen Anpassung an einen Index, billigt die überwiegende Meinung einen Zuschlag von 5–10 % zu.[482]

Der Wert eines Rückforderungsrechts auf Verlangen unter bestimmten Voraussetzungen kann mit 10 % des Werts des übertragenen Vermögens angesetzt werden.[483]

172   Es ist keinesfalls empfehlenswert, „zum Zwecke der Gebührenbewertung" in einer Urkunde Angaben zum Wert nicht ziffernmäßig festgelegter Gegenleistungen (Wohnungsrecht, Pflegeverpflichtung usw.) zu machen. Die Beteiligten denken bei niedrigen Wertansätzen nur an die Höhe der Gerichts-, ggf. auch der Notargebühren; sie übersehen, dass im Fall der Geltendmachung von Ansprüchen gegen den Erwerber, z. B. aus § 528 oder § 2325 BGB diese Angabe als ihre subjektive und damit womöglich maßgebliche (s. oben Rdnr. 27) Vorstellung vom Verhältnis von Leistung und Gegenleistung angesehen wird, und die geringe Gebührenersparnis sich in solchen Fällen durch vielfach höhere Zahlungspflichten bitter rächt. Der Notar kann die Aufnahme solcher Angaben in die Urkunde nicht verlangen; er darf auch die Beurkundung nicht ablehnen, weil die Beteiligten sie ablehnen (§ 15 BNotO). Nimmt

---

[481] Zu dem Fall, dass eine Rente auf die Lebenszeit einer Person und nach deren Ableben eine geringere Rente an eine andere Person (meist den Ehegatten) auf dessen Lebenszeit bezahlt werden soll, vgl. LG Hagen, Rpfleger 2001, 569 und *Waldner,* KostO, Rdnr. 129 mit Berechnungsbeispielen.

[482] OLG München, JurBüro 2006, 324. 20 % sollen nach Ansicht von KG, FGPrax 1999, 73 dagegen bereits ein Ermessensfehler sein.

[483] BayObLG, Büro 2000, 487.

der Notar von sich aus solche Angaben in die Urkunde auf, müssen sich dem die Beteiligten mit Nachdruck widersetzen, notfalls auch den Notar wechseln.

8.1.2 Gebührensätze

Für den Vertrag über eine vorweggenommene Erbfolge wird wie für jeden 173 Vertrag eine 20/10-Gebühr nach § 36 II KostO erhoben. Soweit zum Vollzug im Grundbuch Genehmigungen oder Negativatteste erforderlich sind (z.B. nach dem Grundstücksverkehrsgesetz, der Grundstücksverkehrsordnung, dem Baugesetzbuch,, durch den Eigentümer eines Erbbaugrundstücks oder durch den Verwalter bei Wohnungeigentum) fällt zusätzlich eine 5/10-Gebühr aus § 146 I KostO an.

Wird der Notar bei einer Schuldübernahme beauftragt, die Genehmigung der Gläubiger (§ 415 BGB) einzuholen oder für den Veräußerer die Mitteilung über die erfolgte Veräußerung mit dem Ziel des Eintritts der Genehmigungsfiktion zu machen (§ 416 BGB), erhält der Notar hierfür eine 5/10-Gebühr aus § 147 II KostO aus einem Teilwert, der nach einem Bruchteil der übernommenen Schuld (vorgeschlagen: 10 %) zu bemessen ist; die Gebühr fällt, wenn mehrere Gläubiger zu benachrichtigen sind, mehrfach nach dem bei dem jeweiligen Gläubiger bestehenden Schuldenstand an.

Übernimmt der Erwerber eine Grundschuld und gibt aus diesem Anlass gegenüber dem Gläubiger ein abstraktes Schuldversprechen für den Grundschuldbetrag ab, so ist dieses nicht gegenstandsgleich mit dem Übertragungsvertrag, da es das Rechtsverhältnis zu einem Dritten, dem Grundschuldgläubiger betrifft. Es ist daher zusätzlich eine 10/10-Gebühr aus § 36 I KostO aus dem Betrag des Schuldversprechens zu erheben.

Ist der Erwerber im Weg der vorweggenommenen Erbfolge in eine Personengesellschaft als Gesellschafter in das Handelsregister einzutragen, dann muß diese Tatsache in notarieller Form zum Handelsregister angemeldet werden; handelt es sich – wie meist – um eine Kommanditgesellschaft, erhebt der Notar für diese eine 5/10-Gebühr aus § 38 II Nr. 7 KostO aus dem Betrag der übertragenen Kommanditeinlage (§ 41 a I Nr. 6 KostO).

8.1.3 Höhe der Gebühr

Für die Höhe der Gebühr gibt die nachfolgende Übersicht einen Anhalts- 174 punkt; für dazwischen liegende Geschäftswerte liegt die Gebühr zwischen den angegebenen Beispielsgebühren; hinzuzurechnen sind jeweils (geringfügige) Schreibauslagen (heute Dokumentenpauschale genannt), Porto und die Mehrwertsteuer.

Gebührenbeispiele:

Bei einem Geschäftswert von	beträgt die 20/10-Gebühr
5.000 €	84,– €
10.000 €	108,– €
20.000 €	144,– €
40.000 €	228,– €
80.000 €	354,– €
160.000 €	594,– €
300.000 €	1.014,– €
600.000 €	1.914,– €
1.000.000 €	3.114,– €

Zu beachten ist aber, dass möglicherweise noch weitere Gebühren anfallen können. Wer vor der Beurkundung genau wissen will, was der Vertrag kosten wird, sollte vom Notar eine Gebührenauskunft verlangen. Die Auskunft ist kostenlos und verbindlich – vorausgesetzt, es wird dann auch das beurkundet, was Gegenstand der Auskunft war.

8.2 Höhe der Kosten bei Gericht

8.2.1 Grundbuchkosten

175 Für die Eintragung eines neuen Eigentümers in das Grundbuch wird eine 10/10-Gebühr nach § 60 KostO erhoben; die Gebührenhöhe wird nach der gleichen Tabelle berechnet, die auch für die Notargebühren maßgebend ist. Allerdings ist das Grundbuchamt an die Wertfestsetzung des Notars rechtlich nicht gebunden. Neben dieser Umschreibungsgebühr werden nach Landesrecht Katasterfortführungsgebühren erhoben, die teilweise zusammen mit den Grundbuchgebühren in Rechnung gestellt werden. Für die Eintragung von Ehegatten und Abkömmlingen gibt es eine Ermäßigung auf die Hälfte (§ 60 II KostO).

Sollen Gegenleistungen des Erwerbers im Grundbuch abgesichert werden (z.B. durch Nießbrauch, Wohnungsrecht, Reallast, Vormerkung), dann wird hierfür eine weitere Gebühr erhoben, normalerweise eine 10/10-Gebühr (§ 62 KostO), für Vormerkungen dagegen eine 5/10-Gebühr; auch hier gibt es bei Ehegatten und Abkömmlingen Ermäßigung. Für den Wert, aus dem die Gebühr berechnet wird, gilt dasselbe wie für die Bewertung beim Notar, insbesondere also § 24 KostO.

8.2.2 Handelsregisterkosten

176 Ist der Erwerber im Weg der vorweggenommenen Erbfolge in eine Personengesellschaft als Gesellschafter in das Handelsregister einzutragen, dann werden vom Registergericht ebenfalls Kosten erhoben; hierfür werden (mäßige) Festgebühren nach der Handelsregistergebührenverordnung erhoben.

Gesellschafter einer GmbH und Aktionäre einer AG werden nicht in das Handelsregister eingetragen, sodass für einen Vertrag über die Übertragung eines Geschäftsanteils an einer GmbH lediglich Notarkosten, nicht aber Gerichtskosten anfallen.

Literaturverzeichnis

Im Literaturverzeichnis werden alle selbständigen Veröffentlichungen nachgewiesen, Aufsätze in Zeitschriften nur dann, wenn sie öfters zitiert werden.

Amann, Hermann: Das im Grundbuch verlautbarte Gemeinschaftsverhältnis – eine Halbwahrheit? Festschrift für Hagen, Köln 1999, S. 75

Armbrüster, Christian: Stimmrecht und Beschlußanfechtungsrecht bei Nießbrauch an Wohnungseigentum, DNotZ 1999, 562

Bamberger/Roth: Kommentar zum Bürgerlichen Gesetzbuch, Bd.III, 2. Aufl., München 2008

Bauer/v. Oefele: Grundbuchordnung, 2. Aufl., München 2006

Beck'sches Formularbuch Bürgerliches, Handels- und Wirtschaftsrecht, 10. Aufl., München 2010

Beck'sches Notar-Handbuch, 5. Aufl., München 2009

Behmer, Rüdiger: Zur Berücksichtigung von Nutzungsvorbehalten bei der Pflichtteilsergänzung, FamRZ 1994, 1375

Binz/Sorg: Nießbrauchsvorbehalt als Instrument vorweggenommener Erbfolge im Unternehmensbereich, BB 1989, 1521

Blum, Christian et. al.: Der nachträgliche Verzicht des Schenkenden auf den vorbehaltenen Nießbrauch, ZEV 2010, 77

Brähler-Boyan/Mann: Zur Überleitung des Rückforderungsanspruchs des verarmten Schenkers auf den Sozialhilfeträger, NJW 1995, 1866

Brambring, Günther: Abschied von der ehebedingten Zuwendung außerhalb des Scheidungsfalls, ZEV 1996, 248

Butz-Petzoldt, Katrin: Grundstücksübertragungen in vorweggenommener Erbfolge und die Beeinträchtigung der Rechte erbrechtlich geschützter Dritter, Aachen 1999

Coing, Helmut: Grundlagenirrtum bei der vorweggenommenen Erbfolge, NJW 1967, 1777

Dauner-Lieb/Grziwotz/Hohmann-Dennhardt (Hrsg.): Pflichtteilsrecht, 2010

Demharter, Johann: Grundbuchordnung, 27. Aufl., München 2010

Draschka, Matthias: Pflichtteilsergänzung und Nießbrauchsvorbehalt, Rpfleger 1992, 419

Drosdzol, Wolf-Dietrich: Die Einzelheiten der Grundstücksbewertung, ZEV 2008, 177.

Eccher, Bernhard: Antizipierte Erbfolge, Berlin 1980

Erman (Begr.): BGB, 12. Aufl., Münster/Köln 2008

Ellenbeck, Frank: Die Vereinbarung von Rückforderungsrechten in Grundstücksübertragungsverträgen, MittRhNotK 1997, 42

Esch/Baumann/Schulze zur Wiesche: Handbuch der Vermögensnachfolge, 7. Aufl., Berlin 2009

Feick, E. M.: Die Schenkung unter Auflage als alternative, pflichtteilsfeste Gestaltungsalternative zur (unzulässigen) dinglichen Weiterleitungsklausel, ZEV 2002, 85

Fette, Gunther: Die Zulässigkeit eines gegenständlich beschränkten Pflichtteilsverzichts, NJW 1970, 743

Friess, Susanne: Einkommensteuerliche Beurteilung von vorweggenommener Erbfolge, Erbfall, Erbauseinandersetzung und Erbfallschulden, Konstanz 1992

Gasser, Ingo: Zur Rechtsnatur des Übergabevertrags und ihren Folgen, insbesondere im Fall des unerwarteten Vorversterbens des Übernehmers, Frankfurt 1993

Gätzner, Cornelia: Vorweggenommene Erbfolge, Erbauseinandersetzung, Teilungsanordnung, Vermächtnis und Sonderberfolgen im Zivil- und Einkommensteuerrecht, Diss. Regensburg 1994

Germer, Manfred: Rückforderung der Schenkung wegen Verarmung des Schenkers, BWNotZ 1987, 61

Gitter, Wolfgang: Der Einfluß des Sozialrechts auf die Vertragsgestaltung, DNotZ 1984, 595

Groh, Manfred: Die vorweggenommene Erbfolge – ein Veräußerungsgeschäft, Betrieb 1990, 2187

Gröll (Hrsg.): Praxis-Handbuch Erbrechtsberatung, 3. Aufl. 2010

Grziwotz, Herbert: Wohnrechtsvermächtnis und Grundbucheintragung, ZEV 2010, 130

Haberstroh, Roland: Gesellschaftsrechtliche Lösungen der vorweggenommenen Erbfolge, Stuttgart 2009

Hamdan, Marwan: Erbfolgeplanung. Das Ende des Grundstücksvermächtnisses, ZFE 2007, 20

Hausmann/Hohloch (Hrsg.): Handbuch des Erbrechts, Berlin 2008

Heinrich, Udo: Die Gestaltung von Übertragungsverträgen im Schatten des Pflichtteilsergänzungsrechts, MittRhNotK 1995, 157

Heiter, Norbert: Rückgewährhaftung mehrerer Beschenkter nach § 528 Abs. 2, JR 1995, 313

Hepp, Eva-Maria: Der amerikanische Testiervertrag (contract to make a will) aus der Sicht des deutschen Rechts, München 1991

Herrler, Sebastian: Minimierung des Pflichtteils durch lebzeitige Rechtsgeschäfte, notar 2010, 92

Hofer, Anton: Vorweggenommene Erbfolge gegen private Versorgungsleistungen, München 1995

Höhn/Weber: Planung und Gestaltung von Rechtsgeschäften, Zürich 1986

v. Hoyenberg, Philipp: Vorweggenommene Erbfolge, München 2010

Hübner, Heinrich: Erbschaftsteuerreform 2009. Gesetze, Materialien, Erläuterungen, München 2009

Jauernig, Othmar (Hrsg.): BGB, 13. Aufl., München 2009

Jeß, Stefan: Die Übertrgaung privaten Grundbesitzes im Wege vorweggenommener Erbfolge, Frankfurt 1997

Juchem, Oliver: Vermögensübertragung zuugnsten behinderter Menschen durch vorweggenommene Erbfolge, Diss. Bonn 2002

Jülicher, Marc: Vertragliche Rückfallklauseln, Widerrufsvorbehalte, auflösende Bedingungen und Weiterleitungsklauseln in Schenkungsverträgen, ZEV 1998, 201

Jülicher, Marc: Zwei Stolpersteine beim „Vorbehaltsnießbrauch", ZEV 2000, 183

Kasper, Martin Alexander: Anrechnung und Ausgleichung im Pflichtteilsrecht, München 1999

Keim, Christopher: Grenzen der Anrechenbarkeit lebzeitiger Zuwendungen auf den Pflichtteil, MittBayNot 2008, 8

Kerscher/Tanck: Pflichtteilsrecht in der anwaltlichen Praxis, 2. Aufl., Bonn 1999

Kersten/Bühling (Begr.): Formularbuch und Praxis der freiwilligen Gerichtsbarkeit, 22. Aufl., Köln 2008

Klingelhöffer, Hans: Pflichtteilsrecht, 3. Aufl., München 2009

Kollhosser, Helmut: Aktuelle Fragen der vorweggenommenen Erbfolge, AcP 194 (1994), 231

Korintenberg/Lappe/Bengel/Reimann: Kostenordnung, 18. Aufl., München 2010

Kornexl, Thomas: Nachlaßplanung bei Problemkindern, Recklinghausen 2006

Kratzer, Susanne: Die vorweggenommene Erbfolge in Deutschland und Italien, Frankfurt/Main 2009

Krauß, Hans-Frieder: Aktuelle gesetzliche Änderungen beim Sozialleistungsregreß, MittBayNot 2002, 240

Krauß, Hans-Frieder: Überlassungen und Übergaben im Lichte des Sozialrechts, MittBayNot 1992, 77

Krauß, Hans-Frieder: Überlassungsverträge in der Praxis, 2. Aufl., Reckling-hausen 2009

Landsittel, Ralph: Gestaltungsmöglichkeiten von Erbfällen und Schenkungen, 3. Aufl. Freiburg 2006

Lange/Kuchinke: Lehrbuch des Erbrechts, 5. Aufl., München 2001

Langenfeld, Gerrit: Grundstücksüberlassungen – eine Zwischenbilanz, ZEV 1995, 348

Langenfeld, Gerrit: Wandlungen der Vermögensnachfolge, NJW 1996, 2601

Langenfeld/Günther: Grundstückszuwendungen zur lebzeitigen Vermögens-nachfolge, 5. Aufl., Köln 2005

Littig/J. Mayer: Sozialhilferegress gegenüber Erben und Beschenkten, Bonn 1999

Lösel, Martin: Die Vermögensübertragung im Weg der vorweggenommenen Erbfolge, Hamburg 2005

*Lotter, Robert:*Aktuelle Fragen des Dauerwohnrechts, MittBayNot 1999, 354

Mauch, Frank: Ist die Abfindung für einen Erb- oder Pflichtteilsverzicht Schenkung im Sinne von §2325? BWNotZ 1995, 88

Mayer, Günther: Soll ich mein Haus übertragen? Vor- und Nachteile erken-nen – jetzt handeln! Regensburg 2003

Mayer, Jörg: Der Übergabevertrag, 2. Aufl., Bonn 2001

Mayer, Jörg: Die Pflicht zur Pflege: Einfluß des Pflegeversicherungsgesetzes auf die Vertragsgestaltung im Bereich der vorweggenommenen Erbfolge, ZEV 1995, 269

Mayer, Jörg: Die Rückforderbarkeit der vorweggenommenen Erbfolge, DNotZ 1996, 604

Mayer, Jörg: Grundsicherung und Gestaltungspraxis, ZEV 2003, 173

Mayer, Jörg: Pflegepflichten: Zwei Jahre Pflegeversicherungsgesetz und des-sen Auswirkungen auf die notarelle Vertragsgestaltung, ZEV 1997, 176

Mayer, Jörg: Pflegeverpflichtung und Sozialhilferegreß, MittBayNot 2002, 152

Mayer/Süß/Tanck/Bittler/Wälzholz: Handbuch Pflichtteilsrecht, 2. Aufl., Bonn 2010

Mayer, Norbert: Fragen der Pflichtteilsergänzung bei vorweggenommener Erbfolge – Gestaltungsmöglichkeiten nach der neuesten Rechtsprechung, ZEV 1994, 325

Meincke, Jens: Erbschaftsteuer- und Schenkungsteuergesetz, 15. Aufl., Mün-chen 2009

Mensching, Oliver: Umsatzsteuer bei Erbfall und vorweggenommener Erb-folge, Köln 1997

Meyding, Bernhard: Schenkungsteuerliche Anerkennung von Grundstücksschenkungen unter Rücknahmevorbehalt, ZEV 1995, 397

Meyding, Bernhard: Schenkung unter Nießbrauchsvorbehalt und Pflichtteilsergänzungsanspruch, ZEV 1994, 202

Münchener Anwaltshandbuch Erbrecht, 3. Aufl., München 2010

Münchener Kommentar zum BGB, §§ 433–610, 1922–2385; 5. Aufl., München 2008, 2010

Münchener Vertragshandbuch, Bd. 6, 6. Aufl., München 2010

Obermeier, Arnold: Vorweggenommene Erbfolge und Erbauseinandersetzung, 2. Aufl., Berlin 1995

Olzen, Dirk: Die vorweggenommene Erbfolge, Paderborn 1984

Olzen, Dirk: Vorweggenommene Erbfolge in historischer Sicht, Berlin 1988

Palandt (Begr.): BGB, 69. Aufl., München 2010

Paulus, Christoph: Pflichtteilsergänzungsanspruch bei Grundstücksschenkungen. Zum Beginn der Zehnjahresfrist des § 2325 Abs. 3 BGB, Rpfleger 1986, 423

Pentz, Adolf: Haftung des Beschenkten nach §2329 BGB, MDR 1998, 132

Pentz, Adolf: Pflichtteilsergänzung bei „gemischten" Schenkungen, ZEV 1997, 724

Prütting/Wegen/Weinreich (Hrsg.): BGB, 5. Aufl., Köln 2010

Reiff, Peter: Nießbrauch und Pflichtteilsergänzung, ZEV 1998, 241

Reiff, Peter: Vorweggenommene Erbfolge und Pflichtteilsergänzung, NJW 1992, 2857

Reimann, Wolfgang: Die vorweggenommene Nacherbfolge, DNotZ 2007, 579

Reimann, Wolfgang: 15 Ratschläge zum Umgang mit dem Familienheim, ZEV 2010, 174

Reimann/Bengel/J. Mayer (Hrsg.): Testament und Erbvertrag, 5. Aufl., Köln 2006

Reithmann/Albrecht: Handbuch der notariellen Vertragsgestaltung, 8. Aufl., Köln 2001

Röhrig, Alfred: Vorweggenommene Erbfolge, 2. Aufl., Köln 2000

Rohs/Wedewer: Kostenordnung, Heidelberg (Loseblatt; Stand August 2010)

Roth, Wolfgang: Strategie und Taktik im Erbrecht, München 2007

Rundel, Sylvia: Rückforderung wegen Verarmung des Schenkers bei mehreren Beschenkten, MittBayNot 2003, 177

Schaller, Marion: Steuerliche Auswirkungen und Gestaltungsmöglichkeiten von privaten Grundstücksübertragungsverträgen, Diss. Gießen 2001

Schippel, Helmut: Die Gestaltung des Ehevertrags als Beispiel vorsorgender Rechtspflege, Jura 1999, 57

Schippers, C.: Ungewiß und doch bestimmt! – Bestimmtheitsanforderungen und Vormerkungsfähigkeit beim bedingten Rückforderungsrecht im Übergabevertrag, DNotZ 2001, 756

Schmidt, Ludwig (Hrsg.): EStG, 29. Aufl., München 2010

Schmidt, Nicolai: Vorweggenommene Erbfolge im Einkommensteuerrecht, Diss. Bochum 1993

Schöner/Stöber: Grundbuchrecht, 14. Aufl., München 2008

Schubert, Peter: Drittaufwand und AfA-Berechtigung, MittBayNot 2000, 203

Schuhmann, Helmut: Vorweggenommene Erbfolge im Privatvermögen, Bonn 2005

Söffing, Andreas: Steuerliche Hinweise zur Grundstücksübertragung in vorweggenommener Erbfolge, NJW 1997, 302

Soergel (Begr.): Bürgerliches Gesetzbuch, §§ 2274–2385, 13. Aufl. Stuttgart 2002

Spanke, Tobias: Den Vertragserben benachteiligende Schenkungen in der Beratungspraxis, ZEV 2006, 485

Spiegelberger, Sebastian: Rückfallklauseln in Überlassungsverträgen, MittBayNot 2000, 1

Spiegelberger, Sebastian: Vermögensnachfolge, 2. Aufl., München 2010

Spiegelberger/Spindler/Wälzholz: Die Immobilie im Zivil- und Steuerrecht, Köln 2008

Staudinger (Begr.): Kommentar zum bürgerlichen Gesetzbuch, §§ 1018–1112; §§2265–2338a, Neubearb. 2006 bis 2009

Stein/Jonas (Begr.): Zivilprozeßordnung, 22. Aufl., Tübingen 2002 ff.

Schwarz: Privatrechtliche Versorgungsansprüche und sozialrechtliches Subsidiaritätsprinzip, ZEV 1997, 309

Theilacker, Gerhard: Vorweggenommene Erbfolge im Einkommensteuerrecht, Stuttgart 1993

Troll/Gebel/Jülicher: Erbschaftsteuer- und Schenkungsteuergesetz, München (Loseblatt, Stand 2009)

Völkers/Weinmann/Jordan: Erbschaft- und Schenkungsteuerrecht, 3. Aufl., München 2009

Wacke, Andreas: Die Rückauflassungsvormerkung für den Fall des vom Beschenkten verübten groben Undanks, JZ 2003, 179

Wahl, Ernst: Versorgungsrechte in Übergabeverträgen und sozialrechtliche Ansprüche, Diss. Bayreuth 1989

Waldner, Wolfram: Die Kostenordnung für Anfänger, 7. Aufl., München 2008

Waldner/Ott: Wart und Pflege, MittBayNot 1996, 177

Waldner/Ott: Zwei Einzelfragen zur Übergabe mit weichenden Geschwistern, MittBayNot 1988, 65

Wälzholz, Eckhard: Neues zur vorweggenommenen Erbfolge unter Nießbrauchsvorbehalt, ZNotP 2002, 77

Wälzholz, Eckhard: Versorgungsleistungen nach dem Jahressteuergesetz 2008, DStR 2008, 273

Wegmann, Bernd: Gesellschaftsvertragliche Gestaltungen zur Pflichtteilsreduzierung, ZEV 1998, 135

Wegmann, Bernd: Grundstücksüberlassung, 2. Aufl., München 1999

Weimer, Thilo: Die Vermögensnachfolge aufgrund vorweggenommener Erbfolge in der Einkommensteuer, Diss. Würzburg 1995

Weser, Hans-Hermann: Rücknahmevorbehalte bei Grundsstücksschenkungen im Wege vorweggenommener Erbfolge aus zivilrechtlicher Sicht, ZEV 1995, 353

Westermann, Harm Peter: Störungen bei vorweggenommener Erbfolge, Festschrift für Kellermann, Berlin 1990, S. 505

Winkler, Christian: Lebzeitige Vermögenszuwendung gegen Versorgungsleistungen als Auslaufmodell vorweggenommener Erbfolge? DNotZ 1998, 544

Wirich, Alexander: Das Leibgeding, Angelbachtal 2007, und ZEV 2008, 372

Wurm/Wagner/Zartmann: Das Rechtsformularbuch, 15. Aufl., Köln 2007

Zeranski, Dirk: Der Rückforderungsanspruch des verarmten Schenkers, Berlin 1998

Zeranski, Dirk: Die „vertragliche Anerkennung" im Sinne des § 852 ZPO, NotBZ 2001, 19

Zöller (Begr.): Zivilprozeßordnung, 28. Aufl., Köln 2010

Stichwortverzeichnis
(Die Zahlen verweisen auf die Randnummern)